GOLDMANN
RATGEBER

Buch

Es gibt zahlreiche Bücher über Gesundheit und Fitneß für Frauen generell, aber nur wenige, die sich mit den besonderen Bedürfnissen der Frauen über vierzig befassen und ihnen helfen, aus Körper und Geist, die unmerklich vom Stadium der Jugend in die Phase der Reife geglitten sind, so viel Zufriedenheit wie möglich zu schöpfen. Jane Fonda, als Schauspielerin bewundert aber auch Ehefrau und Mutter zweier Kinder, füllt diese Lücke mit Ratschlägen, aus der eigenen Lebenserfahrung heraus entwickelt, die ebenso einfühlsam wie realistisch sind. Sie befaßt sich mit den Veränderungen, der die Haut unterworfen ist, sagt, was es mit dem Speck der mittleren Jahre auf sich hat, und erklärt, wie der Vorgang des Alterns die Körpermechanik beeinflußt. Von zentraler Wichtigkeit ist für Jane Fonda der richtige Umgang mit den durch das Klimakterium hervorgerufenen Veränderungen im Körper, mit ihren Auswirkungen auf die sexuellen Bedürfnisse und auf das seelische Befinden der Frauen. Anschaulich erfahren wir, wie die Umstellung der eigenen Lebensgestaltung auf die neuen Bedürfnisse des reiferen Körpers erfolgen kann.

Autorin

Jane Fonda, geboren 1937, hat sich nicht nur als Hollywood-Star einen Namen gemacht. Ebenso berühmt wurde die begabte Schauspielerin als engagierte Kämpferin für den Frieden in der Welt, für die Gleichberechtigung der Frau und für eine intakte Umwelt. Ihre Gesundheitsbücher und Video-Kurse für Frauen erfreuen sich großer Popularität. Jane Fonda lebt mit ihrem Mann, dem Politiker Tom Hayden, und ihren zwei Kindern Vanessa und Troy in Santa Monica, Kalifornien.

Im Goldmann Verlag liegt außerdem vor:
»Mein Ernährungs- und Fitneßprogramm für die besten Jahre. Die selbstbewußte, attraktive Frau« (13578).

Jane Fonda

Meine Erfahrungen mit der Lebensmitte

Die selbstbewußte, attraktive Frau

unter Mitarbeit von Mignon McCarthy

Fotos von Harry Langdon

Aus dem Amerikanischen übertragen
von Brigitte Stein

GOLDMANN VERLAG

Originaltitel: Women Coming of Age
Originalverlag: Simon and Schuster, New York

Der Goldmann Verlag
ist ein Unternehmen der Verlagsgruppe Bertelsmann

Made in Germany · 5/90 · 1. Auflage
Genehmigte Taschenbuchausgabe
© 1984 by Jane Fonda
© der deutschsprachigen Ausgabe 1986 by Schweizer Verlagshaus, Zürich
Umschlaggestaltung: Design Team München
Umschlagfoto: Photo Selection, Hamburg
Druck: Presse-Druck Augsburg
Verlagsnummer: 13571
Lektorat: Diane von Weltzien
Herstellung: Barbara Rabus
ISBN 3-442-13571-0

INHALT

ERSTER TEIL

Frauen in der Lebensmitte

Sooft ich mich allem um mich her unterlegen fühle, bedroht von meiner eigenen Mittelmäßigkeit, erschreckt durch die Entdeckung, daß ein Muskel seine Kraft verliert, eine Begierde ihre Macht oder ein Schmerz seine Schärfe, kann ich immer noch meinen Kopf erheben und mir sagen: Vergiß nicht, daß du die Tochter einer Frau bist, die ihren Kopf erwartungsvoll zwischen die Blätter eines Kaktus beugte, ihr zerfurchtes Gesicht voll Begeisterung über die Entdeckung einer Blüte, einer Frau, die selbst niemals aufhörte zu blühen, unermüdlich, drei Viertel eines Jahrhunderts hindurch.

Colette
»Meine Lehrjahre«

Das bin ich mit Troy und Tom beim Fischen auf dem Cachuma-See in den Bergen über Santa Barbara.

KAPITEL 1

Aus meiner eigenen Erfahrung

Als ich mein erstes Fitness-Buch abschloß, schwor ich mir, nie wieder so etwas zu machen. Ich bin keine Schriftstellerin. Vor einem leeren Blatt Papier zu sitzen und ein Wort an das andere zu reihen ist frustrierender für mich als die schwierigste Szene, die ich als Schauspielerin je bewältigen mußte. Ich merke, daß ich schlecht gelaunt bin, lärmende Kinder anschnauze, mit unmanierlichen Hunden rumschreie und tausend Dinge zu tun finde, um nicht dieser verdammten leeren Seite gegenübersitzen zu müssen. Dennoch hat es mich schon wieder erwischt: Vier Jahre später bin ich eben wieder dabei, einem neuen Manuskript den letzten Schliff zu geben.

Zwischen diesen beiden Büchern, in den vergangenen vier Jahren, bin ich mir bewußt geworden, eine Frau »in den mittleren Jahren« zu sein. Dies und alles, was dazu führte, war es, was mich letztlich veranlaßte, mich erneut den Plagen und Prüfungen des Schreibtisches auszusetzen. Da waren die physischen Anzeichen meines eigenen Alterns. Und da war die Krankheit und der Tod meines Vaters, der die Rolle der Familienältesten an mich übergab.

Ich glaube, die »Stimme der Natur« wurde irgendwann in den Jahren unüberhörbar, als ich mich Mitte Vierzig zubewegte und die ersten deutlichen Anzeichen des Älterwerdens aufzutreten begannen. Jetzt, da ich dies niederschreibe, bin ich 46, und die Falten in meinem Gesicht werden auf Film sichtbar, trotz der geschickten Beleuchtung auch der gewieftesten Kameraleute. Graue Strähnen durchziehen jetzt mein Haar. Mein Rücken, den ich als Teenager bei einem Sprung ins Wasser verletzte, verlangt nach Schonung. Lange Abende, an denen ich in einem alten Boot mit Außenbordmotor sitze und meinem Mann zusehe, wie er den Barsch überlistet, lassen mein Kreuz wimmern, daß sich der Heilprakti-

Vater, auf Urlaub von der Marine, hält mich auf dem Schoß.

Ich überbringe Vater den Oscar für seine Darstellung in On Golden Pond.

Vanessa, Troy, Tom und ich vor einigen Jahren in Laurel Springs, unserer Ranch in Santa Barbara

ker erbarm'. Ein Knoten an meinem kleinen Finger erweist sich als Arthritis, und ich sage mir: »Ah, Fonda, jetzt ist es soweit. Du bist ein Weib im ›Mittelalter‹!«

Aber ich fühle mich nicht wie »Mittelalter«, mit allem, was man damit verbindet. Ich kann weiter laufen, mich tiefer beugen, steiler klettern, schwerer heben, mich höher strecken und länger tanzen als mit zwanzig. Damals, in den »alten Tagen«, wie es mein Sohn nennt, *war* ich jung. Jetzt *fühle* ich mich jung.

Könnte ich nicht dem Altern entgehen? Vielleicht kann ich den reißenden Klauen der Zeit entkommen? Aber dann meldet sich mein Rücken wieder und der Knoten, und alles übrige starrt mir aus dem Spiegel entgegen, und ich bin gezwungen zuzugeben, daß ich, so stark und fit ich insgesamt auch sein mag, dennoch eine Frau in der Lebensmitte bin, eine Tatsache, durch die ich mich herausgefordert fühle, die mir aber auch Angst macht.

Der Tod meines Vaters stellte all dies in einen viel tieferen Zusammenhang. Solange sie leben, sind unsere Eltern der Schutzwall zwischen uns und der Sterblichkeit. Wenn sie von uns scheiden, rücken wir an die Spitze der Reihe. Das Zusammensein mit meinem Vater in den Monaten seines Verfalls machte jede Kindheitsillusion von einem ewigen Leben zunichte. In den vielen Tagen, die ich an seinem Bett verbrachte, erkannte ich, daß es weniger die Vorstellung des Todes selbst war, was mir Angst machte, als die Konfrontation mit dem »Was wäre gewesen, wenn« und dem »Hätte ich nur«, und »Wäre ich nur«, wenn die Zeit abgelaufen ist, wenn man am Ende des dritten Aktes ankommt und zu spät entdeckt, daß es keine Probe war.

Plötzlich wurde die Zeit selbst überaus kostbar. Die Zeit, die ich mit meinem Vater verbrachte. Die mir verbleibende Zeit. Ich empfand das Bedürfnis, mich in die Zukunft zu projizieren, mir vorzustellen, wer ich sein will und wie mein Leben an seinem Ende aussehen soll. Ich wurde mir klar darüber, daß ich nur ein Leben habe und daß es, wenn nicht irgendein Wunder geschieht, mehr als zur Hälfte vorüber ist. Ich habe Zeit vergeudet in der ersten Hälfte, habe Holzwege eingeschlagen, habe manche Dinge für zu selbstverständlich gehalten. Jetzt trete ich in eine neue Phase mit einem neuen Geschenk ein – dem Geschenk der Erfahrung. Ich habe meine Vergangenheit, alles, was ich durchlebt habe, um daraus zu lernen. Damit kann ich für die verbleibende Zeit einen neuen Kurs bestimmen, nicht gestützt auf Mythen und Romantik, sondern auf

Realität und Selbsterkenntnis. Es darf kein »Hätte ich nur« in bezug auf die Dinge geben, die wirklich zählen – meine Kinder, meinen Mann, meine Freunde, die Gemeinschaft, in der ich lebe, meine Hoffnungen für unser Land und für den Weltfrieden. Ich muß jetzt beginnen, mir eine Philosophie zurechtzulegen, die für den zweiten Teil meines Lebens Gültigkeit hat. Dies bedeutet natürlich, in der zweiten Hälfte mutiger zu sein, bereit, den Sprung ins Ungewisse zu wagen, Entscheidungen zu treffen und Risiken einzugehen, die ich nicht auf mich nehmen konnte, als die Kinder noch von mir abhängig waren und ich weniger Erfahrungen hatte.

Innerlich habe ich bereits die ersten Pinselstriche an dem Bild der Frau getan, die ich selbst am Abend meines Lebens sein möchte. Ich sehe eine alte Frau vor mir, die zu jeder Jahreszeit mit raschen Schritten ihre Spaziergänge macht. Sie ist lebhaft. Sie fürchtet sich nicht vor dem Alleinsein. Ihr Gesicht ist von Falten durchzogen und lebendig. Ihre Wangen sind gerötet, und ihre Augen sind wach und wißbegierig, weil sie immer noch lernt. Ihr Mann begleitet sie oft auf ihren Gängen. Sie lachen viel. Sie kann sich über einfache Dinge freuen. Sie ist gern mit jungen Menschen zusammen und eine gute Zuhörerin. Ihre Enkelkinder erzählen ihr gerne Geschichten und hören sie gern erzählen, weil sie einige gute Geschichten weiß, die kostbare Erkenntnisse über das Leben enthalten. Sie hat bewußte Wertvorstellungen und versteht es, diese ihren jungen Freunden schmackhaft zu machen.

Da mir dieses Bild vorschwebt, in dem ich oft auch meinen Vater entdecke, sage ich mir, okay, Fonda, wenn du dich mit achtzig so erleben willst – was wirst du tun, um das zu erreichen? Wie wirst du dein Leben mit vierzig, fünfzig und sechzig gestalten, um dieser Vision näherzukommen? Wie wirst du deinen Kurs zwischen den Chancen und Gefahren dieses neuen Abschnitts steuern?

Die Vorbereitung

Wenn ich im Laufe der Jahre etwas gelernt habe, dann das, daß ich einer neuen Situation am besten mit so viel Informationen wie möglich gegenübertrete. Ich lernte diese scheinbar so simple Lektion durch die Geburt meiner zwei Kinder. Die erste war für mich eine einsame und mit Angst verbundene Erfahrung, die ich ohne Probe und *unvorbereitet* durchlitt. Ich fühlte mich als passives Opfer der Ereignisse, hilflos den Schmerzen ausgeliefert. Die zweite Entbindung war genau das Gegenteil. Mein Mann, Tom Hayden, und ich ließen uns von Femmy DeLyser, Geburtspädagogin und Verfasserin eines *Ratgebers für werdende Mütter* in die Geheimnisse des Gebärens einweihen. Mit Femmys Hilfe war ich auf das *vorbereitet*, was auf mich zukam. Zusammen mit Tom plante ich die Entbindung, stellte sie mir vor und machte die nötigen Übungen. Die Schmerzen waren nicht geringer, der Vorgang nicht beschleunigt – das kann erblich bedingt sein –, aber die Vorbereitung bewirkte, daß ich nie die Kontrolle über die Geschehnisse verlor. Sie befähigte mich, die Schmerzen im Griff zu behalten, statt von ihnen überwältigt zu werden. Das Erlebnis hatte sich in seinem Wesenskern völlig verändert.

Jetzt, ein Dutzend Jahre nach der Geburt meines letzten Kindes, trete ich in eine neue Phase tiefgreifender Veränderung ein: die Lebensmitte. Ein Teil von mir genießt die neue Reife, die sie mit sich bringt. Ein anderer Teil hat Angst – es ist so schwer, loszulassen: die Kinder, den Erfolg, der sich in der Jugend einstellte, die alten Identitäten, wenn neue noch nicht klar definiert sind. Aber ich weiß, daß dasselbe Prinzip der Vorbereitung, das ich in Zusammenhang mit den Entbindungen lernte, mir auch da hindurchhelfen wird – erstens, indem ich *physisch stärker* bin und, genauso wichtig, indem ich *verstehe, was mit mir geschieht, und weiß, wie ich zu reagieren habe*. Ich kann mich blind in die Lebensmitte treiben lassen, im Rückwärtsgang, die Augen fest geschlossen, und beten, daß alles gut gehen wird. Ich kann diesen Abschnitt fliegend durchqueren und mich im Dunkeln zu orientieren suchen. Oder ich kann mich mit offenen Augen auf den Weg begeben. Ich kann die Dinge in die Hand nehmen und mir die Informationen beschaffen, die ich brauche, um in den vielen sich verändernden Bereichen meines Lebens sinnvolle Entscheidungen zu treffen.

Was, so fragte ich mich, können Frauen in der Lebensmitte realistischerweise von ihrem Körper erwarten? Ist anhaltende Fitness, Sexualität und Vitalität möglich? Haben wir jetzt spezielle Ernährungsbedürfnisse? Können wir den Alterungsprozeß verlangsamen? Gibt es ein Gegenstück zur Atmungstechnik für die Entbindung, das uns den Übergang in die mittleren Jahre erleichtern könnte?

Bei der Suche nach Antworten auf diese Fragen wurde mir klar, daß die mittleren Jahre ganz spezielle körperliche und seelische Herausforderungen für Frauen bereithalten und daß diese davon beeinflußt werden, wie wir essen, uns bewegen, wie wir uns selbst sehen und unser Leben

Eines meiner Lieblingsbilder von Troy. Dieses Gesicht schneidet er heute noch.

gestalten. Ich begann auch, das Bedürfnis nach einem körperlichen Training zu verspüren, das größere Rücksicht auf meine Hüften und meinen Rücken nimmt, ein Training, das mich zwar noch fordert, aber ein bißchen langsamer abläuft, mit Bewegungen, die fließen und die Gelenke nicht überstrapazieren.

Deshalb beschloß ich, ein neues Buch zu schreiben, das auf all diese Fragen eingehen würde.

Mein erstes Fitness-Buch war als umfassendes Handbuch zu Gesundheit, Ernährung und körperliches Training für alle konzipiert. Das neue Buch, das ich mir vorstellte, sollte tiefer in eine Phase des Lebens eindringen. Doch in gewisser Weise wußte ich, daß auch dies ein Buch für *alle* Frauen jeden Alters sein würde, da es jede von uns etwas angeht,

15

was es bedeutet, in dieser Gesellschaft eine alternde Frau zu sein. Ich hoffte, daß auch Männer es lesen würden, nicht nur, um Frauen in der Lebensmitte besser zu verstehen, sondern auch, um etwas über ihre eigenen körperlichen Veränderungen zu erfahren, die mit Ausnahme der Menopause dieselben sind wie bei uns.

Dies sollte ein praktisches Buch werden, das alles enthält, was ich selbst hatte wissen wollen. Es sollte ein konkretes Programm für das Wohlbefinden in den mittleren Jahren enthalten. Und ich wollte anderen Frauen im gleichen Alter meine Überzeugung vermitteln, daß das Älterwerden nicht negativ zu sein braucht.

Nachdem ich mich auf dieses Projekt eingelassen hatte, wurde mir bald klar, daß mich das Schreiben dieses Buches im Gegensatz zum ersten, bei dem ich mich weitgehend auf frühere Erfahrungen verlassen konnte, zu einem Blick in die Zukunft zwingen würde. Ich hatte meine Intuition und meine Vorstellungen darüber, ja, aber keinen Fundus an fertigem Wissen, auf das ich mich stützen konnte. Es würden viele Recherchen notwendig sein.

Ich bat meine Freundin Mignon McCarthy, mir bei dieser Aufgabe zu helfen. Mignon hatte an der Stanford-Universität auf ihr Doktorexamen in Literatur hingearbeitet, bevor sie Geschäftsführerin der *Campaign for Economic Democracy* wurde, der kalifornischen Organisation, der mein Mann und ich angehören. Sie verbindet große Intelligenz und politisches wie soziales Engagement mit der von mir geteilten Überzeugung von der Wichtigkeit körperlicher Fitness. Ich wußte, daß mir ihre Mitwirkung an diesem Buch ermöglichen würde, meine Netze weit auszuwerfen und alle wissenswerten Fakten über die Frau in der Lebensmitte zu präsentieren.

Am überraschendsten war für uns die Entdeckung, daß zwar eine Menge über die Fortpflanzungsfähigkeit der Frauen bekannt ist, das Wissen über viele andere Aspekte unserer Gesundheit jedoch, gelinde gesagt, spärlich ist. Außerdem wurden die meisten Forschungen über Alterungsvorgänge *von* Männern und *mit* Männern als Versuchspersonen durchgeführt. In der am längsten laufenden amerikanischen Untersuchung über das Altern werden beispielsweise seit den fünfziger Jahren die normalen Aspekte des Alterns an Männern studiert. Erst zwanzig Jahre nach Beginn des Projekts, Ende der siebziger Jahre, wurden Frauen in diese Untersuchung einbezogen. »Frauen sind hinsichtlich der Untersuchung des Alterungsprozesses übel vernachlässigt worden«, teil-

Mignon und ich und unser Kaypro Computer bei der Arbeit an diesem Buch

te uns das National Institute on Aging (NIA) mit, das jetzt die Schirmherrschaft über diese Forschung übernommen hat. »Weder die Legislative noch die Exekutive hat eine umfassende Untersuchung der Probleme von Frauen in der Lebensmitte durchgeführt.«

Trotz dieser ersten Enttäuschungen gaben wir nicht auf, sondern sahen uns weiter um, lasen alles, was wir in die Hände bekommen konnten, und verfolgten viele verschiedene Wege. Wir stießen auf viele kleinere Zentren in allen Teilen des Landes, in denen Untersuchungen von engagierten Forschungsteams durchgeführt werden, denen viele Frauen in der Lebensmitte angehören. Daneben trafen wir mit vielen einzelnen und Gruppen von Frauen zusammen, die uns an ihren Frustrationen und Erfolgen, ihren tragischen und komischen Geschichten und ihrem mühsam erworbenen Verständnis dieser Phase ihres Lebens teilhaben ließen.

Das Ergebnis ist das vorliegende Buch – und mein neues Fitness-Programm für die Besten Jahre. Die Arbeit an dem Buch war meine Vorbereitung auf die mittleren Jahre, und ich habe mich *con gusto* hineingestürzt. Ich hoffe, daß es Ihnen helfen wird, dasselbe zu tun.

KAPITEL 2

Die neue Grenze

Wir Älteren haben nichts zu verlieren! Wir haben alles zu gewinnen,
indem wir gefährlich leben! Wir können es uns leisten, Risiken einzugehen,
und es wagen, Systeme, politische Prinzipien, Lebensstile und uns selbst in
Frage zu stellen und zu verändern.

Maggie Kuhn
Begründerin der Grauen Panther

In unserer Gesellschaft eine Frau in der Lebensmitte zu sein, heißt, in
vieler Hinsicht eine Pionierin zu sein. Die mittleren Jahre des Lebens
stellen für Frauen ein praktisch unerforschtes Territorium dar – und
diejenigen von uns, die sich jetzt in der Lebensmitte befinden oder sich
ihr nähern, werden die fehlenden Landkarten anfertigen müssen. Dazu
müssen wir uns einen Weg durch den Schutt überholter und dennoch
schädlicher Mythen bahnen, die die echten Möglichkeiten dieser neuen
Phase unseres Lebens verdunkeln.

Wenige von uns haben jemanden, der ihnen den Weg weist. Keine der
Frauen, die mein früheres Leben bevölkerten, hat ein günstiges Licht auf
das geworfen, was in diesem späteren Stadium auf mich zukommen
würde. Meine Mutter nahm sich das Leben, als sie noch jünger war, als
ich jetzt bin. Ihr Arzt erzählte mir, unter den vielen Phantomen, die ihr
Leben überschatteten, habe sich die Angst befunden, daß ihre Jugend zu
Ende gehe. Vielleicht hat sich auch Ihre Mutter diesen Jahren so furcht-
sam genähert wie meine. Vielleicht war auch sie unsicher in bezug auf die
Hilfsmittel, derer sie in dieser neuen Phase bedurfte, die vielen als das
Ende des Lebens erschienen sein mag.

Wir sind die Übergangsgeneration.

Meine Mutter mit Peter und mir. Dieses Foto wurde aufgenommen, um es Vater während des Krieges nach Übersee zu schicken.

Diejenigen von uns, die sich heute in der Lebensmitte befinden, sind die Repräsentantinnen einer grundlegenden Neudefinition der mittleren Jahre. Für diejenigen, die nach uns kommen, unsere Töchter und deren Generation, werden die mittleren Jahre etwas fundamental anderes bedeuten. Was einst als gefürchtete und tabuisierte Phase des Lebens galt, wird für sie eine hochgeschätzte und produktive Zeit sein. Für uns im Epizentrum dieses Wandels vollzieht sich bereits eine massive Verschiebung unserer Vorstellung, die diese Periode von ihrem früheren Platz nahe dem Ende des Lebens in einen Abschnitt praktisch in dessen Mittelpunkt verlagert.

Wann beginnen die mittleren Jahre – mit vierzig, mit fünfundvierzig? Enden sie mit sechzig oder mit fünfundsechzig? Solche Zahlen erscheinen so willkürlich, so ungeeignet, all die Variationen zu erklären, die von einzelnen erfahren werden. Und die frühe Lebensmitte unterscheidet sich sehr deutlich von der späteren. Im Bewußtsein dieser Einschränkungen bin ich dennoch dazu gelangt, die mittleren Jahre als eine vielgestaltige Zeitspanne von drei Jahrzehnten anzusehen – fünfzehn Jahre vor und nach dem Klimakterium, das im allgemeinen um das Alter von fünfzig herum eintritt. Ich zähle auch das Alter von fünfunddreißig bis neununddreißig dazu, weil sich unser Körper schon im Alter von dreißig Jahren zu verändern beginnt. Diese Veränderungen mögen zu Beginn der Dreißiger nicht sichtbar sein, aber wenn wir sie uns eingestehen können, dann räumen wir uns mehr Zeit ein, um uns auf das nächste Stadium vorzubereiten.

Aber welche Protestschreie bekommen wir von jüngeren Frauen zu hören, die gegen den Gedanken rebellieren, daß sie bereits zum »Mittelalter« zählen könnten! Und es ist kein Wunder. Unsere Gesellschaft ist nicht gütig zu uns Frauen, wenn wir älter werden. Wir wurden wegen unserer Fortpflanzungsfähigkeit und unserer auf Jugend basierenden Attraktivität geschätzt. Deshalb haben wir doppelte Schwierigkeiten, wenn wir die Lebensmitte erreichen und die Jahre der Jugend und Fruchtbarkeit hinter uns lassen. Wir empfinden uns als gesunde Überlebende in einer Kultur, die uns ablehnt und uns nicht mehr an ihr teilhaben lassen will.

Die Mythen

Unsere Generation hat eine ganze Mythologie des Alterns geerbt, die den Frauen eine frühe Obsoleszenz (Veraltung; vorzeitiger Verschleiß) vorschreibt. Mit vierzig sollen wir demnach schon am Ende sein und uns aus dem Hauptstrom des Lebens zurückziehen. Angeblich haben wir dann keine wertvollen Beiträge mehr zu unserer Gesellschaft zu leisten. Wir sollen glauben, daß es dann zu spät sei, unsere Lebensziele, was

NORMAN THAYER

In mittleren Jahren, das heißt Mitte, Ethel, die Mitte des Lebens. Menschen werden nicht hundertfünfzig Jahre alt.

ETHEL THAYER

Wir sind am Ende der mittleren Jahre, das ist alles.

NORMAN

Das stimmt nicht, und du weißt es. Wir sind nicht in den mittleren Jahren. Du bist alt, und ich bin uralt.

ETHEL

Ach was. Du bist ein Siebziger, und ich bin eine Sechzigerin.

NORMAN

Mit knapper Not, das eine wie das andere.

Henry Fonda
Katharine Hepburn
On Golden Pond

Teilnehmerinnen am Ferienlager in Laurel Springs. Das bin ich im Hintergrund mit zwanzig Pfund Übergewicht nach den Dreharbeiten zu The Dollmaker.

immer sie sein mögen, zu erreichen oder neu zu gestalten. Die Erwartung auf ein unvermeidliches und rasches Nachlassen unseres körperlichen, seelischen und geistigen Wohlbefindens wird in uns geweckt, das heißt, daß wir unsere Gesundheit einbüßen, emotional verwaisen und geistig abstumpfen werden.

Mit einer solchen Zukunft im Auge beginnt sich eine Frau früh vor dem Altern zu fürchten. Ich konnte das bei den jungen Mädchen aus der Nähe beobachten, die jeweils an den Ferienlagern teilnehmen, die Tom und ich in den letzten acht Jahren durchgeführt haben. Als ich zum Beispiel im letzten Sommer in einer Gruppe von Teilnehmerinnen laut mein Alter sagte, zuckten mehrere der Teenager zusammen und flüsterten mir zu, daß ich nicht verraten sollte, wie alt ich sei, weil ich nicht wie 46 *aussehe*. Natürlich hielten sie ihren Rat für ein Kompliment. Ich fühlte mich versucht, mit einer aktualisierten Version von Gloria Steinems berühmter Entgegnung zu reagieren: »So sieht frau mit 46 aus!«

Es machte mich traurig, daß diese jungen Frauen die Lebensmitte bereits als etwas betrachteten, wovor man sich verstecken sollte, wobei sie überzeugt waren, in diesem Augenblick selbst in den besten Jahren ihres Lebens zu sein. Doch die meisten von uns würden wahrscheinlich gar nicht in diese früheren Jahre zurückkehren wollen. Wir ziehen das vor, was wir heute sind. Es gefällt mir, zurückblicken zu können – auf Kinobesuche für 25 Cents mit Wochenschau, eine Welt ohne Schnellimbißketten, eine Ära ohne Fernsehen, in der die Menschen tatsächlich noch miteinander redeten, eine Zeit, in der wir die Führung unseres Landes respektierten und ihr vertrauten und kein Kind sich je die Frage stellte, ob es ein Morgen geben werde.

Ich möchte auf diese Erinnerungen nicht verzichten. Aber ich möchte auch nicht all das, was ich unterwegs gelernt habe, gegen ein neuerliches Jungsein eintauschen. In der Lebensmitte kennen sich die meisten von

Gloria Steinem

uns selbst besser, wir mögen uns mehr, verstehen unseren Körper besser und wissen genauer, was uns Vergnügen bereitet. Wir sind selbstsicherer und weniger abhängig von der Anerkennung anderer. Wir sind weniger gehemmt und empfinden uns potentiell als aufregendere Sexualpartnerinnen – und wir suchen das auch bei anderen. Aber ist das nicht ein wohlgehütetes Geheimnis? Und es wird eines bleiben, solange wir unwissentlich die negativen Haltungen der Gesellschaft bestätigen und den jungen Mädchen und Frauen keine ferne Zukunft vor Augen führen, auf die sie sich freuen können.

Oft verleitet uns die Furcht, in unseren Jobs und in unseren Beziehungen zu Männern gegen »jüngere Modelle« eingetauscht zu werden, dazu, unser Alter zu leugnen – nicht nur gegenüber anderen, sondern auch gegenüber uns selbst. Aber wenn wir uns auf den erschöpfenden Streß einlassen, unser Alter zu leugnen, leugnen wir auch, wer wir sind. In dem Maße, in dem es uns gelingt, uns als jünger auszugeben, löschen wir aus, was wir gewesen sind. Wir berauben uns eines echten Stolzes auf die Jahre, die wir wirklich gelebt haben. Und wir trennen uns von den Frauen, die Anzeichen des Alterns vielleicht rascher zeigen, zu einem Zeitpunkt, da uns Intimität mit anderen Frauen Kraft, Trost und Bestätigung geben könnte. Unser Leben besteht dann aus drei Phasen: Jugend, *vorgetäuschte* Jugend und Alter. Der ganze reichhaltige mittlere Abschnitt geht verloren. Als Schauspielerin kann ich Ihnen sagen, daß der dritte Akt ziemlich wacklig ausfallen kann, wenn der zweite Akt fehlt.

Doppelmoral

Für einen Mann sind die mittleren Jahre die besten, eine Zeit, in der er sich mit größerer Wahrscheinlichkeit auf dem Höhepunkt seiner Laufbahn befindet. Sein Selbstwertgefühl und seine Sexualität sind Funktionen seiner vollen Teilnahme am Leben. Sie sind nicht an seinen physischen Zustand oder, enger noch, an seine Fortpflanzungsorgane gebunden wie bei uns. Seine Sexualität ist über jeden Verdacht erhaben.

Während das Gesicht einer Frau ebenso wie ihr Körper geschätzt wird, solange es glatt und unverändert bleibt, sind die Falten im Gesicht eines Mannes »das Produkt seiner Erfahrungen«. Die Veränderungen in seinem Äußeren sind *Bereicherungen* seiner persönlichen Identität, während sie bei uns zu *Handicaps* werden. Paul Newman bekommt silberweißes Haar und wirkt distinguiert. Ich bekomme graue Haare, und

man rät mir, sie zu färben. Mein Kollege Redford bekommt einen Charakterkopf. Ich kriege bloß Falten und Krähenfüße.

Es ist nicht fair!

Kulturell Vermißte

Für mich als Filmschauspielerin bringen die mittleren Jahre besondere Herausforderungen und Ängste mit sich. Was ich in meiner Arbeit zu bieten habe, ist nicht im mindesten von mir losgelöst, wie das der Fall sein würde, wenn meine Talente auf irgendeinem anderen Gebiet wie der Bildhauerei oder der Medizin oder dem Management lägen. Mein schöpferisches »Produkt« ist mein eigenes Selbst – die Personen und Gefühle, die ich mit meinem Körper, meinem Gesicht, meinen Augen und meinen Händen erschaffe. Für den Zuschauer zählt nur das Optische. Dadurch gerate ich im Alter von 46 in eine prekäre Lage, da amerikanische Produzenten und Drehbuchautoren bis vor kurzem zu glauben schienen, daß das amerikanische Publikum keine Frau mit Falten im Film sehen will, zumindest nicht in einer Hauptrolle, wo man von ihr erwartet, daß sie sexuell aktiv und dynamisch ist und daß sie als Person ins Gewicht fällt.

In der Welt des Films und Fernsehens, den wichtigsten Leitbilder erzeugenden Institutionen unserer Gesellschaft, sind aktive, starke und unabhängige Frauen in mittleren Jahren bisher praktisch nicht vorhanden gewesen. Wir sind so etwas wie kulturell »Vermißte« – außer, daß uns niemand zu vermissen scheint. Die Screen Actor's Guild (SAG) hat dies nach einer zehnjährigen Untersuchung in den siebziger Jahren über das Fernsehprogramm in der Hauptsendezeit und das Wochenendprogramm für Kinder dokumentiert: Positive Darstellungen von Frauen

25

beginnen vom Fernsehen zu verschwinden, sobald die Frauen die Vierzig überschreiten. Dagegen nimmt die Präsenz mächtiger, weltgewandter und sexuell anziehender Männer über vierzig zu. Die meisten Frauen im Fernsehen sind *unter dreißig*; die meisten Männer *über fünfunddreißig*! (Wie oft sehen wir einen älteren Mann als Partner einer älteren Frau?) Unsere Abwesenheit in den Medien dient nur dazu, ein bereits verhängnisvolles Bild vom Altern im Bewußtsein unserer Kinder und in unserem eigenen zu vertiefen. Gerade die Menschen, die am meisten fernsehen, neigen, wie SAG feststellte, am ehesten zu der Auffassung, daß Frauen in sehr frühen Jahren alt werden und daß es im allgemeinen in unserer Gesellschaft wenig ältere Menschen gibt! Im Fernsehen, schloß die SAG, ist »ein Mann für alle Jahreszeiten da, aber eine Frau nur für den Frühling«.

Nun, ich bin im Herbst, und ich bin wütend! Mehrere Möglichkeiten stehen mir offen. Ich kann mich zur Ruhe setzen. Oder ich kann versuchen, das Image einer »attraktiven Frau Ende dreißig« aufrechtzuerhalten – solche Angebote bekomme ich eine Menge. Oder ich kann mich zu der Tatsache bekennen, daß ich nicht wirklich rückwärts gehen möchte. Ich bin nicht daran interessiert, jüngere Frauen zu spielen, selbst wenn man mich auf dieses Alter hintrimmen könnte. Ich würde es einengend finden, mich wieder in meine Dreißiger zurückzuversetzen. Ich möchte *mein eigenes Alter* spielen, mit allem, was dies bedeutet. Ich interessiere mich für die Persönlichkeit von Frauen, die dort sind, wo ich jetzt bin.

Wir Schauspielerinnen in den mittleren Jahren müssen uns eine neue Identität schaffen und gleichzeitig dieselben Drehbuchautoren und Regisseure, die keine Frau über fünfunddreißig wahrnehmen, überzeugen, daß es eine Menge Frauen in der Lebensmitte im Lande gibt, die gern gute Filme über Frauen ihres Alters sehen würden.

Zum Glück sind viele von uns, die reife Schauspielerinnen geworden sind, bereits auch Produzentinnen. Dadurch erhöht sich die Wahrscheinlichkeit, daß wir die erste Generation von Schauspielerinnen sein werden, die den Frauen in der Lebensmitte ein kulturelles Gesicht und eine Stimme verleihen und dadurch einen blinden Fleck der Gesellschaft korrigieren, indem wir durch die Massenmedien, die Schöpfer des kollektiven Bewußtseins verkünden, daß es in der Tat lebensprühende, sinnliche, reizvolle, *von Falten durchzogene* Gesichter von Frauen zwischen der Hübschheit der Jugend und der besonderen Schönheit und dem Charakter eine Frau in ihren Siebzigern und Achtzigern gibt.

Ich als Gertie Nevels in The Dollmaker, *die Verwirklichung eines zwölfjährigen Traums, der begann, als ich Harriet Arnows Roman zum ersten Mal las.*

Wendepunkte

All die Mythen und falschen Vorstellungen über Frauen in den mittleren Jahren befinden sich auf einem Kollisionskurs mit den neuen Realitäten dieser Gesellschaft. Einige davon mögen Ihnen bereits bekannt sein:

- Wir sind zahlenmäßig mehr als je zuvor.
- Wir treten in die mittleren Jahre körperlich stärker als je zuvor ein.
- Und all dies geschieht zur selben Zeit, da Frauen aller Altersstufen ihren Platz in der Gesellschaft neu bestimmen und die wahren Möglichkeiten entdecken, die für sie existieren.

Stark werden

Wir befinden uns in einer Zeit noch nie dagewesener Umwälzungen unserer Gesellschaft. Eine Kultur, die bisher überwiegend aus jungen

27

Menschen bestand, wandelt sich zu einer Gesellschaft, deren Mehrheit aus Menschen in mittlerem und höherem Alter besteht. Außerdem gibt es mehr Frauen als Männer. Sehen wir uns folgende Fakten an:

1. Die während des Baby-Booms nach dem Zweiten Weltkrieg geborene Generation tritt jetzt in ihre mittleren Jahre ein. In den USA sind 40 Millionen davon Frauen.

2. Da die jüngere Generation weniger Kinder bekommt, repräsentiert die in mittleren Jahren befindliche Generation einen immer größeren Prozentsatz unserer Gesellschaft. Allein die Amerikanerinnen in den mittleren Jahren nähern sich einem erstaunlichen Anteil von zwanzig Prozent an der Gesamtbevölkerung, wodurch wir potentiell – bis weit in das 21. Jahrhundert hinein – einen enormen Einfluß auf den Markt, auf die Politik und auf die Gesellschaft insgesamt erlangen.

3. Die Menschen in mittlerem und höherem Alter, deren Mehrheit aus Frauen besteht, sind nicht nur die größte, sondern auch die am schnellsten zunehmende Bevölkerungsgruppe der amerikanischen Gesellschaft. Diese florierende Gruppe wird um die Jahrtausendwende über 50 Prozent der Bevölkerung repräsentieren.

4. In den Vereinigten Staaten hatte eine um 1900 geborene Frau eine Lebenserwartung von etwa 47 Jahren, mein jetziges Alter. Damals lag die Lebensmitte bei weniger als 25 Jahren. Das Leben der meisten Frauen endete damals zu einem Zeitpunkt, da sie noch fortpflanzungsfähig waren. Heute hat die Frau eine durchschnittliche Lebenserwartung von 78, der Mann von 71 Jahren – für die meisten ein Gewinn von 30 Jahren!

5. Aufgrund besserer Ernährung, Hygiene und Gesundheitsvorsorge hat die Lebenserwartung der Menschen in allen Teilen der Welt zugenommen. Das Älterwerden der amerikanischen Bevölkerung ist nur Teil eines globalen Phänomens, das innerhalb von bloß zwanzig Jahren eine Verdopplung der Menschen über 60 mit sich bringen wird.

6. Hervorragende Gesundheit ist jetzt bis ins hohe Alter hinein möglich. Viele der chronischen Krankheiten und körperlichen Beschwerden, mit denen wir es heutzutage zu tun haben, wenn wir ein höheres Alter erreichen, sind keine unvermeidlichen Begleiterscheinungen des Alterns, sondern überwiegend verhütbar.

7. Obwohl wir weiterhin nicht wissen, warum Frauen immer noch ein längeres Leben beschieden ist als Männern, wissen wir, daß uns ein

längeres und gesünderes Leben bevorsteht. Wir müssen die kulturelle Annahme in Frage stellen, daß wir in der Mitte unseres Lebens anfangen, alt zu werden.

Vor noch nicht so langer Zeit wurde angenommen, daß die mittleren Jahre spätestens mit etwa fünfzig, das heißt mit dem durchschnittlichen Eintritt des Klimakteriums, endeten. Heute betrachtet man die mittleren Jahre allgemein als einen viel längeren Zeitraum, der sich noch viele Jahre über das Klimakterium hinaus erstreckt. Und das Klimakterium selbst ist zwar immer noch ein zentrales Ereignis, aber es wird nicht mehr als der alles bestimmende Faktor angesehen wie einstmals. Es ist ein Faktor neben anderen, ebenso wichtigen Dimensionen der mittleren Jahre einer Frau, die sich nun über die letzten reproduktiven und den Beginn der postreproduktiven Jahre erstrecken.

Die meisten von uns werden nach dem Klimakterium noch ein Drittel ihres Lebens vor sich haben. Nicht zuletzt dieses Faktum erschüttert die Tradition, deren Erbinnen wir sind – ein Frauenbild, das in erster Linie auf Fruchtbarkeit und Mutterschaft basierte. Unsere reproduktiven Jahre machen inzwischen weniger als die Hälfte unserer gesamten Lebenszeit aus, und die Jahre, die wir faktisch mit unseren Kindern zu Hause zubringen, einen noch viel geringeren Teil. Diese neue Realität sollte eine Frau befähigen, sich selbst als Ganzes zu sehen, nicht ausschließlich durch ihren Uterus oder durch ihre Beziehung zu Kindern oder zu einem Partner definiert. Eine Erweiterung der mittleren Jahre kann auch eine Erweiterung unserer Identitäten bedeuten.

Rollenwandel und neue Risiken

Wie viele von Ihnen bin ich in den fünfziger Jahren aufgewachsen, einer Zeit streng umrissener und begrenzter Rollen für Frauen. Der »Weiblichkeitswahn« erreichte nach dem Zweiten Weltkrieg, als viele aus unserer Generation heirateten, seinen Höhepunkt. Wir lernten eine idealisierte Version des Familienlebens in diesem Jahrzehnt des Zusammengehörigkeits- und Mutterschaftskults. Phänomene, die beide nicht zwangsläufig die echten Freuden des Mutterseins oder einer guten Familienbeziehung mit sich brachten.

Obwohl Frauen zunehmend außerhalb des Hauses zu arbeiten begannen, wurde von ihnen erwartet, vollkommene Mütter und engagierte

Hausfrauen zu sein – und nichts anderes. Die Ehe sollte das bestimmende und herausragende Element im Leben einer Frau sein. Ich erinnere mich an ein Gefühl des Ausgeschlossenseins, als ich am Ende des zweiten Studienjahres im Gegensatz zu so vielen meiner Freundinnen noch keinen Verlobungsring am Finger und kein Abonnement des *Bride's Magazine* hatte. Ich nahm an der Hochzeit so mancher Freundin als Brautjungfer teil, und obwohl mir eine weise innere Stimme riet zu warten, fürchtete ich oft, zu einem einsamen Leben am Rande verdammt zu sein, mit wenig Chancen, mich der Sicherheit, Normalität und anderer erhoffter Vorzüge der Ehe zu erfreuen.

Wenn wir uns damals überhaupt auf unsere Zukunft vorbereiteten, so nur auf die erste Hälfte unseres Lebens. Wir wurden so erzogen, als ende das Leben mit vierzig – danach verschwamm alles in einem undeutlichen Nebel. Wir dachten viel übers Heiraten nach, aber wenig über das, was danach geschieht. Die Rollen der Ehefrau und Mutter, von denen wir nur eine vage, aber glorifizierte Vorstellung hatten, sollten bis ans Lebensende dauern. Und der Gedanke, daß Frauen ihre Gesellschaft beeinflussen können, war uns völlig fremd. Für mich wenigstens beschränkte sich die Vorstellung, daß eine Frau irgend etwas verändern könnte, auf Windeln, Bettwäsche und das Arrangement der Möbel.

Ich wette, die meisten von uns glaubten, daß wir Anfang der Vierzig ein eigenes Haus besitzen, unsere Männer jeden Morgen zur Arbeit schicken und unsere Töchter oder Schwiegertöchter durch ihre ersten Schwangerschaften geleiten würden. Durch die massiven Umwälzungen in der Familie und der Ehe entspricht heute jedoch nur noch die Ausnahme dieser Vorstellung von einer lebenslangen Existenz als Gattin und Mutter – obwohl das Stereotyp verständlicherweise in unserem Hinterkopf als die Norm weiterlebt. Heute entspricht nur noch jede sechste Familie unserem lange gehegten Bild von der amerikanischen Kernfamilie – ein berufstätiger, den Unterhalt verdienender Vater und eine Vollzeit-Hausfrau und Mutter, die zwei oder mehr Kinder großzieht.

Inzwischen arbeiten *mehr als die Hälfte* der Frauen in den mittleren Jahren außerhalb des Hauses, und mehr Frauen ernähren ihre Familie mit oder ohne Hilfe eines Partners. Mehr Frauen meistern auch einen größeren Teil ihres Lebens allein – jede vierte Frau in den mittleren Jahren ist *single*. Viele von uns, die früh heirateten, sind geschieden oder von ihrem Partner getrennt, wenn sie in die mittleren Jahre kommen – mindestens jede dritte Ehe endet heute in Scheidung. Manche von uns erleben den Tod unseres Partners in diesen späteren Jahren. Und manche

Meine Großmutter mütterlicherseits, Sophie Seymour, als junge Frau

31

heiraten erst in der Lebensmitte oder verzichten ganz auf eine Ehe. Wie die Umstände auch sein mögen, in den mittleren Jahren allein zu leben ist eine immer häufigere und akzeptiertere Lebensform.

Diese neuen Formen der Ehe und des Alleinlebens bringen auch neue Spielarten der Mutterschaft hervor. Mehr Frauen treten als alleinstehende und alleinerziehende Mütter in ihre mittleren Jahre ein – die meisten mit knappen finanziellen Mitteln, 30 Prozent mit Einkommen *unterhalb* der Armutsgrenze. Frauen bekommen heute auch ihre Kinder später, was eine längere Zeitspanne der Mutterschaft in den mittleren Jahren bedeutet. Frauen wie ich, die erst im Alter von über dreißig Kinder bekamen, sind in ihren mittleren Jahren noch mit der Erziehung beschäftigt. Ich werde wahrscheinlich Anfang fünfzig sein, wenn mein erstes Kind das Haus verläßt. Meine Großmutter mütterlicherseits hatte in diesem Alter bereits halbwüchsige Enkelkinder.

Noch vor wenigen Jahrzehnten erwarteten die Frauen, daß ihr Leben ähnlich verlaufen werde wie das ihrer Freundinnen und Zeitgenossinnen. Angesichts der Vielzahl verschiedener Wege, die uns heute offenstehen, können wir uns weitaus individueller entwickeln, so nuancenreich wie die Farben der Blätter im Herbst. Ich sehe dies an den vielen Frauen in mittleren Jahren, mit denen ich in allen Teilen des Landes gesprochen habe – wie Doris, eine vierzigjährige Frau aus Cleveland, die mir erklärte: »Ich bin berufstätig gewesen, seit ich zwanzig war, und hatte bis jetzt nie das Gefühl, mir die Zeit nehmen zu können, ein Kind in die Welt zu setzen. Demnächst bekomme ich mein erstes.« Oder Mary, eine unverheiratete, allein lebende Frau Mitte dreißig, die vor einem weitreichenden Schritt in ihrer Karriere steht und im Begriff ist, sich in Los Angeles ein eigenes Haus zu kaufen. »Ich hätte nie geglaubt, daß es so kommen würde«, sagte sie. »Aber ich habe gespart, und jetzt bin ich dabei, mir den Traum vom eigenen Haus zu erfüllen.« Oder meine Freundin Susan in New York, eine Frau in den Fünfzigern, die vor kurzem Großmutter geworden ist und gleichzeitig eine Kunstgalerie eröffnet hat. »Ich habe beschlossen, meine Wohnung in eine Galerie für Gemälde von Frauen umzuwandeln. Ich lebe sehr gern allein.«

Wir sind nicht die Frauen, zu denen wir in den fünfziger Jahren gemacht werden sollten – aber auch die Welt ist nicht das, was wir erwarteten. »Wir werden die Männer, die wir immer heiraten wollten«, sagt meine Freundin Gloria Steinem. Ein weitergespanntes Bild dessen, was es bedeutet, in dieser Gesellschaft eine Frau zu sein, nimmt Form an –

Hier bin ich, die dritte von rechts, bei der Abiturfeier der Emma Willard-Schule in Troy, New York. (Die Kleider habe ich entworfen.)

man denke nur auf dem Gebiet der Politik an die geschichtemachende Nominierung einer Frau, der Kongreßabgeordneten Geraldine Ferraro, zur Vizepräsidentin der Vereinigten Staaten. Die Vorstellung vom Platz einer Frau in dieser Welt wird nie wieder dieselbe sein.

Nichts hat uns auf die Tragweite dieser immensen Umbrüche vorbereitet. Und nichts hat uns auf den potentiellen Schmerz vorbereitet, der durch die Umgestaltung der traditionellen Konturen von Ehe und Familie entstehen kann. Dennoch finden wir uns in der Lebensmitte gestärkt und mit einem neuen Identitätsgefühl wieder.

Wir lernen, daß die entstehenden neuen Rollen innerhalb und außerhalb der Ehe, jenseits der engen Fesseln des »Weiblichkeitswahns«, gut für uns sein können – entscheidend sowohl für unsere seelische wie unsere körperliche Gesundheit. »Je mehr Frauen fern vom Haushalt eine Aufgabe finden«, erklärt das National Institute on Aging, »desto besser ist es für sie.« Unser Eintritt in die Welt der Arbeit außerhalb des Hauses zählt vielleicht zu den wichtigsten Elementen unseres neuen Status und unseres neuen Wohlbefindens.

Es waren Frauen über fünfunddreißig, die die Barrieren gegen die Berufstätigkeit verheirateter Frauen beseitigten, als sie während des Zweiten Weltkriegs in großer Zahl auf den Arbeitsmarkt drängten. Seit dieser Zeit haben Frauen in den mittleren Jahren eine immer wichtigere Rolle in der amerikanischen Wirtschaft gespielt. Fast 60 Prozent der Frauen sind erwerbstätig, und die Hälfte davon ist in mittlerem und höherem Alter.

Die Arbeit ist zu einem großen und wichtigen Teil unseres Lebens geworden. Die meisten von uns werden mindestens dreißig Jahre mit bezahlter Arbeit zubringen – eine weitaus längere Zeit, als die Erziehung unserer Kinder beansprucht, und vielleicht auch länger als die Dauer unserer Ehe. Selbst mit Unterbrechungen unserer Erwerbstätigkeit aufgrund unserer Erziehungsaufgaben wird das gesamte Berufsleben einer Frau im Schnitt nur um zehn Jahre kürzer sein als das eines Mannes. Es erfordert dieselbe Planung und Sorgfalt wie jeder andere zentrale Aspekt unseres Lebens – und die Entschlossenheit, trotz Hindernissen unseren Weg zu machen.

Die Mythen, denen wir als Frauen in der Lebensmitte begegnen, verfolgen uns in unser Berufsleben. Immer noch verbreitet ist beispielsweise die irrige Annahme, daß Leistung und Produktivität, so fundamental für das Glück und das Wohlbefinden eines Mannes, für uns nicht so wichtig seien. Die Tätigkeit einer Frau in mittleren Jahren außerhalb des Hauses wurde als »Sich-wichtig-machen«, als mehr oder weniger sinnvolle Ausfüllung überschüssiger Freizeit abqualifiziert, obwohl der ausschlaggebende Grund der Erwerbstätigkeit für die meisten von uns ebenso wie für Männer ökonomischer Art ist. Man hat uns dazu verleitet, unsere Jobs nicht als Karriere oder Lebensziel ernstzunehmen, sondern sie als überflüssige, vorübergehende Beschäftigungen zu betrachten. Wir haben uns mit Blindheit schlagen lassen, wenn es darum ging, unsere eigenen, sehr realen Leistungen in der Welt der Arbeit – außerhalb oder innerhalb des Hauses – anzuerkennen.

Diese schädlichen Fehleinschätzungen haben noch größere Schwierigkeiten zur Folge, wenn Frauen mittleren Alters eine Berufstätigkeit beginnen oder wieder aufnehmen wollen. Schon im Alter von fünfunddreißig Jahren stoßen Frauen auf den Dracula-Komplex der Wirtschaftswelt – das Bedürfnis nach frischem, das heißt jungem Blut. Trotz der vorhan-

In meinem Büro. Schreibtische mag ich nicht.

denen gesetzlichen Bestimmungen gegen Altersdiskriminierungen beeinflußt diese Tendenz sowohl die Einstellungs- *als auch* die Beförderungspraktiken und führt uns vor Augen, daß wir in der Berufswelt bereits zum alten Eisen zählen. Frauen in den mittleren Jahren stellen, wie alle erwerbstätigen Frauen, auch eine billige Reservearmee für die Wirtschaft dar – in guten Zeiten als letzte geheuert, in Krisenzeiten als erste gefeuert – in Sackgassenberufen auf dem Verwaltungs- und Dienstleistungssektor konzentriert, wo traditionellerweise die niedrigsten Löhne gezahlt werden. Nach Angaben des amerikanischen Wirtschaftsministeriums verdient eine Frau in den mittleren Jahren immer noch weniger als ihr männlicher Kollege an einem vergleichbaren Arbeitsplatz mit vergleichbarer Erfahrung, selbst wenn sie ihre Berufstätigkeit nicht unterbrochen hat, um Kinder aufzuziehen. Den zweierlei Maßstäben entsprechend steigt das Gehalt eines Mannes während seines ganzen Lebens an, während das einer Frau nach unten tendiert, und diese beiden Linien kreuzen sich niemals, weil er bereits auf einem höheren Niveau beginnt. Eine junge Frau, die am Beginn ihres Arbeitslebens 76 Cents gegenüber einem Dollar des Mannes verdient, wird am Ende, als ältere Frau, nur noch 53 Cents gegenüber seinem Dollar erhalten – kaum mehr als die Hälfte dessen, was ihr männlicher Kollege verdient.

Es geht aufwärts

Doch ungeachtet der immer noch vorhandenen Barrieren, die uns von wirklich gleichwertigen Beschäftigungsmöglichkeiten trennen, behaupten wir Frauen unseren Platz in der Arbeitswelt. Unsere wachsende Präsenz und unser Beitrag zur Volkswirtschaft wird uns besser befähigen, die negativen Arbeitsbedingungen für Frauen und letztlich auch für Männer zu verändern. Und die Arbeit außerhalb des Hauses scheint unserem gesamten Wohlbefinden zugute zu kommen. »Man« hatte erwartet, daß sich die Belastungen am Arbeitsplatz als schädlich erweisen würden, aber das Gegenteil hat sich für Frauen bewahrheitet. Seit den sechziger Jahren hat beispielsweise unsere Quote an Herzerkrankungen, den am stärksten streßbedingten Leiden, nicht zu-, sondern abgenommen, obwohl die Zahl der erwerbstätigen Frauen höher denn je ist.

In einer kleinen Stadt in Massachusetts namens Framingham nimmt fast die Hälfte der Einwohnerschaft seit Jahrzehnten an einer der bemerkenswertesten Langzeit-Herzuntersuchungen im Lande teil. Eine Grup-

pe von Frauen mittleren Alters wurde über einen Zeitraum von zehn Jahren beobachtet, um die gesundheitlichen Folgen der Berufstätigkeit zu studieren. Die Untersuchung ergab, daß Frauen, die während mehr als der Hälfte ihres Erwachsenenlebens außer Haus gearbeitet hatten, *nicht* mit signifikant höherer Wahrscheinlichkeit an einem Herzleiden erkrankten als Frauen, die im Haushalt gearbeitet hatten. Der Bericht ging noch weiter. Wenn eine Anfälligkeit für Streß am Arbeitsplatz für Frauen in mittleren Jahren existiert, dann scheint sie nicht an der Berufstätigkeit als solcher zu liegen, sondern vielmehr an der Art des Arbeitsplatzes, der einer Frau offensteht. Von allen außerhalb des Hauses beschäftigten Frauen mittleren Alters erwiesen sich die Büroangestellten und die Verkäuferinnen als dem größten Streß ausgesetzt – nicht die hochqualifizierten Fachkräfte, die oft größere relative Bewegungsfreiheit oder Verantwortung haben, und auch nicht die Industriearbeiterinnen. Die Büroangestellte, die zu Hause Kinder zu versorgen hatte, lief die größte Gefahr, streßbedingte gesundheitliche Komplikationen zu entwickeln. Das Jonglieren mit dem Beruf, dem Haushalt und den Erziehungsaufgaben bleibt in der Mehrzahl der Fälle das alleinige Problem der Frau, ohne Unterstützung durch ihren Partner, den Arbeitgeber oder die Regierung. Die kriminelle Nachlässigkeit unseres Landes auf dem Gebiet der Kindererziehung zwingt die berufstätige Mutter, eine doppelte Last zu tragen – und dazu oft noch Überstunden zu machen –, um zu gewährleisten, daß die Rechnungen bezahlt werden und Essen auf den Tisch kommt.

Erstaunlicherweise bezeichnen erwerbstätige Frauen trotz all dieser Belastungen im allgemeinen ihre Gesundheit mit größerer Wahrscheinlichkeit als gut oder sehr gut. Ausschließliche Hausfrauen klagen dagegen häufiger über chronische Krankheiten wie Allergien, Asthma, Magen-/Darmgeschwüre und Diabetes. Alle vorliegenden Anzeichen deuten darauf hin, daß es uns in dem Maße besser geht, in dem sich unser Wirkungskreis und unsere Selbstbestimmung erweitern.

Mehreren wichtigen Untersuchungen zufolge hat auch das psychische Wohlbefinden der Frauen mittleren Alters in den letzten dreißig Jahren in beispiellosem Maß zugenommen. Das amerikanische Zentrum für Gesundheitsstatistiken berichtete 1975 über eine spektakuläre Besserung der geistigen und psychischen Gesundheit von Frauen über vierzig im Vergleich zu einer 1960 durchgeführten Untersuchung. Ein anderes Beispiel: die Midtown-Manhattan-Studie über Frauen mittleren Alters, die in den fünfziger Jahren in New York gemacht worden war, hatte bei mehr als 20 Prozent »psychische Beeinträchtigungen« ergeben. Dieselbe Untersuchung stellte zwanzig Jahre später, in den siebziger Jahren, nur bei acht Prozent der Frauen psychische Schwierigkeiten fest. (Im gleichen Zeitraum blieben die psychischen Probleme der Männer unverändert bei neun Prozent.)

Das sind gute Nachrichten! Früher hatte man angenommen, daß ernste Depressionen eine unvermeidliche Folge des Älterwerdens einer Frau seien. Nun löst sich dieses Schreckgespenst in Luft auf. Freilich machen manche Frauen in mittleren Jahren immer noch Depressionen durch, wie das bei Frauen jeden Alters geschehen kann. Wir sprachen darüber mit der Therapeutin Randi Gunther, einer Frau in den Vierzigern, die in ihrer Praxis viele Frauen unseres Alters behandelt. Dr. Gunther glaubt, daß Depressionen in der Lebensmitte dann auftreten, wenn eine Frau akut die *Grenzen* in ihrem Leben zu spüren beginnt, insbesondere im Hinblick auf die traditionellen Rollen. Wir mögen zwar ein wichtiges Gefühl der Befriedigung und des Gelingens aus dem privaten Bereich von Mutterschaft und Ehe beziehen, erklärte sie, »aber da bleibt noch so viel von uns übrig, wovon die Frauen nicht wissen, wohin sie damit sollen«.

Die Frau, die ausschließlich den traditionellen Weg gewählt hat und sich an das hielt, was sie für ihren Teil des Gesellschaftsvertrages erachtete, erlebt häufig große Schwierigkeiten, wenn ihre Kinder das Haus verlassen oder ihre Ehe nicht mehr intakt ist – oder beides. Eine Frau, die sich beispielsweise in erster Linie der Erziehung ihrer Kinder gewidmet hat, läuft eher Gefahr, einen großen Verlust zu empfinden, wenn die Kinder aus dem Haus gehen – und sie in der Lebensmitte im »leeren Nest«, wie man es bedauerlicherweise genannt hat, zurückbleibt. Sobald ihr einziger Anker verschwunden ist, kann diese Frau das Gefühl haben, ziel- und richtungslos dahinzutreiben. Statt diesen Eintritt in eine neue Lebensphase als positiv zu empfinden, jetzt, da die wichtige Erziehungs-

---

»Es ist nicht die Verantwortung, die uns umbringt, sondern der Mangel an Kontrolle. Der Fahrer ist weniger belastet als die Passagiere.«
Dr. med. Estelle Ramey
Professorin für Physiologie und Biophysik
Medizinische Fakultät Georgetown University

aufgabe abgeschlossen ist und sich die Möglichkeit neuer, reiferer Beziehungen zu ihren Kindern, Angehörigen und Freunden eröffnet, fühlt sie sich in einer Sackgasse und traut es sich nicht zu, ihre Zukunft selbst zu bestimmen. Was die traditionelle Hausfrau jeglichen Alters mit der im Büro arbeitenden Mutter vielfach gemein hat, ist die erhöhte Verletzbarkeit, die durch einen Mangel an Macht oder die beengenden Grenzen der ihnen zugewiesenen Rollen bedingt ist.

Alles sagt uns, daß es in unserem Interesse liegt, die alten Fesseln zu zerbrechen und soweit wie möglich die Gestaltung unseres Lebens selbst in die Hand zu nehmen. Wenn die eine Rolle schrumpft, kann sich eine andere erweitern. Und die neuen Risiken bringen neuen Gewinn mit sich und schützen uns weitgehend gegen die Mythen des Alterns, die für reife Frauen – und letztlich auch für reife Männer – erbärmliche, unbefriedigende Rollenklischees vorsehen.

Wir sind die erste Generation von Frauen, die auf die mittleren Jahre besser vorbereitet sein sollte. Unser Bewußtsein in bezug auf uns selbst wandelt sich. Wir haben die Zahlen, die Gesundheit und das Wissen, die es uns ermöglichen, alle Schwierigkeiten zu bewältigen, die diese Phase mit sich bringen mag. Wir sind auch in einer stärkeren Position denn je, die vielen Chancen beim Schopf zu ergreifen, die sie ebenfalls birgt – wenn wir nur bereit sind, das Risiko des Scheiterns und des Erfolgs einzugehen. Unsere Handlungen werden wie Steine, die man in einen Teich wirft, bis in die letzten Winkel der Gesellschaft Wellen schlagen. In dem Maße, wie wir unsere Zukunft aus eigener Kraft gestalten, tragen wir dazu bei, das Erlebnis der mittleren Jahre zu verwandeln.

ZWEITER TEIL

Der reife Körper

KAPITEL 3

Der Vorgang des Alterns

Irgendwann in unseren Dreißigern und Vierzigern sind wir erstmals mit unserem eigenen Älterwerden konfrontiert. Meine Knie behalten heute nach einer anstrengenden Wanderung das letzte Wort. Ich weiß, daß ich eine Sehnenzerrung in den Hüften riskiere, wenn ich in ermüdetem Zustand oder ohne spezielle Schuhe mit Fußbett besonders aufreibende Aerobics-Übungen mache. Die Hautpartie um meine Augen ist von Fältchen durchzogen und nach einer durchfeierten Nacht oder einem allzu fetten Abendessen angeschwollen – Dinge, die ich mir noch vor wenigen Jahren hätte ungestraft leisten können. Ich erinnere mich, daß ich eines frühen Morgens die Küche betrat und im Chrom meines Toasters das hagere Gesicht einer entschieden nicht mehr jungen Frau mit verschwollenen Augen erblickte. »Wer ist denn das?«, fragte ich mich, bis mir schockartig bewußt wurde, daß ich es war.

Wir alle kennen diese Momente, in denen wir unerwartet unserem Spiegelbild begegnen und uns in unseren schlechtesten Augenblicken kaum zu erkennen vermögen – Anzeichen des Unvermeidlichen, die sich langsam akkumulieren, bis wir gezwungen sind, der Tatsache ins Auge zu sehen, daß auch für uns die Zeit nicht stehenbleibt.

Bei all meinen Untersuchungen der biologischen Gründe des Älterwerdens habe ich festgestellt, daß der Alterungsprozeß in einem hohen Maß beeinflußbar ist. Was wir uns alle klarmachen müssen, ist schließlich, daß wir einen beträchtlichen Spielraum haben, um unsere Erfahrung des Alterns zu verändern. Die genetische Veranlagung spielt eine Rolle. Die Chronologie unserer Jahre ist nicht veränderbar. Aber dies sind nur zwei unter vielen Faktoren, die bestimmen, in welcher Weise wir altern und wie lange wir leben. Die Krankheiten und die Hinfälligkeit, die die Vorstellung des Alterns früher unerträglich machten, sind nicht unvermeidlich. Vielmehr sind sie oft die Folge des Mißbrauchs und des Nichtgebrauchs unseres Körpers.

Alles Vorangegangene beginnt sich in der Lebensmitte zu unserem Vor- oder Nachteil zu summieren – unsere Eßgewohnheiten, die Regelmäßigkeit, mit der wir uns Bewegung verschaffen, ob wir rauchen, unsere allgemeine Lebensweise. Wenn wir auf der schnellen Spur gelebt und unsere eigenen körperlichen und seelischen Bedürfnisse ignoriert haben, dann werden wir auch auf der schnellen Spur altern und rasch mit dem Klischeebild von der abnehmenden Vitalität in den mittleren Jahren konfrontiert sein.

Aber es ist selten zu spät, die Spur zu wechseln. Wir alle haben die Fähigkeit, den Alterungsprozeß zu verlangsamen. Es ist sogar möglich, seinen körperlichen Zustand in vorrückendem Alter zu verbessern. Wenn wir nicht auf dem Gipfel unserer körperlichen Fitness sind, und wenige von uns sind das, dann haben wir tatsächlich die Chance, uns gesünder und in manchen Fällen stärker zu machen als im jungen Erwachsenenalter. Wie ein Wissenschaftler bemerkte, müssen wir buchstäblich in unserem eigenen Körper »gegen den Strom des Älterwerdens schwimmen«, aber daß wir dabei mit der Zeit Fortschritte machen können, ist kein Märchen. Die sportlichen, künstlerischen und geistigen Leistungen von Persönlichkeiten wie Katharine Hepburn, Billie Jean King, Lillian Hellman, Margaret Mead und Martha Graham in ihren Vierzigern, Fünfzigern, Sechzigern geben uns eine Vorstellung von dem, was möglich ist.

Ein langes und aktives Leben ist für uns alle erreichbar, wenn wir es wollen. Was ich Ihnen auf den nächsten Seiten in die Hand geben möchte, das sind die Mittel, durch die Sie selbst in den Alterungsvorgang eingreifen können. Wenn man für sich selbst bessere Bedingungen herausholen will, dann setzt das voraus, daß man sich mit den Grundbegriffen vertraut macht, wie einem jede gute Anwältin raten würde. Einige Aspekte des Alterungsprozesses sind nicht beeinflußbar, aber die meisten sind zu überwinden – durch realistische Ernährungs- und Fitness-Strategien.

Worin besteht das Altern?

Sehr einfach ausgedrückt bedeutet Altern, daß unser Körper im Lauf der Zeit allmählich seine Reserven verliert, die Fähigkeit, mit ständigen Reizen und Veränderungen fertigzuwerden und trotz der inneren und äußeren Anforderungen des Körpers das Gleichgewicht aufrechtzuerhalten. So ist man beispielsweise mit dreißig Jahren nach einer Erkältung rasch wieder auf den Beinen, mit sechzig erholt man sich dagegen langsamer. Mit zunehmendem Alter schwindet, wenn auch sehr langsam, die Fähigkeit unseres Körpers, alles im Gleichgewicht zu halten – das gilt auch für Leute in ausgezeichneter Kondition. Das muß nicht bedeuten, daß wir dies tatsächlich als ein Schwinden unserer Vitalität erleben. Es ist daran zu erinnern, daß wir über Reserven, das Zusammenspiel des Systems sprechen. Wenn wir gesund leben, werden wir uns auch in den mittleren Jahren und darüber hinaus gesund fühlen. Irgendwann am Ende unseres Lebens fällt die Reservekapazität unseres Körpers unter das für die Selbsterhaltung nötige Niveau ab. Natürlich kann eine schwere Krankheit oder ein plötzlicher Unfall allem vorzeitig ein Ende setzen. Wenn wir jedoch ein sehr hohes Alter erreichen, dann wird der Punkt kommen, an dem unsere Vitalität nicht ausreicht, um die Herausforderungen des Lebens zu meistern, von plötzlichen Wetterumbrüchen bis zu einer anhaltenden Virusinfektion, all die erwarteten und unerwarteten Ereignisse, die uns in früheren Jahren nicht außergewöhnlich belastet hätten. Der Alterungsprozeß ist dann abgeschlossen.

Diese Veränderung in unserer Fähigkeit, Reserven zu bilden, setzt früh ein, etwa im Alter zwischen 25 und 30. Bis zu diesem Zeitpunkt halten sich die Prozesse des physischen Abbaus und der Erneuerung weitgehend im Gleichgewicht. Nach den ersten Erwachsenenjahren verschiebt sich diese Balance. Das Tempo der Selbstwiederherstellung des Körpers kann nicht mehr mit den Schäden Schritt halten, die normalerweise in unseren Zellen auftreten. Abnorme Schäden wie diejenigen, die durch Rauchen oder Gifte in der Luft, im Wasser und in der Nahrung verursacht werden, können diese Kluft noch verbreitern. Das Altern beginnt mit einem wachsenden Rückstand der nötigen Reparaturarbeiten.

Worauf ist das zurückzuführen? Eine genaue Antwort darauf entzieht sich uns weiterhin. Manche Forscher glauben, daß wir eine »innere Uhr« haben, die den Alterungsprozeß auslöst, eine programmierte Botschaft, möglicherweise im Gehirn, oder vielleicht auch genetisch in die Billionen Zellen des Körpers eincodiert. Würde eine solche Uhr gefunden, dann würde das bedeuten, daß es den Wissenschaftlern vielleicht möglich wäre, sie zu verstellen. Aber selbst die Wahrscheinlichkeit ihrer Existenz bleibt eine Unbekannte.

Von dieser respektgebietenden Möglichkeit abgesehen, glauben die meisten Altersforscher inzwischen, daß es *viele* Ursachen des Alterns geben könnte, von denen keine für sich genommen eine vollständige Erklärung bietet. Wir scheinen aufgrund einer Reihe verschiedener, sich überlappender Mechanismen zu altern, die von den winzigsten Partikeln – den Körperzellen – ihren relativ willkürlichen Ausgang nehmen.

Die Zelle ist die Grundeinheit des Lebens, aus der alle Gewebe und Organe des Körpers aufgebaut sind. Von ihrer eigenen Membran umgeben schwimmt jede Zelle in Flüssigkeit und braucht Sauerstoff und Nahrung, um zu funktionieren. Zu jedem Zeitpunkt sind manche Zellen alt, manche neu, manche reparaturbedürftig, andere in erstklassigem Zustand. Jede hat ihr eigenes Alter und erneuert sich in dem ihr gemäßen Tempo.

Manche Zellen unseres Körpers, wie die der Haut, sind immer neu. Sie teilen und ersetzen sich unser ganzes Leben lang immer wieder aufs neue. Andere Zellarten tun dasselbe, aber nur in Abständen und langsam, das heißt, sie teilen sich möglicherweise im Laufe unseres Lebens nur fünfzigmal. Es sind dies die Zellen, aus denen zum Beispiel die Sehnen und Bänder sowie die Knorpel der Gelenke bestehen. Dann gibt es auch Zellen, die niemals ausgetauscht werden, sondern sich statt dessen von Geburt an ständig selbst reparieren und regenerieren. Dies sind die langlebigsten Zellen des Körpers, und sie befinden sich in den Muskeln, im Herz und im Gehirn, in den Nerven und den Nieren. »Eine solche alte Zelle hat große Ähnlichkeit mit einer alten Stadt«, wie es ein poetischer Gerontologe ausdrückt. »Während die Stadt insgesamt Jahrhunderte alt sein mag, sind die meisten ihrer Gebäude viele Male zerstört und wieder aufgebaut worden.«

Während der Lebensdauer einer Zelle hat unser Körper jederzeit die Chance, auf natürlichem Wege gesunde neue Zellen hervorzubringen oder die alten auszubessern. Dies ist der Hauptgrund, warum wir in positiver Weise in den Alterungsprozeß eingreifen können. Dennoch unterliegen diese winzigen biologischen Fabriken im Lauf der Zeit Veränderungen, die wir nur verlangsamen oder hinauszögern können. Früher oder später beginnen Schäden verschiedener Art aufzutreten, welche die innere Struktur und Funktionsweise der Zelle verändern. Diese Veränderungen bestimmen, wann und wie unser Körper altert.

Biologische Irrtümer

Die wissenschaftlichen Details, über die ich als nächstes sprechen möchte, sind zwar eine etwas mühsame Lektüre, aber ich bitte Sie, mir hier zu folgen. Je besser Sie die dem Altern zugrundeliegenden Mechanismen verstehen, desto eher werden Sie das Programm verstehen, das ich an späterer Stelle präsentiere, und desto eher werden Sie motiviert sein, es sich anzueignen.

Einer der Hauptgründe des Alterns kommt, wie man annimmt, durch rein zufällige, genetische Irrtümer zustande, die sich innerhalb der Zelle ereignen. Diese mikroskopisch kleinen Fehler häufen sich an und summieren sich schließlich zu einer Lawine von Zellschäden und damit zu einer zunehmenden Zahl unvollkommener Zellen im Körper.

An diesem Phänomen sind zwei der wichtigsten Moleküle des Lebens beteiligt, die im Kern jeder Zelle vorhanden sind: die DNS (Desoxyribonukleinsäure), in der der Bauplan für den ganzen Körper gespeichert ist, und die RNS (Ribonukleinsäure), die die in der DNS gespeicherten Informationen in Abertausende programmierter Befehle an die Zelle übersetzt. Die Anweisungen der DNS können mit der Zeit verschwommen werden. Chemische Mißverständnisse können sich einschleichen bei der Umsetzung der genetischen Botschaft von der DNS in die RNS und danach von der RNS in die Enzyme und andere Proteine des Körpers – die Rohstoffe zum Aufbau und zur Regeneration des Körpers. Einzelheiten gehen verloren in dieser Kette der Proteinsynthese oder -herstellung, so wie die Kopie einer Kopie einer Kopie nicht mehr die gestochenen Details des Originals aufweist.

Normalerweise kann die Zelle solche Irrtümer reparieren. Aber ihre Fähigkeit, sich selbst wiederherzustellen, beginnt ebenfalls nachzulassen, und gleichzeitig können Schäden anderer Art den gesamten Reparaturapparat überlasten. Aufgrund all dieser Umstände wird es für die immer anfälligere Zelle zunehmend schwieriger, lebenserhaltende Nährstoffe zu verwerten und ihre Abfallprodukte zu beseitigen. Die Zelle verliert schließlich ihre Fähigkeit, sich in ihrer idealen Form zu erhalten oder neu zu erschaffen.

Biochemische Fesseln

Ein weiterer verwandter und wichtiger Alterungsmechanismus wirkt sich ebenfalls auf die gesunde Funktionsweise der Zelle aus. Mit zunehmendem Alter besteht die Tendenz, daß es zu unerwünschten chemischen Bindungen zwischen Molekülketten außerhalb der Zelle im reichlich vorhandenen Bindegewebe des Körpers kommt – den faserigen Proteinen, die das Gerüst für jede Zelle bilden und aus denen der größte Teil unserer Haut, Blutgefäße, Knorpel, Sehnen und Bänder besteht.

Es ist normal, ja sogar notwendig, daß sich während unseres Heranwachsens im Bindegewebe sogenannte *Cross-links* bilden. Diese Bindungen sind wichtig, weil sie dem Gewebe Struktur und Stärke verleihen und gleichzeitig seine Elastizität bewahren. Aber dieser Prozeß der Vernetzung scheint sich auch in zunehmendem Alter fortzusetzen. Die Fasern des Bindegewebes verbinden sich immer fester miteinander und werden dadurch starrer und unelastischer. Die Anzeichen dieser biologischen Selbstfesselung zeigen sich allmählich in den zunehmenden Falten und Runzeln der Haut, dem Steifwerden der Gelenke, dem Nachlassen der Muskelelastizität und der Fähigkeit zur Akkomodation (Scharfeinstellung) des Auges. Außer diesen klassischen Kennzeichen des Alterns werden die zu den Zellen führenden winzigen Kapillargefäße von dem sich verfestigenden Gewebe um sie herum abgeschnürt, und die Blutgefäße selbst werden zunehmend rigide. Die mühelose Zufuhr an Sauerstoff, Wasser und anderen Nährstoffen zu den Zellen ist dadurch behindert, und wir beginnen allmählich, gesunde Zellen einzubüßen.

Unser Wissen darüber, warum das *cross-linking* mit zunehmendem Alter anhält, ist unvollständig. Man nimmt an, daß es überwiegend eine indirekte Folge der Oxydation ist, des chemischen Vorgangs der Verbindung von Sauerstoff mit anderen Elementen. Die Folgen der Oxydation sehen wir überall um uns herum, wenn Eisen rostet, Gummi rissig wird und Butter ranzig. In unserem Körper vollzieht sich der Oxydationsprozeß, ohne daß wir es wahrnehmen, zu jeder Minute an jedem Tag. Dies ist ein wesentlicher Aspekt des Stoffwechsels. Aber Sauerstoff ist sowohl ein Segen als auch ein Fluch. Der Oxydationsprozeß erzeugt bekanntlich manchmal hochreaktive Nebenprodukte, die die unerwünschten chemischen Bindungen des *cross-linking* verursachen können – im Bindegewebe wie soeben erwähnt, und möglicherweise auch innerhalb der Zelle selbst. So kann es zu einem Fehlverhalten der Zelle kommen, das, wie man annimmt, am Alterungsvorgang beteiligt ist. Diese destruktiven Substanzen, die in ungeregelter Weise durch innere Oxydation entstehen, können auch die Zellmembran schädigen.

Der Körper besitzt starke natürliche Abwehrkräfte gegen eine solche abnorme Oxydation. Er erzeugt selbst mehrere Enzyme, deren ausschließliche Aufgabe es ist, die schädlichen Folgen dieser Oxydation zu verhindern und zu reparieren. Manchmal sind diese schützenden Enzyme jedoch außerstande, mit den Schäden Schritt zu halten, insbesondere dann, wenn die abnorme Oxydation durch umweltbedingte Oxydantien beschleunigt wird, die von außerhalb des Körpers kommen – Zigarettenrauch, Luftverschmutzung, Pestizide, Radioaktivität, starke Sonneneinwirkung und übermäßiger Alkoholkonsum.

Oxydationshemmer

Bis zu einem gewissen Maß kann es uns gelingen, die Auswirkungen abnormer Oxydation zu verlangsamen und unserem Körper eine Chance zu geben, mit seiner Reparaturtätigkeit nachzukommen. Ich möchte für einen Augenblick vorgreifen, solange uns all dies noch frisch vor Augen steht, und über einige der ersten Schritte sprechen. Ein naheliegender Punkt, an dem wir ansetzen können, ist, Umweltgifte zu meiden, soweit uns dies möglich ist. Ein anderer ist die Bevorzugung bestimmter Nährstoffe in unserer täglichen Kost. Das National Institute on Aging (NIA) hat auf die Notwendigkeit hingewiesen, sich besser darüber zu informieren, wie Nährstoffe *therapeutisch* eingesetzt werden können, soweit dies möglich ist, um den Alterungsprozeß zu verlangsamen. Ernährungsspezialisten haben zum Beispiel festgestellt, daß bestimmte Vitamine, Mineralien und Aminosäuren eine Schutzfunktion gegen die unerwünschte innere Oxydation und das *cross-linking* ausüben können, die ich eben beschrieben habe. Diese Substanzen hemmen eine solche Oxydation auf verschiedene Weise, aber in erster Linie, indem sie sich selbst anstelle der lebenswichtigen Zellen und Gewebe für die Oxydation zur Verfügung stellen. Die Wirkung solcher Antioxydantien können wir an Pampelmusen beobachten, die nicht braun werden, sobald sie durchgeschnitten sind, oder an Rosinen, die lange Zeit eßbar bleiben. Das natürliche Vitamin C dieser Früchte schützt sie vor dem Sauerstoff in der Luft, der normalerweise die Fäulnis roher Lebensmittel bewirkt.

Zu den bekannten Nährstoffen, deren Wirkung als Oxydationshemmer feststeht, zählen die Vitamine C und E – die stärksten Hemmer – sowie die B-Vitamine Thiamin (B$_1$), Pantothensäure (B$_5$) und Pyridoxin (B$_6$), die Bioflavoide und die Mineralien Zink und Selen, die die Wirksamkeit der Vitamine E und C steigern. Selen bildet tatsächlich einen wesentlichen Bestandteil eines der oxydationshemmenden Enzyme.

Vitamin E gilt als das beste oxydationshemmende Vitamin. Es hilft, die so wichtige Membran jeder Körperzelle vor den Schäden der Oxydation zu schützen. Diese Membran ist der erste Schutzwall und Torwächter der Zelle, der alle Nährstoffe und Hormone einläßt und alle Abfallprodukte ausstößt. Wenn es zur Oxydation kommt, dann entstehen Löcher in dieser Schutzhülle der Zelle, die deren Funktionsfähigkeit beeinträchtigen und zur Folge haben, daß die Zelle undicht wird, schrumpft und schließlich zusammenbricht.

An zweiter Stelle nach dem Vitamin E in seiner oxydationshemmenden Wirkung kommt das Vitamin C. Die Vitamine C und E steigern gegenseitig ihre Wirksamkeit.

Sollen wir den Schluß ziehen, daß sich eine deutliche Steigerung unserer Zufuhr an Oxydationshemmern positiv auf den Alterungsprozeß auswirken würde? Manche Ernährungswissenschaftler glauben das; andere teilen diese Meinung keineswegs. Tatsache ist, daß wir es noch nicht sicher wissen. Bis sich das geändert hat, glaube ich, sollten wir zumindest dafür sorgen, daß diese Nährstoffe in unserer täglichen Kost reichlich vorhanden sind, da sie möglicherweise den Alterungseffekt der Oxydation verringern helfen und die eigenen inneren Abwehrkräfte des Körpers und seine Fähigkeit, sich selbst zu reparieren, stärken.

Rohkost enthält reichlich die oxydationshemmenden Vitamine und Minerale. Essen Sie deshalb viel Gemüse, Obst und unbehandeltes Getreide in Form ganzer Körner. Es empfiehlt sich außerdem, die Zufuhr an mehrfach ungesättigten Fetten wie pflanzlichem Öl zu verringern. Zwar werden diese nicht in derselben Weise für die Entstehung von Herzerkrankungen verantwortlich gemacht wie die gesättigten Fette, aber die mehrfach ungesättigten Fette können den inneren Oxydationsprozeß erhöhen und sollten deshalb nur sparsam genossen werden. Eine ausgewogene Kost mit wenig Fett *aller Art* bekommt uns immer am besten.

Was uns erwartet

Das Altern vollzieht sich bei den einzelnen Menschen in unterschiedlicher Weise, genauso, wie das auch für die verschiedenen Zellen eines Körpers zutrifft. Wir alle durchlaufen diesen Prozeß auf unsere eigene Weise und in unserem eigenen Tempo. Die altersbedingten Veränderungen unserer Zellen bewirken allmählich die größeren Veränderungen im Gewebe, in den Organen und den Systemen des Körpers. Diese Teile des Körpers werden im Lauf der Zeit entsprechend weniger effizient, das bedeutet, daß mehr Energie erforderlich ist, um normale Funktionen auszuüben und das lebenswichtige Gleichgewicht des Körpers aufrechtzuerhalten. Die konkreten Einzelheiten, wie sich dies manifestiert und wann, sind schwer, wenn nicht unmöglich vorauszusagen. Es ist relativ leicht, physische Veränderungen bei Kindern in verschiedenen Altersstufen zu prognostizieren, aber in den mittleren Jahren ist das volle Spektrum unserer physischen und sonstigen Identität unendlich komplexer. Wie der erste Leiter der NIA bemerkte: »[Biologisch gesehen] un-

Mitglieder des amerikanischen Ruderteams

53

terscheidet sich eine Gruppe zehnjähriger Kinder nicht stark von Kind zu Kind, aber bei Achtzig- oder Neunzigjährigen sind die Unterschiede einfach ungeheuer.«

Beginnen wir, der Möglichkeit gewaltiger Unterschiede eingedenk, die Auswirkungen des Alterns mit der Feststellung einiger allgemeiner Altersmerkmale zu betrachten, die wir alle irgendwann zu erwarten haben. Dies sind im großen und ganzen die unumgänglichen Aspekte des normalen Alterns.

- Das *Haar* wird schütter und verliert seinen natürlichen Farbton, es wird in einem weitgehend erblich festgelegten Zeitraum zunächst grau und schließlich weiß.
- Die *Haut* beginnt ihre Elastizität zu verlieren.
- Die *Augen* können sich nicht mehr so gut auf nahe Objekte einstellen.
- Die Wände der *Blutgefäße* verfestigen sich.
- Die *Knorpel* der Gelenke beginnen auszutrocknen.
- Die *Nieren* filtern fremdes Material langsamer aus dem Blut.

Von hier an wird jeder weitere Aspekt des Alterns weniger voraussagbar. Es ist leichter, darüber zu sprechen, was Altern *nicht* ist oder *nicht* sein muß – und über die Dinge, die einen Unterschied ausmachen können.

- **Das Altern ist keine schnurgerade, abwärts führende Bahn ab 30,** eine Botschaft, die ich bereits vermittelt zu haben hoffe.

Es gibt Veränderungen des aktiven Gewebes unserer Muskeln, die eine Verlangsamung des *Stoffwechsels* und dadurch eine Zunahme des Fettgewebes bedeuten können. Und es gibt Veränderungen des Aufbaus unseres Skelett-Muskel-Systems, die sich auf unsere *Gelenke*, den *Rücken* und die *Knochen* auswirken. Und es gibt neben dem Verlust an Elastizität auch noch andere Veränderungen unserer *Haut*.

Veränderungen treten auch in der *Verdauung*, der *Aufnahme* und *Nutzung* von Nährstoffen sowie der *Eliminierung* von Abfallprodukten auf. Es gibt Veränderungen von *Herz* und *Kreislauf*, der *Atmung*, des *Nervensystems* und des *Immunsystems*. Die Wandlungen des Immunsystems könnten selbst eine Ursache des Alterns sein.

Alle diese Veränderungen, die Tendenz zu verringerter Effizienz und Funktionsfähigkeit, können durch ein Programm gesunder Ernährung kombiniert mit regelmäßiger körperlicher Bewegung minimiert werden.

Miki Gorman stellte 1976 den Marathonrekord für über Vierzigjährige auf.

Es gibt inzwischen eindeutige Beweise einer auffallenden Ähnlichkeit zwischen den Veränderungen, die normalerweise mit Alterungsvorgängen verbunden sind, und denjenigen, die durch Inaktivität bewirkt werden – ein Phänomen, das ich nicht genug hervorheben kann. Ein Bein, das in einem Gipsverband ruhiggestellt wird, scheint um *vierzig Jahre* zu altern – in ganzen sechs Wochen! Die Knochen schrumpfen, die Muskeln atrophieren, die Haut wird dünner, und die Zirkulation verlangsamt sich. Ein Bein, das bewegt wird, weist dagegen genau die umgekehrten Wirkungen auf. Die Knochen werden stärker, die Muskeln werden gekräftigt, die Haut wird dicker und die Blutzirkulation bessert sich. Was uns das so unüberhörbar sagt, ist, daß wir Fähigkeiten, die wir *gebrauchen*, nicht einbüßen müssen (*»Use it or lose it«*). Unser Körper gleicht *nicht* einer Maschine, die sich durch den Gebrauch verschleißt. Vielmehr haben die dynamischen Organe und Gewebe unseres Körpers die außerordentliche Fähigkeit, sich an Herausforderungen anzupassen. Wenn wir sie gebrauchen, wenn wir sie zur Arbeit auffordern, dann sind sie in einer Weise zu Leistungssteigerungen fähig, die den Veränderungen durch das Älterwerden nachhaltig entgegenwirken – in welchem Alter wir auch sein mögen.

● **Altern bedeutet keinen Intelligenzverlust oder den Beginn der Senilität.** Einer der größten Fortschritte in der Wissenschaft vom Altern war die Widerlegung des Märchens, daß Senilität die unvermeidliche und normale Folge des Alterns sei. Obwohl wir selten schon in den mittleren Jahren mit Senilität rechnen, fangen wir zu dem Zeitpunkt an, uns darüber Sorgen zu machen.

Die zwölf Milliarden Nervenzellen des Gehirns und des Nervensystems sind unersetzbar und ebenso anfällig wie alle anderen Zellen des Körpers für die innerzellulären Veränderungen und das *cross-linking*, das ich beschrieben habe. Aber die weitverbreitete Überzeugung, daß wir einen ständigen Schwund der Gehirnzellen mit einem korrespondierenden Abbau an Intelligenz und Gedächtnis erleiden, wurde wirksam in Frage gestellt.

Das alternde Gehirn geht nicht an Erschöpfung zugrunde. Im Gegenteil, ebenso wie die Muskeln muß auch das Gehirn trainiert werden. Geistiges Schwitzen ist gut für seine Gesundheit. Tatsächlich verbraucht das Gehirn eine große Menge an Energie, etwa ein Viertel des Grundumsatzes unseres Körpers. Unsere Lernfähigkeit kann mit zunehmendem Alter intakt bleiben. Unsere Fähigkeit, begrifflich zu denken, kann sich sogar verbessern. Wo eine Veränderung eintreten kann, ist in der Geschwindigkeit, mit der Botschaften innerhalb des Nervensystems vermittelt werden. Das kann eine Verlangsamung unserer Reaktionszeit und vielleicht auch der Abrufzeit unseres Gedächtnisses um etwa 15 Prozent bedeuten, wenn wir in unseren Siebzigern oder Achtzigern sind, aber es bedeutet nicht einen Verlust an Intelligenz.

Was die Senilität als solche betrifft, leiden nur vier Prozent der Frauen und Männer über 65 unter Zuständen, die als echte Senilität zu bezeichnen sind. Wenn sie eintritt, zeigt sich die Senilität vor allem in Form der ernsten Verwirrungszustände und der Vergeßlichkeit, die entweder durch die Alzheimersche Krankheit oder durch kleine lokalisierte Schlaganfälle verursacht werden, die die Durchblutung des Gehirns blockieren – und manchmal durch eine Kombination von beidem. Leider werden viele ältere Personen fälschlich als senil diagnostiziert. Andere Beschwerden können eine Pseudosenilität oder Veränderungen der geistigen Fähigkeiten hervorrufen, die der echten Senilität gleichen: Depressionen, eine schwächere Blut- und Sauerstoffzufuhr, bedingt durch schlechte Zirkulation, und die Tendenz, daß sich mit zunehmendem Alter die Produktion für das Gehirn wichtiger Substanzen (den sogenannten Neurotransmittern) verringert. Alle diese Beschwerden sind, wenn sie entdeckt werden, behandelbar.

- **Altern ist keine Krankheit.** Die Veränderungen, die sich mit zunehmendem Alter ereignen, sind ein normaler Bestandteil des Lebens. Aber es besteht ein Zusammenhang zwischen Alter und Krankheit, den man kennen sollte. Die chronischen Krankheiten, die mit den mittleren und späteren Jahren verbunden sind, stellen tatsächlich Beispiele eines außer Kontrolle geratenen Alterungsprozesses dar. Krankheiten wie Herzleiden, Krebs, Diabetes und Zirrhose haben alle mehrfache Ursachen und beginnen um Jahre früher in uns zu entstehen, als sie sich bemerkbar machen. Jede dieser Erkrankungen bewirkt die Abnahme der Funktionsfähigkeit eines Organs und von Reserven, die mit den Folgen des Alterns vergleichbar, aber ungeheuer beschleunigt ist.

Schauen wir uns an, was mit dem Netzwerk von Herz, Lungen und Blutgefäßen, einem der komplexesten Systeme des Körpers, geschieht. Ich wähle dieses Beispiel nicht willkürlich. Obwohl Herzerkrankungen im Rückgang begriffen sind, stellen sie nach wie vor die häufigste Todesursache in den USA dar. (Bei den Frauen in mittleren Jahren rangieren sie an zweiter, bei den älteren Frauen an erster Stelle.) Wie gut das Herz-Atmungs-System funktioniert, ist auch einer der besten Indikatoren unserer gesamten körperlichen Kondition, und es ist ein System des Körpers, auf das wir starken Einfluß nehmen können. Seine Wichtigkeit einschließlich möglicher Fehlentwicklungen zu begreifen ist wesentlich, um die Bedeutung aerobischer Gymnastikübungen zu verstehen.

Das Herz-Atmungs-System ist unsere Pipeline zu den Zellen. Es hat die Aufgabe, jede Zelle des Körpers mit Blut zu versorgen, das Sauerstoff und Nährsubstanzen enthält, und Kohlendioxyd und andere Ab-

Prime-Time-Gruppe in meinem Fitness-Zentrum in Beverly Hills

fallprodukte abzutransportieren. Es beliefert die Muskeln mit dem Sauerstoff, der nötig ist, um die für unseren Energiebedarf erforderlichen Kalorien zu verbrennen. Es bildet die Grundlage für unsere aerobischen Kräfte, die gewöhnlich als *maximale Atemkapazität*, in Sportlerkreisen abgekürzt als »VO₂max« bezeichnet werden (V = Volumen, O₂ = Sauerstoff). Dies ist einer der wichtigsten Meßwerte für die Leistungsfähigkeit unseres Körpers – wieviel Sauerstoff wir aufnehmen, wieviel Blut durch den Körper gepumpt wird und mit welcher Leichtigkeit und wie gut der Sauerstoff von den Muskeln und anderen Zellen des Körpers aufgenommen und verbraucht wird. Diese Dynamik ist der Hauptschlüssel zu unserer Vitalität.

Mit zunehmendem Alter beginnen Herz, Lungen und Kreislauf allmählich etwas von ihrer Effizienz einzubüßen. Nach dreißig nimmt unsere maximale Atemkapazität im Schnitt um etwa ein Prozent im Jahr ab. Die Lungen können weniger Luft fassen und ausstoßen und werden weniger elastisch. Der Herzmuskel verdickt sich und wird ebenso wie das gesamte Blutgefäßsystem inflexibler. Mit jedem Herzschlag wird weniger Blut gepumpt. Verhärtete und verengte Arterien zwingen das

Herz, härter zu arbeiten, um das Blut aus der Brust in den Kopf, die Arme und Beine zu transportieren. Wenn unser Herz das Blut kräftiger durch das Kreislaufsystem pumpt, steigt der Blutdruck an.

All dies ist normal und braucht keine Verminderung an Gesundheit zu bedeuten, vorausgesetzt, daß wir uns gut behandeln, richtig ernähren und für Bewegung sorgen. Wenn nicht, können diese altersbedingten Veränderungen zu einer Reihe chronischer Probleme eskalieren. Der normale Verlust an Elastizität in den Arterien, den man als Arteriosklerose bezeichnet, kann sich zu einer Atherosklerose beschleunigen, wenn sich fetthaltige Plaque an den Arterienwänden festzusetzen beginnt. Wenn dies geschieht, ist die Blutzirkulation durch den Kreislauf zu den Zellen behindert, das Herz ist zu Mehrarbeit gezwungen, mit der Folge, daß der altersbedingte Anstieg des Blutdrucks zu chronischem Bluthochdruck eskaliert. Die Hypertonie kompliziert das ganze Problem, weil sie Schäden in den Wänden der Blutgefäße bewirkt, die eine verstärkte Fettablagerung zur Folge haben. Durch zunehmende Verstopfung kann es schließlich in einem Blutgefäß oder im Herzen selbst zu einer Blockade kommen, die zu einem Herzinfarkt oder, im Falle des Gehirns, zu einem Schlaganfall führen kann. Atherosklerose, Bluthochdruck, Herzinfarkt und Gehirnschlag hängen miteinander zusammen und können jedes für sich genommen tödlich sein. Zusammen sind sie die Ursache der *Hälfte* aller zu Arbeitsunfähigkeit führenden Gesundheitsprobleme sowohl bei Männern als auch bei Frauen.

Es gibt einen genetischen Faktor, der uns für Herzerkrankungen prädisponieren kann. Aber bestimmte, stärker von uns beeinflußbare Risikofaktoren sind, wie man jetzt weiß, von ebensolcher, wenn nicht größerer Bedeutung:

- zu wenig Bewegung
- falsche Ernährung – insbesondere zuviel Zucker, Salz, verfeinerte und fettreiche Lebensmittel und zu wenig Faserstoffe
- überschüssiges Körpergewicht
- zu starker Alkoholkonsum
- Rauchen
- Gifte in der Umwelt

Dieselben Risikofaktoren bilden im wesentlichen auch die Ursache jeder anderen bedeutenden chronischen Krankheit. Es lag auf der Hand, sie auch mit den Ursachen beschleunigten Alterns in Verbindung zu sehen!

Wenn Sie Ihre Risikofaktoren einschränken, dann können Sie die degenerativen Veränderungen, die sowohl mit dem Altern als auch mit Krankheiten verbunden sind, verlangsamen und in manchen Fällen sogar umkehren. Die Veränderungen, die wir allein aufgrund der fortschreitenden Jahre erleben, haben eine viel geringere Wirkung als diejenigen, die wir selbst durch Unmäßigkeit und Defizite in unserem täglichen Leben auslösen.

In den folgenden Kapiteln erhalten Sie eine Fülle spezifischer Informationen über den Zusammenhang von Haut und Altern, wie man ein gesundes Gewicht beibehält und was wir für das Gerüst tun können, das alles zusammenhält – unsere Gelenke, unseren Rücken und unsere Knochen – kurz, alles was Sie wissen müssen, um während der mittleren Jahre gesund und tatkräftig zu bleiben.

KAPITEL 4

Die Haut

Die Haut ist die äußere Hülle unseres Körpers, die Verpackung, in der wir auf die Welt kommen. Obwohl wir alle von uns behaupten, uns nicht von Äußerlichkeiten blenden zu lassen, neigen wir doch dazu, das Alter und den Gesundheitszustand eines Menschen nach der Qualität seiner Haut zu beurteilen. Wenn wir in zunehmendem Alter erwarten, unsere Haut genau in dem Zustand erhalten zu können, wie sie in unserer Jugend war, werden wir zur Frustration verdammt sein. Wenn wir auf der anderen Seite verstehen, wie die Haut in den mittleren Jahren funktioniert, und unsere Ziele und Lebensstile entsprechend einrichten, dann werden wir überrascht sein, um wieviel besser wir aussehen können.

Zunächst ein paar Grundbegriffe. Die Haut besteht aus zwei Schichten. Die innere ist das Korium oder die Lederhaut, welche die Nervenendungen, Blutgefäße, Schweißdrüsen, Talgdrüsen und Haarfollikel enthält. Die äußere ist die Epidermis, jene Hautschicht, die sich ständig erneuert. Die Zellen an der Unterseite der Epidermis teilen sich ständig und wandern langsam zur Oberfläche, wo sie austrocknen, sich abplatten und absterben und dann abgewaschen, weggeschrubbt oder weggeblasen werden. Sowohl die Lederhaut als auch die Epidermis werden von einer tieferen Schicht von Fettzellen und einem Netzwerk aus Kollagen- und Elastin-Fasern gestützt, die unserer Haut ihre Kraft und Elastizität geben. Kollagen ist das am reichlichsten vorhandene Protein des Körpers und die wichtigste Stütze nicht nur der Haut, sondern auch der Blutgefäße und des Bindegewebes unserer Knorpel, Sehnen und Bänder.

In dieser Infrastruktur unserer Haut treten im Verlauf des natürlichen Alterungsprozesses bestimmte Veränderungen auf. Bis zu einem gewissen Grad können wir diese nicht verhindern, aber sie können sicher verlangsamt und auf ein Minimum reduziert werden.

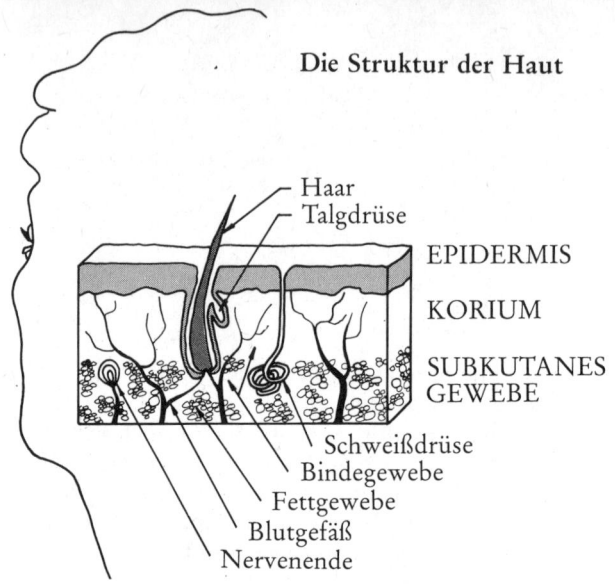

Haar
Talgdrüse
EPIDERMIS
KORIUM
SUBKUTANES
GEWEBE
Schweißdrüse
Bindegewebe
Fettgewebe
Blutgefäß
Nervenende

1. Austrocknen – Die Schweiß- und Talgdrüsen, die auf natürliche Weise für die Feuchthaltung der Haut sorgen, arbeiten mit zunehmendem Alter langsamer, überwiegend infolge hormoneller Veränderungen, insbesondere nach dem Klimakterium. Durch die geringere Feuchtigkeits- und Fettabsonderung und die jahrelang kumulierte Einwirkung der Witterung trocknet die Haut aus.

2. Faltenbildung – Manche meinen, daß Trockenheit Falten verursache. Das ist nicht ganz richtig, obwohl sie durch Trockenheit sicher noch stärker hervortreten. Falten werden in erster Linie durch den im vorigen Kapitel beschriebenen Alterungsprozeß bewirkt, der als *»cross-linking«* bezeichnet wird. Durch das *cross-linking* entstehen unerwünschte Bindungen zwischen Molekülen im Kollagen und Elastin der Haut, die dann schrumpfen und sich verfestigen. Die Folge ist, daß die Haut allmählich zäher wird und ihre Elastizität verliert und wir bemerken, daß sich Fältchen bilden und die Haut schlaff wird.

3. Schlaffwerden – Auch das unter der Haut liegende Polster von Fettzellen schrumpft mit zunehmendem Alter. Und da die Haut selbst weni-

ger elastisch wird, kann sie sich nicht mehr so leicht an die geringeren Dimensionen des Gesichts anpassen. Wie bei einem Ballon, aus dem etwas Luft entwichen ist, beginnt die überschüssige Haut schlaff zu werden und nach unten zu hängen.

4. Dünnerwerden – Im Alter werden weniger Hautzellen produziert, und das Kollagen erneuert sich weniger. Die Haut wird also dünner.

Austrocknen, Faltenbildung, Schlaffwerden und Dünnerwerden – all dies sind unvermeidliche Aspekte des Alterns. Aber sehen wir uns einmal an, was wir dazu beitragen, daß diese Erscheinungen vorzeitig und schneller eintreten, als nötig wäre.

Was schadet

Wenn wir uns die zarte, helle, feinporige Haut des Gesäßes und der Unterseite der Arme verglichen mit dem Gesicht und den Handrücken ansehen, dann merken wir, daß das, was unserer Haut am meisten schadet, weniger das Alter ist als der Einfluß von *Sonne, Smog, Wind* und *Kälte*.

Als ehemalige Sonnenanbeterin bedaure ich, sagen zu müssen, daß der Hautfeind Nummer eins, die Hauptschuldige am Vormarsch der Falten, die Sonne ist. Die Sonne trocknet die Haut nicht nur aus, sondern ist eine der Hauptursachen des *cross-linking*.

Um ganz ehrlich zu sein, ich war oft vor der Schädlichkeit der Sonne für die Haut gewarnt worden. Aber ich genoß die Wärme der Sonne auf meinem Körper und fand Gefallen an der Bräune, deshalb setzte ich mich über die Warnungen hinweg. Die Kurzsichtigkeit der Jugend! Am Beginn jedes Sommers zog ich mir einen schmerzhaften Sonnenbrand zu, den ich dann zu einem satten Braunton kultivierte. Wie fabelhaft ich in diesen Sommermonaten aussah! Aber nach vierzig begann ich zu bemerken, daß meine Haut nach dem Verblassen der Bräunung im Herbst Unreinheiten aufwies und daß sich neue Fältchen im Gesicht und Pigmentflecken auf dem Handrücken zeigten. Nach mehreren Jahren gab es keinen Zweifel mehr: Ich bezahlte für drei Monate Bräune mit neun Monaten einer immer gegerbter aussehenden Haut. Die Folgen summierten sich und waren sichtlich irreversibel. Ich konnte wenig tun, um die Uhr zurückzudrehen. Der Schaden war bereits angerichtet. Das Beste, was ich tun konnte, war zu versuchen, den gegenwärtigen Stand zu halten und keine Verschlimmerung eintreten zu lassen.

Zu diesen deutlich sichtbaren ungünstigen Folgen kam die Möglichkeit einer unsichtbaren Gefahr – Hautkrebs. Die Anzeichen mehren sich, daß Hautkrebs im Ansteigen begriffen ist, ein Phänomen, das von Dermatologen auf übermäßige Sonnenbäder zurückgeführt wird. Nach ihrer Erkenntnis sind es die ultravioletten Strahlen der Sonne, die der Haut den langfristigen Schaden zufügen. Am gefährlichsten sind die kürzeren ultravioletten B(UVB)-Strahlen, die zwischen 11 und 15 Uhr am intensivsten sind. Aber wir wissen inzwischen, daß auch die längeren UVA-Strahlen, die den ganzen Tag vorhanden sind, zu Hautkrebs führen können – obwohl sie weniger schädlich im Hinblick auf einen Sonnenbrand sind. Beide Arten von Strahlen, insbesondere die UVA, können das genetische Material in den Zellen der Haut verändern. Im Laufe

der Zeit trocknen die Sonnenstrahlen das Kollagen und Elastin der Haut aus. Sie können auch die Vernetzung *(cross-linking)* in diesen selben Bindegewebsfasern beschleunigen und diese brüchig und unelastisch machen.

Wenn man stundenlang ungeschützt in der Sonne liegt, schwellen die Zellen in der Epidermis an. Die Blutgefäße erweitern sich, was die Schmerzen und Rötungen des Sonnenbrands verursacht. Zellen von Melanin, dem Pigment, das unsere Hautfarbe bestimmt, kommen an die Oberfläche, um das ultraviolette Licht zu absorbieren, bevor es in tiefere Schichten der Haut eindringen kann. Dies ist der schöne Bronzeton, an dem wir in so vielen Stunden arbeiten. Er ist in Wirklichkeit der Versuch der Haut, sich selbst zu schützen, und deshalb ein Zeichen, daß Ihre Haut anfällig für Schäden ist. Zuerst kommt der Sonnenbrand, dann die Bräunung, gefolgt von Falten und Pigmentflecken und, falls Sie sich weiterhin der Sonne aussetzen, einer Schädigung des genetischen DNS-Materials der Haut, die zu Hautkrebs führen kann.

Es gibt drei Arten von Hautkrebs. Die ersten beiden – der Basalzellenkrebs und der Schuppenzellenkrebs – werden eindeutig von ultraviolettem Licht verursacht. Sie bieten auch gute Heilungschancen durch Operation. Das Melanosarkom, der tödliche Hautkrebs, an dem jährlich 15 000 Amerikanerinnen erkranken, wovon 45 Prozent sterben, wird ebenfalls verdächtigt, mit der Sonneneinwirkung zusammenzuhängen. Der Krebs zeigt sich oft nicht sofort, aber wenn er auftritt, ist er die Folge einer akkumulierten Schädigung seit der Kindheit. Man sollte seine Haut *mindestens* einmal im Jahr entweder mit einem Partner oder allein mit Hilfe eines Spiegels, in dem man sich ganz sehen kann, überprüfen. Halten Sie nach allen Wucherungen Ausschau, die irgendeine Färbung aufweisen. Diese könnte rot, weiß, blau, braun, schwarz oder grau sein. Achten Sie darauf, ob sich die Größe eines Muttermals verändert hat oder ob es blutet. Eines dieser Anzeichen sollte Sie veranlassen, rasch einen Arzt aufzusuchen.

Ich habe es völlig aufgegeben, mich in die Sonne zu legen, weil ich nicht in der Statistik erscheinen möchte. Es ist mir jetzt bewußt, daß ich durch jahrelanges Sonnenbaden Hautkrebs riskiert habe, aber ich kann dieses Risiko vermindern, indem ich jetzt damit aufhöre. Ich möchte nicht aus Eitelkeit sterben. Und um Ihnen die Wahrheit zu sagen, ich bin ganz froh, all die Zeit, die ich früher der Bräunung geopfert habe, jetzt zur Verfügung zu haben, um andere, interessantere Dinge zu tun.

Troy und ich bei dem Versuch, wie Profis auszusehen. Weihnachten 1983, Sun Valley, Idaho.

Es ist nicht so, daß ich nie in die Sonne hinausgehe. Im Gegenteil – ich laufe, ich mache lange Spaziergänge, ich fahre Ski und ich bin ungeheuer gern in der freien Natur.

Aber ich gehe nie aus dem Haus ohne einen guten Sonnenschutz. Wir sollten nicht vergessen, daß die Sonne gut für uns ist. Ohne sie gäbe es kein Leben auf der Erde. Sie liefert uns die nötige Wärme, und bei entsprechender Nutzung könnte sie eine wichtige Energiequelle sein. Die Sonne fördert die Erzeugung von Vitamin D, das in der Lebensmitte besonders wichtig für uns ist, weil es die Knochen stark erhält. Aber obwohl wir die Sonne zu schätzen wissen, müssen wir die nötigen Vorsichtsmaßnahmen ergreifen, um uns vor ihren Gefahren zu schützen. Den besten Schutz gibt uns eine wirkungsvolle Sonnencreme oder -milch, die UV-Licht absorbiert oder zerstreut. Die Sonnenmilch sollte die Substanz PABA (Paraaminobenzoesäure) enthalten, den Wirkstoff, der die Sonnenstrahlen abhält. Sonnenschutzmittel blockieren die Strahlung nicht völlig; vielmehr filtern sie einfach die schädlichsten ultravioletten Strahlen aus. Man sollte sich klarmachen, daß ultraviolettes Licht auch Dunst, eine leichte Wolkendecke oder Nebel durchdringen kann. Es wird von Sand, Wasser und Schnee reflektiert, so daß einem ein großer Hut oder eine Sonnenblende nicht unbedingt den nötigen Schutz gewährt. UV-Licht kann einen sogar unter Wasser erreichen und durch leichte Kleidung hindurch versengen.

Sonnencremes werden jetzt nach ihrem Lichtschutzfaktor (LSF) eingestuft; je höher die Zahl, desto mehr Schutz gewährt das jeweilige Mittel. Die nachstehende Tabelle wird Ihnen helfen, die richtige Creme oder Milch für Ihren speziellen Hauttyp zu wählen.

Hauttyp	Lichtschutz-faktor
1. Sehr hell. Neigt zu Sonnenbrand, wird nicht braun.	10–15
2. Hell. Häufiger Sonnenbrand, manchmal leichte Bräunung.	6–12
3. Gelegentlicher Sonnenbrand, wird in der Regel braun.	4– 6
4. Fast nie Sonnenbrand, wird immer braun.	2– 4

Wenn Sie eine fettige Haut haben oder unter Akne leiden, empfiehlt sich ein flüssiger Sonnenschutz auf Alkoholbasis. Wenn Ihre Haut trocken ist, verwenden Sie eine Sonnencreme, die gleichzeitig als Feuchtigkeitsspender dient. Tragen Sie die Creme oder Milch auf alle unbedeckten Hauptpartien auf und vergessen Sie nicht, Nase und Lippen, Brust und Handrücken und, falls sie nicht von den Haaren bedeckt sind, die Ränder der Ohren und den Nacken einzucremen. Dies sind die Stellen, die die stärkste Strahlung absorbieren.

Sonnencremes bieten auch einen guten Schutz gegen tägliche Umwelteinflüsse, die die Haut stark belasten: Luftverschmutzung, der sich die meisten Menschen nicht entziehen können und die äußerst ungesund ist; Wind, Kälte und trockene Luft (drinnen oder draußen), die der Haut Feuchtigkeit entziehen. Eine Sonnencreme oder ein guter Feuchtigkeitsspender bindet das Wasser in der Haut und läßt die Gifte nicht eindringen. In der Wohnung sorgt ein Luftbefeuchter oder auch nur ein Topf mit Wasser, den man in die Nähe eines Heizkörpers stellt, für Feuchtigkeit in überheizten Räumen, die die Haut sonst so stark austrocknen.

Außer der Sonne sind auch Alkohol und Tabakrauch Hauptursachen des Vernetzungsprozesses, der das Bindegewebe im Unterbau der Haut schädigt. Darüber hinaus beeinträchtigt beides die Blutzirkulation in der Haut. Alkohol bewirkt, daß sich die Blutgefäße im Gesicht ausdehnen. Kleine Netze geborstener Kapillargefäße sind der sichtbare Preis starken Alkoholgenusses. Durch das Rauchen verengen sich die Blutgefäße, was bedeutet, daß weniger Blut, weniger Sauerstoff und weniger Nährstoffe in die Haut gelangen. Abfallprodukte werden nur langsam ausgeschieden; mehr Giftstoffe sammeln sich an. Achten Sie auf die Haut von Menschen in mittleren Jahren, die viel rauchen und trinken, und Sie werden einen Kontrast zwischen noch relativ jugendlichen Gesichtszügen und stark gealterter Haut feststellen. Die ersten Anzeichen davon zeigen sich de facto schon vor der Lebensmitte.

Falls Sie noch nicht bereit sind, das Rauchen und Trinken aufzugeben, dann stärken Sie sich wenigstens, indem Sie in Ihrer Kost auf eine genügende Zufuhr der Vitamine achten, die davon zerstört werden und die Sie vor den dadurch bewirkten Schäden schützen – die Vitamine A, C, E, B_1, B_5 und B_6. Aber machen Sie sich nichts vor. Das einzig wirksame Gegenmittel ist, Alkohol nur in mäßigen Mengen zu genießen und den Zigaretten endgültig Lebwohl zu sagen.

Chronische Fastenkuren sind eine weitere, allzu häufige Ursache des Austrocknens und Schlaffwerdens der Haut. Mit der Einschränkung der Kalorien berauben sich die meisten Diätbeflissenen auch der Vitamine,

Mineralstoffe, Aminosäuren und Enzyme, die für eine gesunde Haut unerläßlich sind. Niemand kann unbegrenzt nach einer Diät leben. Das ständige Ausdehnen und Zusammenziehen der Haut bei abwechselnd steigendem und fallendem Gewicht ist selbst für die jüngste Haut belastend. Man stelle sich die Auswirkungen auf unsere weniger elastische Haut in den mittleren Jahren vor. Die unweigerliche Folge ist, daß sie abschlafft. Aber auch die Anspannung und Angst, von denen häufige Fastenkuren begleitet werden, prägen sich auf dem Gesicht aus. Ich kann nicht nachdrücklich genug auf die Wichtigkeit hinweisen, das eigene *natürliche* Gewicht zu finden und zu erhalten. Es in diesem Lebensabschnitt konstant zu bewahren, ist das allerwichtigste.

Meine Hautpflege: von innen aus

Ich werde oft gefragt, welche »Schönheitsgeheimnisse« ich anwende und welche Cremes und Wässerchen am ehesten geeignet seien, um sich eine glatte und jugendlich wirkende Haut zu erhalten. Ich glaube, die Frauen sind überrascht, wenn ich antworte, daß ich keine besonderen Geheimnisse – dieser Art – habe. Nicht, daß ich nicht nahezu alles ausprobiert hätte. Als Schauspielerin habe ich in dieser Hinsicht nichts unversucht gelassen. Aber im Laufe vieler Jahre mußte ich feststellen, daß an den Versprechungen der Werbung, wir könnten eine schöne Haut haben, wenn wir bloß das richtige Hautpflegemittel benutzten, nichts dran ist. Natürlich ist die Reinigung und Feuchterhaltung der Haut wichtig, und manche Produkte sind besser als andere; über all das werde ich später sprechen. Aber für mich besteht die zuverlässigste Kosmetik in einem regelmäßigen, intensiven Körpertraining und einer gesunden Ernährung. Dies sind die wichtigsten, wirksamsten Dinge, die Sie für Ihre Haut tun können.

Wenn Ihre Mittel begrenzt sind, dann tun Sie besser daran, Ihr Geld in ein regelmäßiges, schweißtreibendes, den Kreislauf in Schwung haltendes Konditionstraining zu investieren als in teure Hormoncremes, Gesichtsmasken, kosmetische Behandlungen und ähnliches, die bestenfalls eine vorübergehende und oberflächliche Wirkung entfalten. Ein Bewegungstraining beschleunigt dagegen die Zirkulation und versorgt die Hautzellen durch das Blut mit einer reichen Zufuhr an Nährsubstanzen und Sauerstoff.

Ein regelmäßig und kraftvoll betriebenes Körpertraining scheint den

Ich mit zwanzig beim Ballett-Training

Alterungsvorgang der Haut in jedem der oben erwähnten Punkte einschließlich des Schlaffwerdens und des Verlustes an Elastizität zu verlangsamen. Es kann ungesunde, verbrauchte Haut verjüngen. Der ganze Prozeß des normalen Zellabbaus und der Neuproduktion beschleunigt sich, und das Bindegewebe wird kräftiger und weniger anfällig für Schäden. Falls Sie je professionelle Tänzerinnen in der Garderobe beim Umkleiden gesehen haben, dann waren Sie wahrscheinlich ebenso beeindruckt wie ich von der Beschaffenheit ihrer Haut. Mir fiel das zum ersten Mal auf, als ich Anfang zwanzig Ballettunterricht nahm. Seither habe ich immer auf die Haut von Tänzern geachtet und festgestellt, daß fast alle einen wunderbar gleichmäßigen Hauttonus aufweisen. Später habe ich natürlich von Ärzten eine wissenschaftliche Erklärung für meine Beobachtung erhalten: Tänzer haben ebenso wie Sportler mehr Kollagen in ihrer Haut – sie ist dicker! Während des Trainings kann die Hauttemperatur von 30 auf 33 Grad und darüber ansteigen. Man nimmt an, daß dies die Produktion von Kollagenzellen anregt, wodurch sich die Haut zusammen mit den anderen positiven Auswirkungen der Bewegung verdickt – sie wird fester und faltenloser und bekommt mehr Spannkraft.

Ich habe an meiner eigenen Haut deutliche Veränderungen dieser Art wahrgenommen, seit ich mit einem anstrengenderen, systematischeren Training begonnen habe und mich gleichzeitig auch bewußter ernähre. Meine Haut ist seither auch viel weniger trocken. Früher muße ich mich nach jedem Bad vom Kopf bis zu den Zehen mit einer feuchtigkeitsspendenden Körperlotion eincremen. Heute brauche ich nur noch gelegentlich eine Körperlotion und leide bei entsprechender Pflege nur noch selten an trockener Gesichtshaut. Bewegungstraining befeuchtet die Haut auf natürliche Weise von innen heraus, wenn die Schweißdrüsen in Aktion treten. Schwitzen fördert auch die Reinigung der Poren und befreit die Haut von Gift- und Abfallstoffen. Aus diesem Grund und dank der gesunden Zirkulation durch das Bewegungstraining habe ich jetzt eine reinere Haut und eine gute Gesichtsfarbe. Aus diesem Grund brauche ich auch kein Make-up mehr. Ich beschränke mich lieber auf eine getönte Feuchtigkeitscreme, falls ich überhaupt etwas nehme, da ein dickeres Make-up die Fältchen nur noch stärker betont.

An Tagen, an denen ich nicht so gut aussehe, wie ich möchte, mache ich jetzt Gymnastik oder laufe, statt das Problem mit Make-up zu übertünchen, wie ich das früher machte. Selbst wenn es bedeutet, um vier

Mignon und ich beim Joggen mit den Hunden

Uhr früh aufzustehen, gehe ich nie vor die Kamera, ohne mein Training absolviert zu haben. Was ich dadurch an Spannkraft verliere, mache ich durch strahlende Frische wett.

Womit ich meine Haut ernähre, außer dem Sauerstoff, den sie durch das Bewegungstraining erhält, ist ebenso wichtig. Die Haut ist unser größtes Organ, das von innen durch die Blutzirkulation mit Nahrung versorgt wird. Ebenso wie der übrige Körper braucht sie Proteine, Kohlenhydrate, Fette, Vitamine und Mineralstoffe. Bewegung gewährleistet deren rasche Zufuhr an die Haut, aber es liegt an uns, die Qualität dieser Nährstoffe zu regulieren.

Mängel können zu Trockenheit, Unreinheiten, Blässe und anderen Anomalien führen. Eine ausgewogene Ernährung, bestehend aus Lebensmitteln der Kategorien, wie ich sie in »Mein Ernährungs- und Fitneßprogramm für die besten Jahre« vorstelle, kommt unserer Haut zugute. Auch empfehle ich Frauen in den mittleren Jahren, für eine ausreichende Zufuhr der folgenden hautfreundlichen Substanzen zu sorgen:

Vitamin A – fördert die Erneuerung der Hautzellen. Ein Mangel bewirkt trockene, rauhe und fleckige Haut.

Vitamin B-Komplex – verhindert das Abschuppen und Rissigwerden der Haut.

Vitamin C – verjüngt die Haut, weil es für die Erzeugung von Kollagen nötig ist, dem Protein, das die Haut festigt und ihr Elastizität verleiht.

Vitamin E – als Oxydationshemmer kann es dazu beitragen, die Hautzellen von den Schäden zu starker Oxydation zu schützen. Wirkt auch heilend auf die Haut.

Wasser – wenn wir über Hautpflege von innen sprechen, dürfen wir nicht vergessen, den besten Freund der Haut zu erwähnen: Wasser. Sechs bis acht Gläser täglich, bitte. Es spült Giftstoffe aus und sorgt für die Feuchterhaltung der Haut.

Gesichtsgymnastik

Viele Frauen fragen mich, was ich von Gesichtsgymnastik halte. Wenn ich so entschieden für ein Bewegungstraining eintrete, dann müßte ich auch spezielle Übungen für das Gesicht empfehlen. Aber für das Gesicht gelten andere Regeln als für die Haut des übrigen Körpers. Aus diesem Grund ist es wahrscheinlich, daß Gesichtsgymnastik in mittlerem und höherem Alter der Haut eher schadet. Wenn man es sich überlegt, dann machen wir mit unserem Gesicht ohnehin mehr natürliche Gymnastik als mit den meisten übrigen Körperteilen. So oft wir kauen, lächeln oder sprechen, ist dies ein regelrechtes Bewegungstraining für das Gesicht. Wenn ein Training dieser Muskeln dazu beitragen würde, Falten zu glätten, dann hätten wir alle eine Gesichtshaut wie ein Säugling.

Die Ausdehnung und Überbeanspruchung der Gesichtsmuskeln und Kollagenfasern kann bereits vorhandene Falten verstärken. Anders als die Haut des übrigen Körpers ist die Gesichtshaut unmittelbar mit vielen separaten, darunterliegenden Muskelsträngen verbunden. Wenn wir die Haut abschälen könnten, würden wir ein Geflecht von Muskeln vorfinden, das es uns ermöglicht, mit unserem Gesicht die verschiedenartigsten und subtilsten Emotionen auszudrücken. Wenn die Haut mit zunehmendem Alter ihre Elastizität verliert, graben sich die Linien, die durch die Bewegung dieser Muskeln entstehen, immer dauerhafter in unser Gesicht.

Die Muskeln des Gesichts

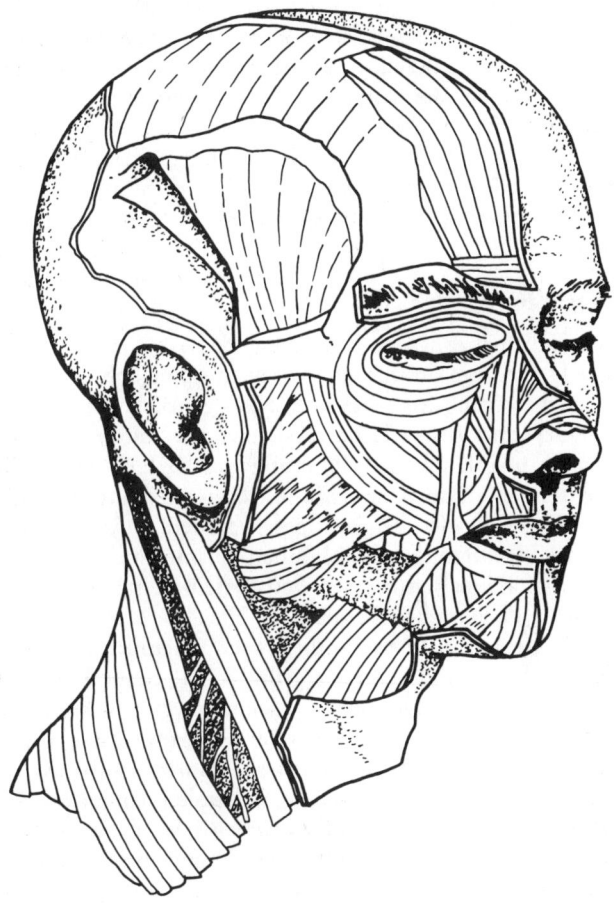

Wenn wir unsere Haut abschälen könnten, würden wir ein Geflecht von Muskeln sehen . . .

Das soll um Himmels willen nicht bedeuten, daß Sie Ihr Lachen, Ihr Augenzwinkern und das gesamte Spektrum Ihres Mienenspiels einschränken sollten. Aber wenn Sie lesen, arbeiten, nachdenken oder fernsehen, dann vermeiden Sie, Ihr Gesicht zu unbewußten Grimassen anzuspannen. Überprüfen Sie gelegentlich, ob Sie Ihre Mundwinkel nach unten ziehen, die Stirn runzeln oder die Lippen kräuseln. Diese unbewußten und unnötigen Gewohnheiten machen aus feinen, dünnen Linien mit der Zeit tiefe Furchen.

Mit den Muskeln des Halses und Unterkiefers ist es jedoch etwas anderes. Spezielle Übungen für diese Partien finden Sie an späterer Stelle in dem Kapitel »Fitness für die Besten Jahre«.

Äußerlich anzuwenden

Obwohl richtige Ernährung und Bewegung die besten langfristigen Strategien für die Hautpflege sind, ist es auch wichtig, täglich für gute Reinigung und Feuchthaltung zu sorgen und gelegentlich eine Abreibung, eine Maske oder eine kosmetische Gesichtsbehandlung vorzunehmen. Unrichtige oder unzulängliche Säuberung und Befeuchtung kann die Haut ebenso schnell altern lassen wie unrichtige Ernährung, Rauchen, Alkohol und Umweltgifte. Zu häufiges Waschen, heißes Wasser und starke Seifen und Reinigungsmittel können beispielsweise die Haut reizen und die so wichtigen natürlichen Fettstoffe beseitigen, die die Haut schützen und für Feuchtigkeit sorgen.

Zunächst die *Reinigung*. Aus synthetischen Chemikalien hergestellte Seifen beseitigen Staub und Schmutz gründlicher, besonders in hartem Wasser, aber sie unterscheiden nicht zwischen unerwünschtem Fett und dem natürlichen Ölgehalt der Haut, der verhindert, daß die Hautfeuchtigkeit verdunstet. Da wir in den mittleren Jahren in der Regel eine trockenere Haut haben, ist eine mildere, neutrale oder schwach säurehaltige Seife zu empfehlen, die aus natürlichen Fetten und Ölen hergestellt wird. Und alles, was wir auf das Gesicht auftragen, einschließlich der Seife, sollte unparfümiert und nicht mit Arzneistoffen versetzt sein. Elizabeth Arden, Clinique und Germaine Monteil stellen ausgezeichnete Seifen für besonders empfindliche Haut her. Diese sind relativ teuer, aber man kommt monatelang damit aus.

Meine Haut ist eher dünn und trocken, obwohl sich das sehr gebessert hat, seit ich ein regelmäßiges Fitness-Training begonnen habe und für eine ausgewogene, gesunde Kost sorge. Wie bei vielen Frauen ist meine Haut aufgrund der größeren Zahl von Talgdrüsen um die Nase und das Kinn fettiger als die Stirn, die Wangen und die Augenpartie. Aus diesem Grund verwende ich auf diesen Partien keine Seife. Ich massiere das Kinn und die Nase mit milder Seife, spüle sie dann mit warmem (nicht heißem) Wasser ab und tupfe das Gesicht trocken. Dabei gehe ich sanft vor, weil das Bindegewebe geschwächt wird, wenn man die Haut beim Waschen, Abtrocknen oder bloßem Herumspielen mit dem Gesicht überdehnt. Sooft meine Haut eine gründlichere Reinigung zu brauchen scheint und nicht zu trocken ist, wasche ich das ganze Gesicht mit einer milden Seife, wobei ich immer die Hände, keinen Waschlappen verwende.

Manche Haut ist zu trocken, um selbst die mildeste Seife zu vertragen. In diesem Fall empfiehlt sich eine Reinigungscreme, die Schmutz entfernt, der Haut aber ihre natürlichen Fettstoffe beläßt. Einige dieser Cremes, die ich gelegentlich verwende, lassen sich mit warmem Wasser abwaschen. Andere, dickere Cremes und pflanzliche Öle werden mit Watte, *reiner Baumwollwatte* entfernt. (Falls Sie pflanzliche Öle wie Mandel-, Sesam- oder Avocadoöl benutzen, kaufen Sie sie in kleinen Mengen, und bewahren Sie sie im Kühlschrank auf, damit sie nicht ranzig werden.) Cremen Sie Gesicht und Hals mit dem Öl oder der Creme ein, tauchen Sie dann einen Wattebausch aus reiner Baumwolle oder einen saugfähigen Baumwoll-Lappen in warmes Wasser, und wischen Sie das Reinigungsmittel sachte ab. Verwenden Sie niemals trockene Watte oder Papiertaschentücher zur Entfernung von Make-up von Gesicht und Hals. Beide dehnen die Haut zu stark, und Papiertaschentücher werden aus Zellstoff hergestellt, was auf empfindliche Haut irritierend wirken kann.

Wenn hartes Wasser in Ihrer Gegend einen seifigen Belag auf Ihrer Haut zurückläßt oder wenn Ihre Poren vergrößert sind und Ihre Haut nicht allzu trocken ist, dann können Sie Ihr Gesicht und Ihren Hals mit einem Wattebällchen behandeln, das in ein adstringierendes Mittel getaucht wurde. Vielleicht empfiehlt es sich, damit bloß die fettigen Partien zwischen den Augenbrauen und um die Nase und das Kinn zu behandeln. Das adstringierende Mittel schließt vorübergehend die Poren. Ich nehme besonders gern Produkte auf Gurkenbasis, auch zum Entfernen von Make-up.

Verbrauchte Zellen an der Oberfläche können Ihrer Haut ein staubiges, stumpfes Aussehen geben und die Wanderung neuer Zellen an die Oberfläche verlangsamen. Es gibt drei Mittel, um diese Schicht toter Zellen aus dem Gesicht zu entfernen:

- eine Hautbürste aus natürlichen Borsten
- ein kleiner Luffaschwamm
- eine Abreibung

Entweder die Hautbürste oder der Luffaschwamm (ich verwende beides) kann bei fettiger Haut einmal wöchentlich und bei trockener ein- oder zweimal monatlich angewandt werden – beides ist für extrem empfindliche Haut weniger geeignet. Reiben Sie leicht in kleinen kreisförmigen Bewegungen, und spülen Sie das Gesicht dann mit warmem Wasser ab, oder brausen Sie die abgelösten, toten Zellen unter der Dusche ab.

Sie können sich auch eine Abreibung machen, wenn Sie eine tiefere Reinigung wollen. Ich wende alle zwei oder drei Wochen eine an, je nachdem, wieviel Zeit ich habe und wie nötig meine Haut sie hat. Vor der Abreibung setze ich mein Gesicht fünf Minuten lang heißem Wasserdampf aus, indem ich mich über einen Topf mit Wasser beuge, wobei ich den Kopf mit einem Handtuch bedecke, damit der Dampf nicht entweicht. Gewöhnlich hänge ich ein Säckchen Kamillentee in das Wasser. Dann tupfe ich mir das Gesicht leicht ab, ohne es ganz zu trocknen, und trage dann eine ziemlich dicke Schicht des Abreibungsmittels über das ganze Gesicht auf, wobei ich die Augenpartie freilasse. Danach strahlt meine Haut vor Frische und prickelt; Sie werden dieselbe Erfahrung machen. Nachstehend mein bevorzugtes Mittel:

Maismehl-Abreibung (Peeling)
Feuchten Sie eine Tasse mit feingemahlenem (ungekochtem) Maismehl an. Reiben Sie das Mehl in kreisförmigen Bewegungen mit den Fingerspitzen über das ganze Gesicht und den Hals. Dies löst die toten Hautzellen ab, entfernt Schmutz, hilft Mitesser zu verhindern und glättet die Haut. Entfernen Sie das Mehl mit Wattebällchen, die Sie in kühles (nicht kaltes) Wasser tauchen.

Der ideale Zeitpunkt, um eine Gesichtsmaske aufzutragen, ist unmittelbar nach der Abreibung. Falls Sie sich anschließend keine Maske machen, dann vergessen Sie nach der Abreibung nicht, eine Feuchtigkeitscreme aufzutragen. Eine gute Maske wirkt anregend und nährend auf die Haut und schließt die Poren. Sie können sich die Maske selbst machen, wie die nachstehende aus Weizenkeimen, die besonders anregend und nährend auf trockene Haut wirkt. Ich finde, daß sie dem Gesicht eine hübsche Frische verleiht und die Poren verengt.

Weizenkeimmaske

Weichen Sie einen Eßlöffel *rohe* Weizenkeime in einem Eßlöffel destilliertem Wasser ein. Vermischen Sie sie mit einem Teelöffel Eidotter (heben Sie den Rest des Dotters in einem verschlossenen Behälter im Kühlschrank für eine zweite Maske auf). Verquirlen Sie Weizenkeime, Wasser und Dotter, bis sich ein glatter Brei bildet. Tragen Sie dann die Mischung über das ganze Gesicht (mit Ausnahme der Augenlider) auf. Verwenden Sie die ganze Paste, so daß Ihr Gesicht mit einer dicken Schicht bedeckt ist. Lassen Sie die Maske trocknen (20 Minuten). Lösen Sie die getrocknete Maske vorsichtig mit einem feuchten Waschlappen ab, wobei Sie den Lappen immer wieder in warmem Wasser ausspülen, so daß Ihr Gesicht nur mit dem sauberen Lappen in Berührung kommt. Wenn Sie die Maske entfernt haben, benetzen Sie das Gesicht mit kaltem Wasser, tupfen Sie es trocken und tragen Sie zum Schluß eine Feuchtigkeitscreme auf.

Nun zu den *Feuchtigkeitscremes*. Bei fettiger Haut sollte man eine Feuchtigkeitscreme auf Wasserbasis und eine Sonnencreme auf Alkoholbasis verwenden. Trockene Haut erfordert eine Feuchtigkeitscreme auf Ölbasis und ein Sonnenschutzmittel auf Cremebasis. Ihre Drogistin oder die Verkäuferin der Kosmetikabteilung wird Sie diesbezüglich beraten können. Ob Ihre Haut trocken oder fettig ist, versuchen Sie, ein Produkt zu finden, das Sie sowohl zur Feuchthaltung als auch als Sonnencreme verwenden können, wie auch ich es mache. Ich selbst habe verschiedene Cremes benutzt. Ich empfehle nicht die neuen Cremes, über die man liest und die beispielsweise Östrogen, Kollagen, Vitamine und hydrolysiertes Protein enthalten. Sie sind teuer, und ihre Wirksamkeit ist wissenschaftlich unbewiesen.

Wenn Sie die Feuchtigkeitscreme auftragen, solange Ihr Gesicht noch etwas naß ist, dann wird Ihre Haut noch geschmeidiger. Diese Methode scheint die Feuchtigkeit besonders gut einziehen zu lassen. Das Leitungswasser in Santa Monica ist extrem hart, deshalb habe ich ständig einen Zerstäuber mit destilliertem Wasser bereit, mit dem ich mein Gesicht besprühe, bevor ich die Feuchtigkeitscreme auftrage. Besonders günstig finde ich es, bei der Gymnastik oder beim Joggen Gesicht und Hals mit Feuchtigkeits- bzw. Sonnenmilch einzucremen. Durch die Bewegung komme ich ins Schwitzen. Die Sonnenmilch hält die Haut feucht und hindert die Elemente daran, ihr das Wasser zu entziehen. Meine Haut fühlt sich danach merklich weicher an.

Und was empfiehlt sich am Abend? Wie man das Gesicht abends behandelt, hängt davon ab, mit wem man zusammen ist, was man vorhat und in welchem Zustand sich die Haut befindet. Wenn die Stimmung beispielsweise romantisch ist und meine Haut normal wirkt, dann trage ich bloß ein bißchen Feuchtigkeitscreme um die Augen herum auf, da dies die trockenste und empfindlichste Partie ist. Wenn mein Mann, Tom, abwesend ist, dann verwende ich eine Creme auf Ölbasis oder eines meiner pflanzlichen Öle. Obwohl ich keinen wissenschaftlichen Beweis dafür habe, glaube ich, daß es der Haut gelegentlich auch gut tut, sie acht Stunden lang ganz »nackt« atmen und ruhen zu lassen.

Ich neige am Morgen zu verschwollenen Augen, was die Kameraleute vor echte Probleme stellt. Die Tränensäcke sind besonders schlimm, wenn ich am Abend zuvor in den letzten drei Stunden vor dem Schlafengehen etwas gegessen habe, mehr als ein Minimum an Fett zu mir genommen oder mehr als ein Glas Wein oder Bier getrunken habe. Wie langweilig! Diese Dinge hemmen die Flüssigkeitsausscheidung, immer schon ein Problem für mich. Die Flüssigkeit sammelt sich im Bindegewebe der Haut unter den Augen. Kreislauf und Schwerkraft lösen diese Stauung im Lauf des Tages natürlich auf, und unter normalen Umständen mache ich mir keine zu großen Sorgen darüber. Das Filmen erlegt einem jedoch größere Disziplin auf, deshalb bekämpfe ich die morgendlichen Schwellungen auf folgende Weise. Am Abend zuvor weiche ich zwei Teebeutel in Wasser ein und stelle sie im Kühlschrank kalt. Am Morgen lege ich mir als erstes je einen kalten Teebeutel fünf Minuten lang auf die Augen. Dann creme ich mich ein und mache Gymnastik oder gehe laufen. Das Schwitzen und die Bewegung zusammen mit den kalten Umschlägen scheint die Schwellung recht wirksam zu vermindern. Diese Methode hilft einem, wenn die Tränensäcke aufgrund von Ödemen geschwollen sind, wie das bei mir der Fall ist. Sie dürfte nichts nutzen, wenn andere Ursachen wie Allergien, Nebenhöhleninfektion oder Heuschnupfen vorliegen.

Wiederholtes Anschwellen – aus welchem Grund auch immer –, wodurch sich die dünne Haut unter den Augen überdehnt, kann bei älterer Haut bewirken, daß diese schlaff wird und um so stärker zu hängen beginnt, je mehr sie ihre Elastizität verliert. Sobald das Bindegewebe unter der Haut straff geworden ist, kann darüber hinaus subkutanes Fett in die lose Haut der Tränensäcke eindringen. Dies läßt sich nicht verhindern, es sei denn, man ist zu einer Operation bereit. Mehr darüber später.

Vernachlässigen wir nicht den übrigen Körper. Eine gute Angewohnheit, die man sich zulegen sollte und die die Durchblutung der Haut so fördert, daß sie zu prickeln beginnt, ist, sich vor dem Bad mit einer *trockenen* Luffabürste oder mit einer Körperbürste aus natürlichen Borsten, die ich vorziehe, abzureiben. Behandeln sie alle Körperpartien einschließlich der Brüste in kreisförmigen Bewegungen. Die Haut rötet sich durch diese Stimulierung, weil Blut an die Oberfläche dringt (reiben Sie jedoch nicht so fest, daß die Haut gereizt wird). Eine solche Abreibung regt nicht nur den Kreislauf an, sondern löst auch die toten Hautzellen des Körpers ab. Wenn Sie nachher ein Bad nehmen, werden diese abgespült. Vergessen Sie nicht, Ihre Luffa- oder Körperbürste auszuwaschen, um sie keimfrei zu halten, und lassen Sie sie für den Gebrauch am nächsten Tag austrocknen. Nach einem Fitness-Training ist diese Abreibung besonders angenehm.

Lange Bäder in heißem Wasser und Saunas wirken entspannend und öffnen die Poren, aber man sei sich bewußt, daß sie die Haut sehr stark austrocknen. Falls Sie häufig baden oder saunen, empfehle ich, das Gesicht dabei einzucremen, um die Haut feucht zu halten. Cremen Sie den Körper nachher mit einer Feuchtigkeitslotion ein. Wenn ich Zeit habe, sie einziehen zu lassen, benutze ich gern die natürlichen Avocado-, Mandel- oder Sesamöle. Ansonsten verwende ich Keri-Lotion, die besonders wirksam im Winter ist, wenn die Körperhaut noch stärker austrocknet und häufig juckt.

Kosmetische Chirurgie

Bevor wir das Thema Haut abschließen, möchte ich noch einiges über Falten sagen. Man kann sich auf dreierlei Weise verhalten. Entweder man tut gar nichts. Oder man entschließt sich zu einem radikalen Vorgehen wie plastischer Chirurgie. Und es gibt einen Mittelweg, den ich bevorzuge: mit der wachsenden Anzahl feiner (und weniger feiner) Li-

nien, die im Gesicht auftauchen, Frieden zu schließen und durch richtige Ernährung, Körpertraining, entsprechende Reinigung, Feuchthaltung, Schlaf und eine gesunde Lebensweise sein Bestes zu tun, um eine übermäßige und verfrühte Faltenbildung zu vermeiden.

Falten sind ein Teil dessen, wer wir sind und was wir getan haben. Keine Falten zu haben bedeutet, daß man nie gelacht oder geweint oder Leidenschaft empfunden hat, daß man nie in die Sonne geblinzelt oder die beißende Kälte des Winterwindes verspürt – daß man niemals wirklich gelebt hat!

Als erfolgreiche Schauspielerin und glücklich verheiratete Frau steht es mir nicht an, den Stab über Leute zu brechen, die zu kosmetischer Chirurgie greifen, in der Hoffnung, dadurch ihre Chancen auf dem jugendorientierten Arbeitsmarkt oder auf der Partnersuche zu verbessern – als Versicherung gegen Einsamkeit, wenn man so will. Aber ich habe viele »vollkommene« Frauen gesehen, deren Haut makellos glatt und straff ist und die dennoch einsam sind. Vielleicht glauben diese Frauen, daß ihr Äußeres alles über sie aussage. Unsere Gesellschaft tut jedenfalls alles in ihrer Macht Stehende, um diese Illusion zu bekräftigen. Aber worauf es letztlich wirklich ankommt, ist Ihre *Gestalt*, die vielen Elemente, die Sie zu einem Individuum machen – Ihre Einstellung, Ihre Energie, Ihr Humor, Ihre Fähigkeit zu denken, zuzuhören und sich zuhören zu lassen, und die Substanz Ihres Charakters.

Falls Sie sich durch Ihre persönliche oder berufliche Situation oder ein unerwünschtes Detail Ihres Gesichts jedoch zu einem kosmetischen Eingriff gedrängt fühlen, möchte ich Sie zur Vorsicht mahnen. Sobald Sie einmal den Schritt getan haben, einen plastischen Chirurgen zu konsultieren, sind Sie bereits weitgehend entschlossen, die Operation vornehmen zu lassen. Zu diesem Zeitpunkt besteht bereits die Tendenz, nur noch das zu hören, was man hören will. Allzuviele Frauen setzen sich einfach über die Warnungen und Vorbehalte hinweg. Es ist nicht schwierig, die Risiken der kosmetischen Chirurgie zu ignorieren. Die Sprache, in der die Prozeduren beschrieben werden – wie »Nasenkorrektur«, »Mini-Lift« und »Gesichtsstraffung« –, lassen die Sache nicht riskanter erscheinen als den Termin bei einer Schneiderin.

Man halte sich aber vor Augen, daß eine Gesichtsoperation zwar selten lebensgefährlich ist, daß jedoch ernste physische und ästhetische Komplikationen auftreten können. Zu den keineswegs seltenen, aber nie publik gemachten Risiken zählen Blutgerinnsel, vorübergehende oder dauerhafte Beschädigung von Sinnes- und Bewegungsnerven, Infektionen, dauerhafte Behinderungen, wie die Unfähigkeit, Mund oder Augen zu schließen (wenn zuviel Haut entfernt wurde oder die Haut sich durch Narbenbildung zusammengezogen hat), überschüssiges Narbengewebe und Gesichtslähmung. Ganz zu schweigen von dem Gesicht, das nicht mehr zum Körper paßt.

Ich will damit nicht behaupten, daß es nicht überaus erfolgreiche Operationen, ausgeführt von ernsthaften, versierten Chirurgen, gibt, aber ich möchte Sie darauf hinweisen, daß plastische Chirurgie nicht leichtgenommen werden sollte und mit vielen potentiellen Risiken verbunden ist. Falls Sie sich dennoch zu einer kosmetischen Operation entschließen, wählen Sie Ihren Arzt mit großem Bedacht.

Die Wahl eines kosmetischen Chirurgen

- Sprechen Sie mit zwei oder drei Fachärzten für plastische oder kosmetische Chirurgie, die Mitglieder der Ärztekammer ihres Landes sind. Dies bietet eine gewisse Gewähr für ihre Qualifikation. Lassen Sie sich schließlich auch vom Rat Ihres Hausarztes und/ oder den Empfehlungen von Freunden oder Freundinnen leiten, deren Resultate Sie gesehen haben.
- Der Arzt/die Ärztin sollte in seinem/ihrem chirurgischen Fachgebiet ausgewiesen sein.
  Dies ist wahrscheinlich das wichtigste Kriterium, das Sie herausfinden müssen, und ich empfehle Ihnen, das vor Ihrem ersten Besuch zu tun.
- Der/die Chirurg/in sollte gegenwärtig an einem renommierten Krankenhaus tätig sein. Wenn Sie in der Praxis des Chirurgen anrufen, können Sie gleichzeitig auch die Frage seiner Krankenhauszugehörigkeit klären. (Vergewissern Sie sich, daß sich die Krankenhausprivilegien auf das spezielle chirurgische Verfahren erstrecken, das Sie brauchen.)
- Nachdem Sie die obigen Erkundigungen eingezogen haben, wählen Sie den Chirurgen, mit dem Sie das beste Einvernehmen haben und der Ihr Gesicht am sorgfältigsten untersucht, statt Sie wie einen Fließbandfall zu behandeln. Es kann sein, daß Ihr Gesicht, Ihre Augen oder Ihr Kinn ein Verfahren besser erscheinen lassen als das andere oder daß ein operativer Eingriff für Sie abzulehnen ist. Wählen Sie einen Chirurgen, der Sie hinreichend über die Risiken informiert, statt

Ihnen großartige Ergebnisse zu versprechen. Von Rabattpreisen sollten Sie sich nicht zur Wahl eines plastischen Chirurgen verleiten lassen.

Ein letztes Wort zum Thema Lifting: Lifting durch Akupunktur. Ich bin bereits mehrmals erfolgreich mit Akupunktur gegen Flüssigkeitsretention, Fieber und verschiedene Verletzungen behandelt worden, und ich habe mir vor Dreharbeiten sogar das Gesicht mit Akupunktur behandeln lassen, weil behauptet wurde, damit könnten Falten vorübergehend zum Verschwinden gebracht werden. Bei mir hat sich das nicht bewahrheitet; während die feinen, am Körper benutzten Akupunkturnadeln nicht schmerzhaft sind, hat mir die Gesichtsakupunktur zu sehr wehgetan und vorübergehende Schwellungen verursacht.

KAPITEL 5

Der Speck der mittleren Jahre

Manche der Leserinnen, die dieses Buch kauften, haben wahrscheinlich gleich diese Seite aufgeschlagen. »Was hat sie darüber zu sagen, wie man das los wird?« fragen Sie – und fassen sich dabei vielleicht an den Rippen- oder Bauchspeck, der in letzter Zeit immer schwerer zu kaschieren ist.

Wir haben alle bemerkt, um wieviel schwieriger es jetzt ist, unsere überschüssigen Pfunde loszuwerden, als vor fünf oder zehn Jahren. Manche von Ihnen haben es fast schon aufgegeben. Andere probieren immer noch eine Diät nach der anderen durch und quälen sich mit dem endlosen Kampf gegen die Körperfülle, außerstande, der Berg- und Talbahn von Fasten und Sich-Überessen zu entkommen. Als jemand, der immer gegen sein Gewicht ankämpfen mußte, habe ich zu dem Thema eine Menge zu sagen, und ich weiß, daß Tausende von uns dasselbe Problem haben.

Julie Jordan, jetzt 45 und regelmäßige Teilnehmerin an unserem Fitness-Training, litt im Alter von 38 Jahren an beträchtlichem Übergewicht. Insgeheim rauchte sie auch. Sie hatte zwei Jungen großgezogen und sich daneben 15 Jahre lang ihrer Kirchgemeinde gewidmet, war selbstlos und engagiert ehrenamtlich tätig gewesen und hatte einen großen Teil ihrer Zeit für die Organisation von Wohltätigkeitsbasaren aufgewendet. Alarmiert durch ihren Mangel an Energie und ihr ständig zunehmendes Gewicht, faßte Julie schließlich den tiefgreifenden Entschluß, all dies zu ändern. Und es änderte sich eine ganze Menge. Von diesem Augenblick an hielt sie sich an eine langsame Reduktionsdiät und begann mit dem allmählichen Abbau der Zigaretten – für alle Zeiten. Außerdem startete sie ein Lauftraining. Anfangs schaffte sie nur ein paar Häuserblocks. Mehrere Jahre danach, als mein Gymnastik-Center die

Julie Jordan, 45, regelmäßige Teilnehmerin am Fitness-Training

Tore öffnete, meldete sich Julie sofort zur Teilnahme an. Damals führte sie schon ihr eigenes Geschäft und hatte nur noch Größe 44. Heute nimmt Julie immer noch regelmäßig am Fitness-Training teil und hat jetzt Größe 36, genau richtig für ihren Körperbau. »Mein Hüftumfang hat um 125 Zentimeter abgenommen, seit ich hierhergekommen bin«, erzählte sie mir während der kürzlichen Videoaufnahme einer Übungsstunde. »Fünfundzwanzig?« fragte ich, weil ich glaubte, nicht richtig gehört zu haben. »Nein«, sagte sie mit einem strahlenden Lächeln, »hundertfünfundzwanzig! Ich werde nie wieder mehr wiegen als jetzt. Ich habe sechs Jahre gebraucht, bis ich das geschafft habe. Schrittchen für Schrittchen. Jetzt bin ich Mitte vierzig, und ich fühle mich gut und sehe gut aus. Was könnte ich mehr verlangen?«

Das innere Feuer

Ich trainiere seit 25 Jahren, und ich habe seit langem gewußt, daß man durch Bewegungstraining Fett schneller verbrennt als allein durch eine Diät ohne Bewegung. Aber im Laufe meiner Recherchen für mein erstes Fitness-Buch wurde mir erst klar, warum. Es hat alles mit dem Stoffwechsel zu tun, und der Schlüssel zum Stoffwechsel sind unsere Muskeln. Wenn Sie ähnlich funktionieren wie ich, dann wird diese Information Ihr bester Ansporn sein, Ihre Muskeln arbeiten zu lassen – bis sie brennen.

Unter Stoffwechsel versteht man den inneren Verbrennungsvorgang, der in unseren Körperzellen stattfindet, wenn bereits verdaute Fette, Proteine und Kohlenhydrate (in Form von Glukose) »verbrannt« werden, um – mit Hilfe von Sauerstoff – Energie zu erzeugen. Die freigesetzte Energie wird in Kalorien gemessen.

Wie kommt es, so könnten Sie fragen, daß manchen Frauen diese Kalorienverbrennung leichter zu fallen scheint als anderen? Haben sie von Natur aus einen besseren Stoffwechsel? Ist die schlanke Person, die herzhaft ißt, ohne ein Gramm zuzunehmen, mit einem guten Stoffwechsel gesegnet? Ist der Übergewichtige, der vergleichsweise mäßig ißt und dennoch nur mit Mühe sein Gewicht hält, mit einem trägen Stoffwechsel geschlagen – ohne daß man etwas dagegen tun könnte? Nein. Es ist nichts Geheimnisvolles daran und auch keine Frage des Glücks. Ihr Stoffwechsel ist das, wozu Sie ihn machen, und Sie können ihn jederzeit verbessern. Aber Sie müssen daran arbeiten – indem Sie das aktive Gewebe Ihrer Muskeln aufbauen und erhalten.

Die Muskeln bilden den größten Teil des Körpers und stellen zusammen mit den Knochen die *fettfreie Masse* des Körpers dar. Betrachten Sie die Muskeln als Ihren Ofen, in dem 90 Prozent aller Kalorien des Körpers verbrannt werden. Die Muskeln sind *immer* damit beschäftigt, Glukose und Fett zu verbrennen, ob Sie ruhen, Gymnastik machen oder bloß Ihren täglichen Beschäftigungen nachgehen. Je mehr Sie von diesem fettfreien Gewebe haben, desto mehr Kalorien verbrauchen Sie. Eine muskulöse, 55 Kilo schwere Frau von 40 Jahren braucht beispielsweise mehr Nahrung, um ihr Gewicht zu halten, als eine Frau desselben Alters und Gewichts, die relativ wenig Muskeln hat. Sie kann mehr essen, ohne zuzunehmen.

Wenn wir in die mittleren Jahre kommen, sind unsere Muskeln und damit auch unser Stoffwechsel in unterschiedlichem Zustand. Jahre des Hungerns, unausgewogene Ernährung und vor allem zu wenig Bewegung haben uns Muskeln gekostet und gleichzeitig unseren Stoffwechsel *geschwächt*. Wenn wir nicht bereits angefangen haben, zuzunehmen, dann werden wir es jetzt tun, weil sich bestimmte altersbedingte Veränderungen in unseren Muskeln vollziehen, die uns, und sei es noch so langsam, in diese Richtung drängen.

Jeder Mensch büßt infolge des Alterungsprozesses eine geringe Menge an fettfreiem Muskelgewebe ein. Mit jedem Jahrzehnt nach dreißig verlieren wir im Schnitt drei bis fünf Prozent. Wenn wir über diese natürliche Veränderung hinaus unsere Aktivität einschränken, wozu die »mittleren Semester« früher neigten, dann schwinden unsere Muskeln noch schneller dahin. Unbenutzte Muskeln atrophieren, verkürzen sich und verlieren viele der Enzyme, die unerläßlich sind, damit sie Kalorien verbrennen können. Wenn man weniger Muskeln hat – sei es aus Gründen des Alters, des Mangels an körperlicher Bewegung oder beidem –, dann verbrennt man weniger Kalorien. Wenn man fortfährt, dieselbe Menge an Kalorien zu sich zu nehmen, dann verwandeln sich die nicht verbrannten in Fett. Ißt man beispielsweise täglich bloß um 100 Kalorien mehr, als man verbraucht, dann nimmt man in fünf Jahren mehr als 20 Kilo zu. Wenn man die normale, altersbedingte Veränderung der Muskeln nicht im Griff behält, wird das kalorienverbrennende Gewebe von kalorien*speicherndem* Gewebe verdrängt – in eskalierendem Tempo.

Dies geschieht zunächst ganz unmerklich. Dort, wo die fettfreien Muskeln schwinden, dringt Fett ein, zunächst in den Muskel selbst, und verändert seine festen, langgestreckten Konturen. Nichts davon wirkt sich anfangs auf der Waage aus, weil die Muskeln einfach durch Fett ersetzt werden, das sogar noch weniger wiegt. Wir werden *zu fett*, bevor wir Übergewicht bekommen. Sobald der Muskel völlig gesättigt ist, wird das Fett als nächstes außerhalb des Muskels subkutan unter der Haut abgelagert. Wir alle kennen seine bevorzugten Lagerstätten – die Schenkel, Hüften, Taille, der Bauch, die Oberarme und der Rücken. Ab diesem Punkt schlägt sich das überschüssige Fett als überschüssiges Gewicht nieder. Weich und formlos, nimmt es auch mehr Raum ein als die Muskeln.

Je stärker der Prozentsatz an Fett im Körper steigt, desto mehr verlangsamt sich der Stoffwechsel des Körpers. Denn im Gegensatz zu aktiven Muskeln, die ihren Unterhalt verdienen, ist Fett *träge*. Das im

Körper gespeicherte Fett verbrennt keine Kalorien. Für seine Erhaltung ist keine Energie erforderlich. Fett *ist* Kalorien – jedes Pfund Fett enthält 3500 Kalorien –, der kompakteste Treibstoff des Körpers. Eine gewisse Menge an Körperfett ist allerdings unerläßlich – als Energiequelle und für andere spezialisierte Funktionen. Beispielsweise spielt Fett eine wichtige Rolle für die Erhaltung eines gesunden Menstruationszyklus während der fruchtbaren Jahre einer Frau und nach der Menopause (dem Klimakterium bzw. den Wechseljahren) für die Produktion von Östrogen. Aber obwohl ein bißchen Fett nötig ist, dürfte ein Mangel an Körperfett selten ein Problem sein, wenn wir nicht gerade zu Anorexie (Magersucht) neigen.

Die Fähigkeit des menschlichen Körpers, Fett zu speichern, ist unbegrenzt. Dasselbe trifft für die anderen wichtigen Nährstoffe nicht zu. Der Körper kann nur ein bestimmtes Quantum an Kohlenhydraten speichern und nur eine begrenzte Menge an Proteinen verbrauchen. Wenn wir diese Grenzen überschreiten, indem wir mehr essen, als wir benötigen, verwandeln sich die überschüssigen Kohlenhydrate und Eiweiße in Fett. Wenn wir zuviel Fett essen, dann wird dies natürlich in Körperfett umgesetzt. Und sobald dies vorhanden ist, *gibt es nur einen einzigen Weg, um unerwünschtes gespeichertes Fett loszuwerden, nämlich, es in Form von Energie zu verbrennen.*

Wie oft quälen wir uns statt dessen vergeblich, es durch unrealistische Diäten abzubauen, die wir unmöglich einhalten können? Früher oder später setzt sich der Körper nach längeren Perioden des Fastens zur Wehr und klammert sich an seine Fettdepots, die er zu brauchen glaubt. Dies ist einer der Überlebensmechanismen unserer Spezies, die Tendenz, für Hungerzeiten und Notfälle Reserven zu bilden. Manche Wissenschaftler spekulieren, daß es bei jedem von uns einen inneren Sollwert, einen Mechanismus gibt, der die Fettreserven regelt, die wir mit uns herumtragen – eine Art von Fett-o-stat, der von Mensch zu Mensch verschieden ist. Dieser tritt in Aktion und konserviert Fett, wenn die Fettvorräte zu niedrig sind oder die Gefahr besteht, daß dies geschehen könnte.

Ein Verständnis dieser Zusammenhänge ist wichtig, wenn man überschüssige Pfunde geschickt und für immer loswerden will. Die Art und Weise, wie die meisten Leute abnehmen wollen, ist kontraproduktiv, weil es prompt den Sollwert-Mechanismus auslöst. Wenn der Körper merkt, daß er hungert, wie dies der Fall ist, wenn Sie ständig Diät leben oder wenn Sie plötzlich eine Blitzdiät machen, dann reagiert er, indem er seine Fettreserven eisern festhält. Zunächst löst der Körper ein heftiges Verlangen nach Nahrung aus, um seine Reserven aufzufüllen – und das Verlangen wird sich in erster Linie auf energie- und kalorienreiche Dinge wie Zucker und Fett richten. Wenn man es mit schierer Willenskraft schafft, diesem Heißhunger standzuhalten, dann besteht der nächste Selbstschutzmechanismus des Körpers darin, den Stoffwechsel zu verlangsamen, um Kalorien zu sparen und das verbleibende Fettgewebe zu retten. Mit anderen Worten: Der Körper paßt sich an, indem er die Nahrung weniger rasch verbrennt, weil Sie ihm weniger zuführen – einer der Gründe, weshalb es bei einer Diät immer schwieriger werden kann, die letzten Pfunde abzunehmen. Erinnern wir uns: Wenn wir zu dick sind, ist unser Stoffwechsel bereits langsamer, weil relativ wenige Muskeln vorhanden sind, um die immer größeren Fettmengen zu verbrennen.

Es ist bekannt, daß chronische Nahrungseinschränkung den Stoffwechsel um 10 bis 14 Prozent senken kann! Viele sehen den Sollwert-Mechanismus als einen Hauptgrund dafür an. Ein weiterer Grund ist, daß wir, wenn wir überschüssiges Fett zu rasch abbauen wollen, zwar Fett loswerden, aber auch Muskeln einbüßen. Dies geschieht, wenn eine Reduktionsdiät so wenig komplexe Kohlenhydrat enthält, daß der Körper statt dessen Proteine verbrennen muß, um bestimmte Energiebedürfnisse zu befriedigen, die durch Fett nicht hinreichend gedeckt werden können. Der Körper muß dann sowohl das Protein benutzen, das wir zu uns nehmen und das normalerweise für den Aufbau und die Wiederherstellung von Muskeln gedient hätte, als auch das Protein, aus dem bereits das Muskelgewebe selbst besteht. Tatsache ist, daß man eine Null-Diät nicht lange durchziehen kann, ohne mit seinen Muskeln und anderen Körperteilen dafür bezahlen zu müssen.

Ich möchte Ihnen die Geschichte meiner Freundin Hazel Washburn, 62, erzählen, die jede vorstellbare Blitzdiät ausprobiert hatte und schließlich alle Diäten aufgab. In Hazels Worten:

Ich plante immer irgendeine Diät. An jedem Montagmorgen begann ich damit. Am Montagabend war schon wieder Schluß. Ich hatte schreckliches Verlangen nach Zucker, aß zuviel Fett und naschte ständig zwischendurch. Ich hatte eine Abneigung gegen Gemüse und Obst und eine Vorliebe für Croissants und Süßigkeiten. Mit der Zeit begann ich, heimlich zu essen, und die überschüssigen

Hazel Washburn, 62, mit Femmy DeLyser im Hintergrund

Pfunde wurden zu einem Problem. Ich sprach mit der Ernährungsberaterin im Fitness-Center. Jetzt, ein Jahr später, bin ich das Gewicht los. Ich habe langsam abgenommen, nie mehr als zwei oder drei Pfund pro Woche. Ich freue mich jetzt auf die vorher verachtete Rohkost aus Gemüse und Obst und bin nicht mehr in Versuchung, wieder zu Süßigkeiten zu greifen. Ich hätte nie geglaubt, daß ich es je schaffen würde.

Ich kenne Hazel seit zehn Jahren, seit der Zeit, als sie noch für die Landarbeitergewerkschaft tätig war. Heute leitet sie die Spendensammlung für die California Campaign for Economic Democracy. Im letzten Jahr konnte ich miterleben, daß Hazel all die Erkenntnisse über Diät und Bewegungstraining in die Tat umsetzte, die ich eben im Begriff war, in Worte zu fassen. Sie war eine der ersten Teilnehmerinnen des Bewegungstrainings für die mittleren Jahre an unserem Fitness-Studio in Los Angeles. Sie nahm mehr als zwanzig Pfund ab. Sie macht regelmäßig Spaziergänge, versäumt nie eine Übungsstunde und ißt gut. Sie wirkt anregend auf ihre Umgebung, auf Frauen wie auf Männer. »Zum ersten

Mal seit 60 Jahren bin ich völlig mit mir zufrieden«, sagte Hazel zu mir. »Ich hätte nie gedacht, daß ich Gymnastik machen kann – jetzt habe ich vor, auch noch den Anfängerkurs zu meinem Übungsprogramm dazuzunehmen. Ich glaubte, ich würde nie aufhören können, mir Gedanken über das Abnehmen zu machen – jetzt denke ich daran, wie gut ich mich fühle. Es hat ganz heimlich begonnen. Ich habe es allein, für mich getan, ohne es jemandem zu erzählen. Aber dann fingen meine Kinder an, eine Veränderung an mir zu bemerken. Ich war positiver. Ich war weniger niedergeschlagen, und natürlich sah ich auch anders aus. Ich habe das Gefühl, mein Leben zurückerhalten zu haben.«

Den Stoffwechsel ankurbeln

Wenn wir abnehmen wollen, dann sollte es unser Ziel sein, fast ausschließlich Fett abzubauen – nicht Muskeln und übrigens auch nicht Wasser. Die *einzige* Methode, um Fett loszuwerden, ohne Muskeln einzubüßen, ist Bewegung – unterstützt durch eine ausgewogene Kost mit einem hohen Anteil an komplexen Kohlenhydraten, damit das Protein geschont wird, das wir für die Muskeln brauchen. Körperliche Bewegung dient der *Muskelerhaltung*, während man gleichzeitig gefahrlos unerwünschte Pfunde abbaut. (Möglicherweise senkt sie auch den Sollwert, der die Fettmenge reguliert, die von unserem Körper gespeichert wird.)

- Die einzige Methode, um Muskeln aufzubauen, ist körperliche Bewegung.

- Die einzige Methode, um mehr von den Enzymen zu erzeugen, die nötig sind, um Fett in Muskeln umzusetzen, ist körperliche Bewegung.

- Die einzige Methode, um den altersbedingten Verlust an Muskelmasse zu verlangsamen, ist körperliche Bewegung.

Falls Sie Ihr Optimum noch nicht erreicht haben: Die Fähigkeit, die fettfreie Masse des Körpers durch Bewegung zu *erhöhen*, bleibt uns das ganze Leben lang erhalten.

Aus all diesen Gründen ist ein regelmäßiges Körpertraining langfristig das beste Mittel, um den Grundumsatz des Körpers – dauerhaft – zu erhöhen. Regelmäßiges Körpertraining beschleunigt den Stoffwechsel auch kurzfristig. Kalorien werden *während* des Trainings, ja sogar noch Stunden *danach* schneller verbrannt. In das aktive Gewebe Ihrer Muskeln wird mehr Nahrungsenergie geleitet als in die Fettspeicherung. Und wenn Ihre Muskeln warm zu werden beginnen, kühlt gleichzeitig Ihr Appetit ab, insbesondere, wenn Sie Ihr Training etwa eine Stunde vor dem Essen absolvieren. Ein letztes: Regelmäßige Bewegung reduziert das Fettgewebe als solches, insbesondere, wenn es sich um aerobische Übungen handelt.

Aerobische Übungen haben die einmalige Fähigkeit, subkutanes (unter der Haut gelegenes) Fett aus allen Teilen des Körpers als Brennstoff für die großen Muskeln in den Beinen und im Gesäß zu mobilisieren. Aerobische Übungen aktivieren auch das marmorierte Fett tief im Inneren der Muskeln – und das ist etwas, das keine Diät bis kurz vor dem Hungertod schafft. Tatsächlich kann man sich durch eine Diät zehn Kilo herunterhungern und trotzdem »unförmig« aussehen, weil sich das Fett im Inneren der Muskeln nicht von der Stelle bewegt hat. Außer aerobischen dringen auch andere Übungen, die sich auf bestimmte Muskelgruppen konzentrieren, zum intramuskulären Fett vor – wie die Übungen im Fitness-Training für die Besten Jahre und in meinem ersten Fitness-Programm. Wenn Sie eine ausgewogene, *gemäßigte* Reduktionsdiät mit einem Übungsprogramm wie den genannten kombinieren, das Aerobics enthält, dann werden Sie nicht nur schneller schlank werden, sondern auch eine neue, straffe und sehnige Figur erhalten. Und solange Sie Ihr Bewegungstraining fortsetzen, wird das durch den höheren Grundumsatz Ihres Körpers auch so bleiben.

Aerobische Übungen sind deshalb so günstig, weil sie de facto Fett als Brennstoff bevorzugen. In den ersten Minuten der aerobischen Übung wird die schnell verwertbare Energiereserve der Glukose herangezogen. Wird das Training fortgesetzt, dann greift der Körper zu seinen Fettreserven, einem reichlicheren und kompakteren Brennstoff, der zu seiner Verbrennung viel Sauerstoff erfordert. Aerobics bedeutet per Definition Körpertraining »mit Sauerstoff«.

Das bringt mich zu dem letzten Aspekt eines beschleunigten Stoffwechsels – ein gesundes Herz-Atmungssystem. Das Herz, die Lungen und das Netzwerk aus Blutgefäßen, aus denen es besteht, haben die Aufgabe, die Muskelzellen sowohl mit Sauerstoff als auch mit Brennstoff zu versorgen. Dieses System baut im Alter ab, wie wir in »Der

Vorgang des Alterns« bereits gesehen haben. Aber ebenso wie andere Muskeln kann auch das Herz sowie die Lungen und der Kreislauf in jedem Alter gekräftigt werden – durch ein regelmäßiges und genügend anstrengendes aerobisches Übungsprogramm, unterstützt von der fett- und salzarmen Diät, von der später die Rede sein wird.

Körperliche Bewegung, um abzunehmen

- Machen Sie mindestens dreimal wöchentlich, noch besser vier- oder fünfmal, aber nicht mehr als sechsmal wöchentlich aerobische Übungen.
- Trainieren Sie mindestens 30 Minuten – 45 bis 60 Minuten sind ideal, falls es Ihr Tagesablauf gestattet.
- Bei jedem Training sollten zwischen 300 und 500 Kalorien verbraucht werden (vgl. das Kapitel »Wir kommen in Schwung« in »Mein Ernährungs- und Fitneßprogramm für die besten Jahre«).
- Reduzieren Sie Ihre Kalorienzufuhr um *nicht mehr* als 500 Kalorien täglich (vgl. das Kapitel »Ein Wort an Diätsüchtige« in »Mein Ernährungs- und Fitneßprogramm für die besten Jahre«).
- Wenn Sie täglich 500 Kalorien mehr verbrennen und 500 weniger zu sich nehmen, dann haben Sie am Abend ein Defizit von 1000 Kalorien – das meiste davon in Fett!

Uns Frauen wurde bedauerlicherweise immer beigebracht, worauf es unter dem Strich ankomme, sei die Zahl auf der Waage – nicht die Zusammensetzung dieses Gewichts, wie fettfrei wir innerlich sind und wie energiegeladen wir uns fühlen. Aber wir lernen jetzt, daß unser Gewicht nur ein Teilaspekt des Gesamtbildes ist. Ein relativ schlanker Mensch kann innerlich immer noch zu fett sein, einen trägen Stoffwechsel haben und über geringe Energie verfügen. Er muß vielleicht einen ständigen Kampf gegen das Fett führen, das äußerlich sichtbar wird. Aber wenn wir unsere Stoffwechselmaschinerie auf Touren bringen, führen unsere Muskeln diesen Kampf weitgehend allein für uns. Falls Sie gegenwärtig Übergewicht haben oder mit Ihrer Figur in irgendeiner Hinsicht nicht zufrieden sind, wird es einige Zeit in Anspruch nehmen, um das Fett abzubauen, weil es Jahre gedauert hat, bis sich der »Speck der mittleren Jahre« angesammelt hat. Muskeln aufzubauen, erfordert immer größere Anstrengungen, als sie zu erhalten. Aber es ist möglich, und je früher wir damit beginnen, um so leichter wird es uns fallen. Muskeln, die früher benutzt wurden, werden schneller reagieren, da Muskeln ein »Gedächtnis« zu haben scheinen. Wie immer es jedoch um unsere frühere und jetzige Fitness bestellt sein mag, wir müssen uns *alle* ein bißchen mehr Mühe geben, wenn wir Fett verbrennen und nicht speichern wollen, wenn wir heiße Öfen und nicht kalte Speicher sein wollen.

Tom und ich auf der Laurel Springs Ranch

KAPITEL 6

Körpermechanik

Sobald wir in die mittleren Jahre kommen, oft schon in den Dreißigern, bemerken wir eine zunehmende Anfälligkeit für die verschiedensten Schmerzen und Beschwerden. Wir spüren unsere Muskeln und Gelenke, den Rücken und selbst die Knochen in einer Weise, wie das vorher nicht der Fall war. Vielleicht werden wir beim Treppensteigen plötzlich an unsere Knie erinnert. Kommen wir während des Liebesspiels auf einen Arm des Partners zu liegen, dann kann das alles andere als Wonneschauer im Rücken auslösen. Oder eine lange vergessene Verletzung übernimmt die Rolle eines Wetterfrosches und kündigt bevorstehenden Regen durch Schmerzen an.

Wie jeder Teil des Körpers ist auch das Knochenskelett und die damit verbundene Muskulatur altersbedingten Veränderungen unterworfen. Im Laufe der Zeit werden die federnden Kissen zwischen den Gelenken und in der Wirbelsäule trockener. Andere Teile des Stützgewebes verlieren ihre Elastizität. Und die Knochen werden dünner. Aber ebensowenig wie im Falle anderer altersbedingter Veränderungen muß es nicht dazu kommen, daß die genannten zu Arthritis, chronischen Nacken- und Rückenschmerzen oder zum »Altersbuckel« der Osteoporose eskalieren.

Angesichts dieser zunehmenden Steifheit und mancher neuer Beschwerden neigen viele von uns dazu, es sich ein bißchen bequemer zu machen – und manche Ärzte empfehlen dies immer noch. Aber eine solche Passivität ist das Gegenteil dessen, was uns wirklich guttut. Wenn wir unsere Aktivität als Reaktion auf normale Veränderungen in unseren Gelenken, im Rücken und in den Knochen einschränken, nimmt deren Anfälligkeit de facto noch zu. Die Gelenke werden noch steifer, nicht, weil sie abgenutzt sind, sondern weil sie buchstäblich »einrosten«. Die

Stützmuskeln atrophieren und werden schwächer, bis sie schließlich nicht mehr imstande sind, dem Skelett Festigkeit zu verleihen und die Knochen zu stimulieren. Wenn wir dagegen unseren Körper weiterhin – vernünftig – gebrauchen, wird das Skelett-Muskel-System faktisch *gekräftigt*.

Wir müssen die wachsamen Wartungsingenieure dieser dynamischen inneren Maschinerie sein und das Instrumentarium besser verstehen lernen, das es uns ermöglicht, in den mittleren Jahren unsere Fitneß zu erhalten. Wenn wir wissen, wie unnötiger Schaden zu vermeiden ist, wenn wir das optimale Gleichgewicht zwischen Aktivität und Ruhe finden und die Botschaften unseres Körpers verstehen lernen, dann werden uns unsere Gelenke, unser Rücken und unsere Knochen nicht im Stich lassen.

Die Gelenke

Unsere Gelenke bestehen aus gummiartigen Verbindungsstücken, kompakten Stoßdämpfern und natürlichen Schmiermitteln, die wesentlich wirksamer sind als jedes Motorenöl, das auf dem Markt ist. Auf der nachstehenden Graphik sind die Grundstrukturen aller beweglichen Gelenke des Körpers wie der Knie, Hüften, Schultern, Ellbogen, Finger und Zehen abgebildet.

- Ein fester, leicht dehnbarer *Bandapparat* hält das Gelenk zusammen, verbindet die Knochen untereinander und hüllt jedes Gelenk in eine schützende, ärmelähnliche Kapsel ein.
- Etwas flexiblere, aber ebenso starke *Sehnen* verbinden zu beiden Seiten des Gelenks die Muskeln mit dem Knochen. Diese sind faktisch die schmäler werdenden Ausläufer des Muskels.
- Schwammige *Knorpel* umhüllen die Berührungsflächen der aufeinandertreffenden Knochen und ermöglichen reibungslose, glatte Bewegungsabläufe.
- Eine dickflüssige, glitschige *Gelenkflüssigkeit* umspült und schmiert den Knorpel bei jeder Bewegung des Gelenks.
- Jedes Gelenk ist von Kissen, den sogenannten *Schleimbeuteln*, umgeben, die ebenfalls schützende Flüssigkeiten enthalten und es dem zarten Muskelgewebe gestatten, mühelos über harte Knochen und anderes Muskelgewebe zu gleiten.

Der Aufbau eines Gelenks

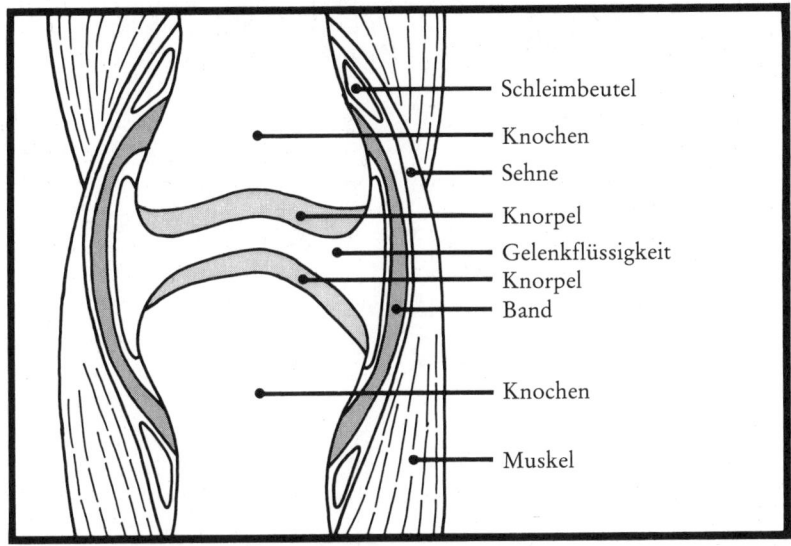

Schleimbeutel
Knochen
Sehne
Knorpel
Gelenkflüssigkeit
Knorpel
Band
Knochen
Muskel

Entscheidend für die Gesunderhaltung unserer Gelenke ist die gute Wartung der Knorpel. Sie haben keine eigene Zirkulation und sind daher für ihre Nahrungszufuhr und den Abtransport ihrer Abfallstoffe von den Bewegungen der Gelenke abhängig. Wenn sich das Gelenk bewegt, dann drücken die Knochen von beiden Seiten die geschmeidigen Knorpel zusammen. Durch diese Pumpbewegung werden die Abfallstoffe hinausgepreßt und vom Blutgefäßsystem des Knochens aufgenommen. In der Entlastungsphase werden reichhaltige Nährstoffe aus den Knochenendungen und der Gelenkflüssigkeit durch den expandierenden Knorpelschwamm gespült. Deshalb können wir uns nur dann gesunde und gut ernährte Knorpel erhalten, wenn wir unsere Gelenke *gebrauchen*.

Im Laufe der Jahre verändern sich alle Teile des Gelenks – einschließlich des Knochens und der Gelenkflüssigkeit, die es gesund erhalten, sowie der Bänder und Sehnen, denen es seine Festigkeit verdankt. Aber die Knorpel sind von diesen Auswirkungen am stärksten betroffen. Dazu kommt, daß die Knorpel schon in den Zwanzigern und Dreißigern sehr langsam Wasser zu verlieren beginnen. Wenn wir über 70 sind,

Die Ernährung der Knorpel

Bewegung ist die natürliche Pumpe, die die Gelenke gesund erhält.

Durch die abwechselnde Belastung und Entlastung bei jeder Bewegung werden die Gelenkknorpel gereinigt und mit Nahrung versorgt.

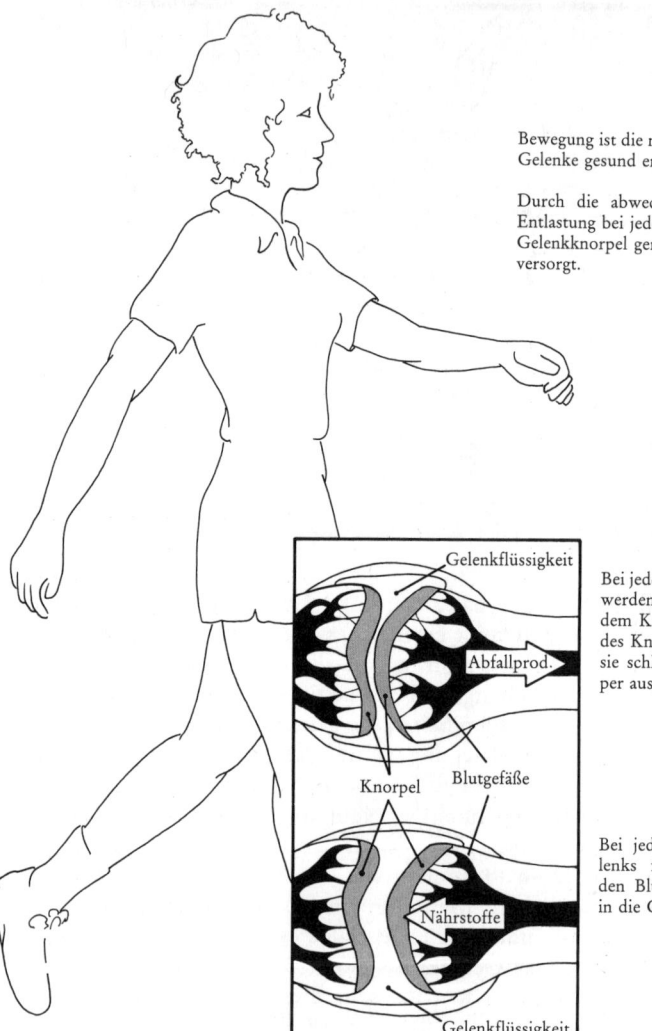

Gelenkflüssigkeit

Abfallprod.

Knorpel Blutgefäße

Nährstoffe

Gelenkflüssigkeit

Bei jeder *Belastung* des Gelenks werden Abfallprodukte aus dem Knorpel in die Blutgefäße des Knochens gepreßt, von wo sie schließlich durch den Körper ausgeschieden werden.

Bei jeder *Entlastung* des Gelenks fließen Nährstoffe aus den Blutgefäßen der Knochen in die Gelenkknorpel.

deuten Röntgenbilder bei den meisten Menschen auf eine Abnutzung der Knorpel hin. Man bezeichnet dies als Arthritis, deren häufigste Form die Knochen- und Gelenkentzündung (Osteoarthritis) ist.

Arthritis

Arthritis ist keine klar definierte Krankheit. Dieser Name deckt viele verschiedene Krankheitsbilder ab, die gemeinsame Merkmale aufweisen. Am ernstesten ist die primärchronische Polyarthritis, eine chronische Entzündung, die die Gelenke und andere Gewebe in allen Teilen des Körpers schädigen kann, die aber bei weniger als einem Prozent der Bevölkerung auftritt und *nicht* altersbedingt ist. Die bekanntesten Formen von Arthritis, die am häufigsten in höherem Alter auftreten, sind die Knorpeldegeneration der eben erwähnten Osteoarthritis sowie die Entzündungen des weichen Gewebes, die man als Tendinitis (Sehnenentzündung), Bursitis (Schleimbeutelentzündung) und Fibrositis (Bindegewebsentzündung) bezeichnet.

Tendinitis macht sich durch Schmerzen in einer Sehne bemerkbar, die sich im Laufe mehrerer Wochen verschlimmern können. Sie wird gewöhnlich durch die Überbeanspruchung eines Gelenks verursacht oder durch die Belastung eines Muskels, die die Stärke und Flexibilität seiner Sehnen überfordert. Eine solche Entzündung liegt beispielsweise meistens dem sogenannten Tennisellbogen, einer häufigen Gelenkerkrankung, zugrunde.

Bursitis, eine weitere örtliche Entzündung, die ebenfalls in der Regel durch Überanstrengung verursacht wird, äußert sich durch Schmerzen in einem der Schleimbeutel des Gelenks, am häufigsten in der Schulter, einem der am stärksten beanspruchten Gelenke des Körpers.

Fibrositis wird oft als Schmerzempfindlichkeit des ganzen Körpers beschrieben; über dieses speziell in den mittleren Jahren auftretende Phänomen weiß man weniger gut Bescheid. Man ist sich jedoch zunehmend darüber einig, daß eine chronische Anspannung der Muskeln die Ursache sei. Ohne den Ausgleich durch eine nachfolgende Entspannung kann diese vorzeitige Ermüdung und chronische Schmerzhaftigkeit der Muskeln sowie der Bänder und Sehnen der Gelenke bewirken.

Diese drei im Grunde gutartigen, aber schmerzhaften Erscheinungen lösen einander oft wechselseitig aus und treten daher häufig gemeinsam auf. Wenn wir beispielsweise eine Sehne zerren, strengen sich die Schleimbeutel doppelt an, um die verletzte Sehne zu schonen, und es kann daher zugleich mit der Tendinitis eine Bursitis auftreten.

Osteoarthritis, die Knochen- und Gelenkentzündung, unter der wir früher oder später fast alle zu leiden haben, ist eine Folge des allmählichen Verschleißes des Knorpelgewebes zwischen den Gelenken und in den Bandscheiben der Wirbelsäule. Die lokal und gewöhnlich in milder Form auftretende Osteoarthritis hat selten starke Behinderungen zur Folge.

Die Veränderungen im Knorpel schreiten im Laufe der Jahre sehr langsam fort. Sie können jedoch durch die ungenügende, falsche oder zu starke Beanspruchung des Gelenks beschleunigt werden. Die Knorpel eines inaktiven Gelenks werden ungenügend ernährt. Ein Gelenk, das infolge eines schwachen Stützapparats der Bänder, Sehnen oder Muskeln instabil ist, bewirkt eine ungleiche Abnutzung der Knorpel, wie das bei Reifen der Fall ist, wenn ein Rad nicht ausgewuchtet ist. Und auch eine Verletzung oder wiederholte Belastung eines Gelenks ohne ausreichende Ruhe können sich ungünstig auswirken. Ein gewisser Verschleiß der Knorpel ist unvermeidlich, aber wir können ihn auf ein Minimum beschränken.

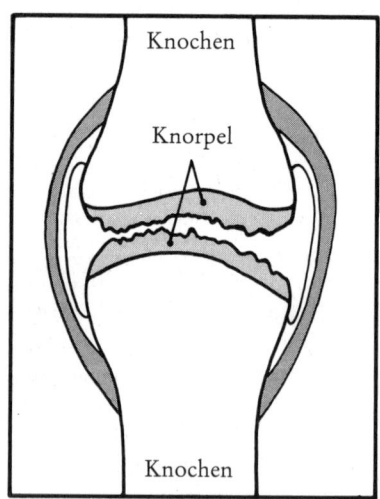

Knochen

Knorpel

Knochen

Knorpeldegeneration

Mit zunehmendem Alter hat der Knorpel die Tendenz auszutrocknen, faserig und rissig zu werden und sich schließlich bis zu einem gewissen Grad abzunutzen. Vernünftige Bewegung der Gelenke ist das beste Mittel, um diese Veränderungen auf ein Minimum zu beschränken.

Je mehr sich die Knorpel abnutzen, desto kleiner wird der Gelenkzwischenraum zwischen den Knochen. Statt neues Knorpelgewebe zu erzeugen, produziert der Körper nichtelastisches Narbengewebe. Und in fortgeschrittenen Stadien bildet sich Knochengewebe um die abgenutzten Knorpel. Diese »Knochenzacken«, wie sie genannt werden, können Steifheit, Schmerzen und verminderte Beweglichkeit zur Folge haben. Die Symptome sind morgens in der Regel schlimmer und treten häufig schubweise auf. Osteoarthritis kann sich eine Zeitlang verschlimmern und dann ein Plateau erreichen. Ohne ausreichende Polsterung des Gelenks können sich beispielsweise die Knochen aneinander reiben. Aber durch den fortgesetzten Gebrauch kann es sein, daß sich die Knochen gegenseitig so weit abschleifen, daß schließlich wieder eine glatte Bewegung des Gelenks möglich wird.*

Osteoarthritis befällt vor allem drei Körperpartien. Die mildeste und früheste Form, die Symptome hervorbringt, tritt in den vordersten Fingergelenken auf. Diese Arthritis ist weitgehend erblich bedingt und befällt vor allem Frauen in den mittleren Jahren, deren Tanten, Mütter oder Großmütter daran gelitten haben. Nach einem Stadium schmerzhafter Schwellungen vergeht diese Art von Arthritis von selbst und läßt knöcherne Verdickungen der betroffenen Fingergelenke, manchmal begleitet von Steifheit, aber geringen Schmerzen zurück.

Die gewichttragenden Gelenke, die so anstrengende Arbeit leisten müssen, insbesondere die Knie und Hüften, werden am zweithäufigsten von Osteoarthritis befallen. Ihre Anfälligkeit für Arthritis nimmt zu, wenn man starkes Übergewicht hat. Schließlich sind auch die knorpelartigen Bandscheiben in den Spalten zwischen den Wirbeln des *Rückgrats* anfällig für Osteoarthritis, und knochige Auswüchse oder Sporne können im Kreuz oder in der Nackengegend auftreten.

---

* Bis vor kurzem hat man eine Wiederherstellung und Reparatur der Knorpel nicht für möglich gehalten. Aber gegenwärtig durchgeführte Forschungsarbeiten haben hoffnungsvolle Anzeichen ergeben, daß es dennoch möglich sein könnte. Im Rahmen einer umfangreichen Untersuchung an der Universität von Toronto ist es beispielsweise gelungen, Knorpel in beschädigten Gelenken durch »ständige passive Bewegung« zu regenerieren. Wenn beschädigte Gelenke über einen Zeitraum von drei Wochen passiv durch eine Maschine Tag und Nacht bewegt werden, bilden sich keine Wucherungen von Knochensubstanz im Gewebe, sondern neue Knorpel.

Die Gesunderhaltung der Gelenke

Die Spielarten von Arthritis, von denen wir eben gesprochen haben, sind leichter zu verhüten als zu behandeln, deshalb ist es wichtig, *jetzt* damit anzufangen. Die Beachtung der folgenden drei Grundsätze hilft uns, Arthritis zu verhüten, stellt aber auch eine wirksame Behandlung dar.

1. Halten Sie Ihr Normalgewicht

Überschüssige Pfunde belasten sowohl die gewichttragenden Gelenke als auch das Kreuz. Zuviel Gewicht überdehnt auch die stützenden Bänder und Sehnen.

2. Reduzieren Sie die Belastung der Gelenke auf ein Minimum

Nachstehend ein paar Faustregeln:

- Benutzen Sie das stärkste oder größte Gelenk, das für eine Aufgabe herangezogen werden kann.
- Verteilen Sie die Last auf mehrere Gelenke.
- Vermeiden Sie es, ein Gelenk lange Zeit in derselben Stellung zu halten.
- Vermeiden Sie es, Dinge fest umklammert zu halten, und öffnen und entspannen Sie die Hände so oft wie möglich.

3. Halten Sie sich fit

Regelmäßiges Training, bei dem die Gelenke in ihrem gesamten Bewegungsspektrum beansprucht werden, ist unerläßlich. Es betätigt die natürliche Pumpe, die für die Ernährung der Knorpel sorgt. Gleichzeitig werden dadurch die stützenden Bänder und Sehnen gekräftigt, gefestigt und ihre Elastizität erhöht sowie die umgebenden Muskeln gestärkt.

Das Fitness-Programm für die Besten Jahre dient speziell der Gesunderhaltung der Gelenke. Falls Sie bereits an Arthritis leiden, werden Sie feststellen, daß dieses Programm Ihre speziellen Probleme berücksichtigt. Welche Art der körperlichen Bewegung Sie auch wählen, beachten Sie die folgenden Grundsätze:

- Achten Sie darauf, daß Ihre Gelenke *täglich* mit oder ohne Aerobics ihr gesamtes Bewegungsspektrum durchlaufen.
- Steigern Sie Ihre Trainingsleistung nie um mehr als zehn Prozent ge-

genüber dem Vortag. Dadurch erhalten die Bänder und Sehnen eine Chance, mit den gestärkten Muskeln Schritt zu halten.

- Machen Sie vor jedem Training Aufwärm- und Streckübungen und danach Abkühl- und Streckübungen, um trainingsbedingte Verletzungen zu vermeiden. Aufgewärmte, geschmeidige Gelenke und Muskeln sind viel resistenter gegen Verletzungen.
- Achten Sie bei Ihrem Training auf eine exakte Ausführung und bei Ihren täglichen Beschäftigungen wie Sitzen, Stehen, Gehen und Schlafen auf eine gute Haltung. Wenn man die Gelenke immer in der richtigen Stellung hält, kann man Überbeanspruchungen vermeiden.
- Verwenden Sie Schutzvorrichtungen, etwa eine Gymnastikmatte, wenn Sie Bodenübungen machen, und stabile, stoßdämpfende Schuhe zum Gehen, Laufen oder für Aerobics in der Halle.
- Hören Sie auf die Botschaften Ihres Körpers, wenn Sie müde sind oder etwas wehtut. Wenn Sie noch unerfahren sind, werden Sie nicht immer genau wissen, wann Sie trotz Beschwerden weiter üben bzw. wann Sie aufhören und sich ausruhen sollten. Mit der Zeit werden Sie das immer genauer spüren. Die folgenden Tips könnten Ihnen dabei helfen. Wenn der Schmerz durch die Bewegung besser wird, dann machen Sie weiter. Dauern die Beschwerden nach einem Training länger als zwei Stunden an, dann ist das ein Wink, das nächste Mal kürzerzutreten und herauszufinden, ob Sie die Sportart oder die jeweilige Übung wechseln sollten, die das Problem verursachen oder verschlimmern.
- Der einzige Fall, in dem Sie *niemals* trainieren sollten, ist, wenn ein Muskel oder Gelenk geschwollen oder entzündet ist.
- Wenn Sie gegenwärtig Arthritis haben, wählen Sie Sportarten wie Schwimmen, rasches Gehen oder langsame Streckübungen, die einen glatten Bewegungsablauf gestatten. Vermeiden Sie mit starker Anspannung verbundene Übungen wie Gewichtheben, welche die Gelenke belasten.

Ein Wort über Verletzungen

Falls Sie eine Verletzung wie eine Sehnenentzündung, eine Bänder- oder Muskelzerrung oder ein »Läuferknie« haben, dann geht es zunächst darum, die Entzündung zu bekämpfen. Die Formel dafür lautet R-E-B-H – Ruhe, Eis, Bandagieren und Hochlagern.

Ruhe: Lassen Sie den verletzten Körperteil solange ruhen, bis die Schmerzen und die Schwellung vergangen sind.

Eis: Legen Sie auf die verletzte Partie so bald wie möglich nach dem Unfall für jeweils zwanzig bis dreißig Minuten, nicht länger, eine Eispackung auf. Wiederholen Sie dies mehrmals täglich. Die Kälte zieht die Blutgefäße zusammen und verhindert das Eindringen von Blut oder Flüssigkeit, wodurch die Schwellung zurückgeht. Nach der Eispackung kehren die Blutgefäße in den Normalzustand zurück, wodurch frisches Blut zugeführt wird, was die Heilung beschleunigt. Ich halte immer mehrere Eisbeutel in der Tiefkühltruhe vorrätig. Sie sind für diesen Zweck gedacht und in den meisten Apotheken erhältlich. Sie können auch Eiswürfel in ein Handtuch wickeln oder in ein Säckchen füllen und auf die verletzte Partie legen oder darüber festbinden. Nach zwei bis drei Tagen empfiehlt sich eine Wärmebehandlung, wodurch sich die Muskeln entspannen und die weitere Heilung gefördert wird.

Bandagieren Sie die Partie nach der Eispackung mit einer elastischen Binde, jedoch nicht so fest, daß es unangenehm ist oder die Zirkulation behindert. Dies hält die Schwellung unter Kontrolle und ist in der Regel zwei bis drei Tage lang erforderlich.

Hochlagern: Lagern Sie die verletzte Partie hoch, um Flüssigkeit abfließen zu lassen und einem Anschwellen vorzubeugen.

Aspirin ist ebenfalls entzündungshemmend, wenn es in großen Dosen wie zwei Tabletten viermal täglich genommen wird. Es wirkt auch schmerzlindernd; sehen Sie sich deshalb vor, daß Sie den Schmerz nicht »übertünchen« und die verletzte Partie weiter bewegen. Der verletzte Körperteil braucht jetzt Schonung, nicht Training. (Aspirin sollte nicht genommen werden, wenn es sich um eine offene Wunde handelt.)

Sobald die Entzündung abgeklungen ist, beginnen Sie wieder behutsam mit Übungen, um das gesamte Bewegungsspektrum wiederherzustellen oder zu erhalten. Machen Sie später stärkende Übungen, um eine Wiederholung der Verletzung zu verhindern.

Alle Gelenkverletzungen erfordern Geduld. Die meisten Beschwerden, die das Skelett-Muskel-System betreffen, heilen relativ langsam – gewöhnlich im Laufe von zwei bis sechs Wochen.

Der Rücken

- Nach den Kopfschmerzen sind Rückenschmerzen in unserer Gesellschaft die häufigsten schmerzhaften Beschwerden. Vier von fünf amerikanischen Frauen und Männern leiden im Laufe ihres Lebens an Rückenschmerzen.
- Die Hälfte der Betroffenen leiden zu wiederholten Malen an Rückenschmerzen.
- Gegenwärtig werden in den USA 14 Milliarden Dollar jährlich für Rückenbeschwerden aufgewendet, beinahe soviel wie für Herzerkrankungen.
- Es gibt keine andere Krankheit oder Verletzung, die mehr langfristige Arbeitsunfähigkeit bzw. einen größeren Ausfall an Arbeitstagen verursacht, als Rückenschmerzen.

Dies sind die heutigen Fakten über unseren Rücken – diesen unverzichtbaren Träger von Kindern und anderen Lasten, an den wir keinen Gedanken verschwenden, bis uns der erste Schmerzanfall zum Nachdenken zwingt. Wer bereits unter Rückenbeschwerden leidet, ist andererseits oft *so* sensibilisiert, daß er anfängt, auf Eierschalen zu gehen, in der Angst, daß jede heftige Bewegung den Schmerz aufs neue auslösen könnte.

Rückenschmerzen kann vorgebeugt werden – aber nicht, indem man kraftvolle Tätigkeiten vermeidet, sondern indem man sich allmählich an sie gewöhnt. Schätzungsweise 80–85 Prozent aller Rückenbeschwerden sind auf schwache, verkrampfte oder ungleichmäßig entwickelte Muskeln zurückzuführen – die Folge von zuwenig Bewegung und zuviel Streß. Körperliche Bewegung ist das beste Verhütungsmittel für Rückenbeschwerden, das wir kennen, und sie ist auch in fast jedem Fall die überlegene Alternative zur Behandlungsmühle und zur Operation. Ich kann das aus eigener Erfahrung bestätigen.

Für eine Frau, der daran gelegen ist, ihr Leben aus eigener Kraft zu meistern – und ihre Koffer notfalls allein zu tragen –, ist ein starker, gesunder Rücken, auf den sie sich verlassen kann, von besonderer Bedeutung. Um das zu erreichen, müssen wir wissen, wie der Rücken funktioniert und welche Schwierigkeiten auftreten können. Werfen Sie bei der Lektüre der folgenden Abschnitte gelegentlich einen Blick auf die gegenüberliegende Seite.

Die *Wirbelsäule* ist das wichtigste Strukturelement des Rückens. Sie wird von drei stabilisierenden Muskel- und Sehnensträngen – im Unterleib, in den Hüften und im Rücken selbst – aufrecht erhalten. Dieses stabile und doch flexible Rückgrat besteht aus 24 Knochen, den sogenannten *Wirbeln*, die durch einen Bandapparat miteinander verbunden sind. Die Spalten zwischen den kompliziert geformten Wirbeln sind mit knorpelartigen, in der Mitte gelatineähnlichen *Bandscheiben* ausgepolstert. Durch die Wirbelsäule führt ein Kanal, der das langgezogene *Rückenmark* enthält und schützt, das sich vom Gehirn nach unten erstreckt. Paare von *Nervenwurzeln* wachsen durch Öffnungen in den Wirbeln und verzweigen sich von dort in alle Teile des Körpers.

Rückenschmerzen

Der relativ bewegliche obere und untere Teil des Rückens – die Nacken- und Kreuzregion – sind der Sitz der meisten Rückenschmerzen. Und Beschwerden in der einen Region bedeuten oft auch Schmerzen in der anderen. Ein Drittel der an Kreuzschmerzen leidenden Personen beginnt im Lauf der Zeit auch an Nackenschmerzen zu laborieren. Es gibt viele Arten von Rückenschmerzen, die sich mit unterschiedlicher Intensität auf diese Partien auswirken. Die drei häufigsten sind auf plötzliche oder chronische Überbelastung, Bandscheibenschäden und Arthritis – in dieser Reihenfolge – und manchmal auf alle drei gleichzeitig zurückzuführen.

Ein *akuter Anfall* von Rückenschmerzen ist gewöhnlich die Folge einer direkten Verletzung, wie in meinem Fall, oder des Traumas einer ungeschickten Bewegung oder einer abnormen Belastung, die die Kraft und Elastizität des Rückens überfordert. Aber viele Menschen erinnern sich nicht an einen bestimmten Vorfall, der die Ursache sein könnte. *Ständiger pulsierender Schmerz* ist gewöhnlich Anzeichen einer Überbeanspruchung durch langandauernde, wiederholte Belastungen wie Hängeschultern, Hohlrücken, Schlafen auf einer schlechten Matratze oder ein schlecht eingerichteter Arbeitsplatz.

Falls Ihr *Bein oder Ihr Arm von einem Schmerz durchzuckt* wird, könnte dies ein Zeichen sein, daß eine der Bandscheiben im Nacken oder im Kreuz »verrutscht« ist und auf eine der Nervenwurzeln drückt, wie die des großen Ischiasnervs, der sich in die unteren Gliedmaßen erstreckt. Geschwächte Bänder lassen die Bandscheibe aus der fasrigen Kapsel treten oder diese gar zerreißen, durch die sie normalerweise an

Der Aufbau der Wirbelsäule

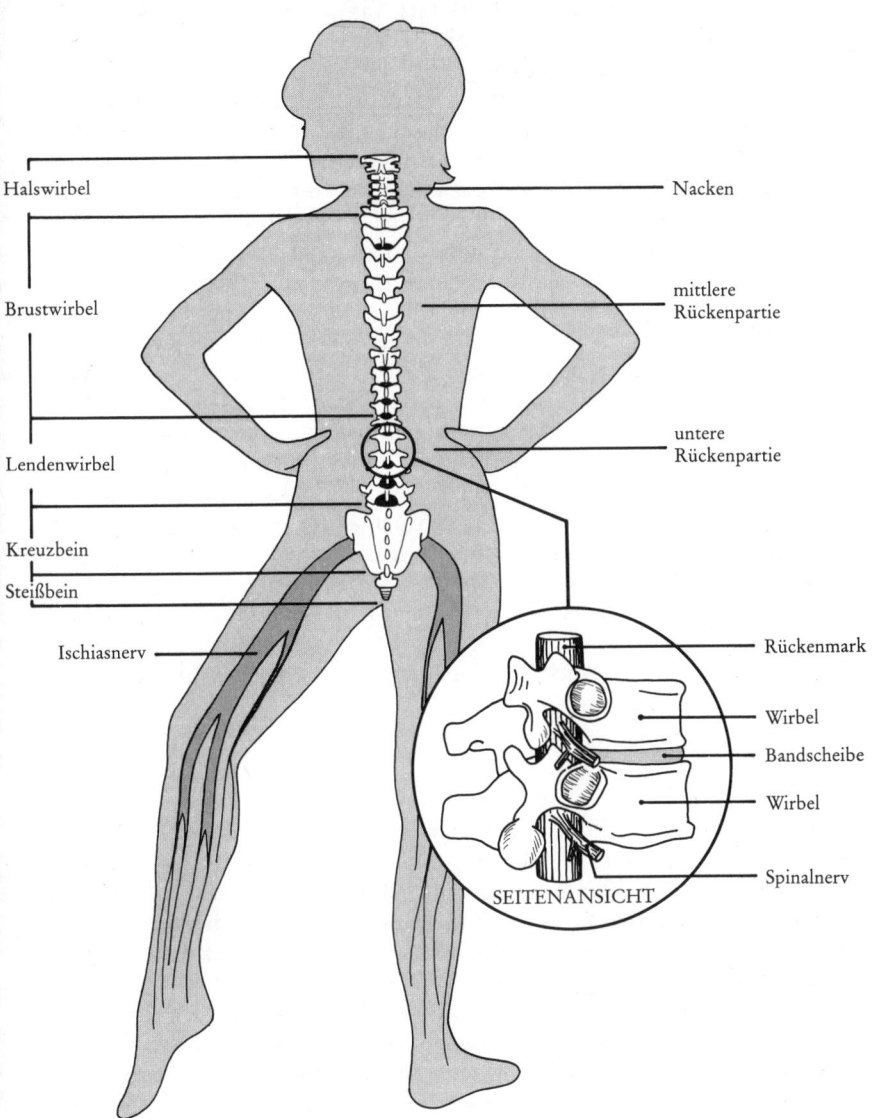

Halswirbel

Brustwirbel

Lendenwirbel

Kreuzbein

Steißbein

Ischiasnerv

Nacken

mittlere Rückenpartie

untere Rückenpartie

Rückenmark

Wirbel

Bandscheibe

Wirbel

Spinalnerv

SEITENANSICHT

ihrem Platz gehalten wird. Eine solche herausstehende oder vorgefallene Bandscheibe heilt, aber sie kehrt nicht an ihren ursprünglichen Platz zwischen den Wirbeln zurück. Sie bildet eine Schwachstelle des Rükkens, die besonderer Kräftigung und lebenslanger Pflege bedarf.

Möglicherweise ebenfalls durch diese Art von Bandscheibenschäden bedingt sind Wirbelverstauchungen, sogenannte Subluxationen, die, wie jeder Heilpraktiker weiß, sowohl bei Erwachsenen als auch bei Kindern sehr verbreitet sind und die einfach aufgrund der Belastungen und Strapazen des täglichen Lebens entstehen. Solche verrutschten Wirbel können auch die Nervenwurzeln des Rückgrats irritieren, was wiederum Schmerzen und Funktionsstörungen nicht nur im Rücken, sondern auch in anderen Körperteilen hervorrufen kann. Unnatürlicher Druck auf die Nerven kann diese in ihrer Kommunikation mit den Zellen, dem Gewebe und den Organen beeinträchtigen, die sie regulieren.

Falls Sie unter *Rückenschmerzen oder Steifheit* leiden, *die morgens schlimmer* sind, dann könnten Sie an Osteoarthritis, bedingt durch eine Akkumulation von Rückenbelastungen und durch normale altersbedingte Veränderungen der Bandscheibenstruktur, leiden. Die Bandscheiben beginnen, ebenso wie die Gelenkknorpel, Mitte zwanzig langsam einen Teil ihres Wassergehalts einzubüßen – wenn wir in den Siebzigern sind, beträgt dieser Verlust 30 Prozent. Die Bandscheibenspalten verengen sich allmählich entsprechend. In hohem Alter kann diese Schrumpfung der Bandscheiben, die normalerweise ein Viertel der Länge des Rückgrats betragen, eine Abnahme der Körpergröße um drei bis vier Zentimeter zur Folge haben.

Rücksicht auf unseren Rücken nehmen

Rückenschmerzen aller Art sind ein Anzeichen, daß Sie größere Rücksicht auf das gute Stück nehmen sollten. Wenn Sie beispielsweise einen Muskelkrampf bekommen, bedeutet das eine Solidaritätsaktion der Muskeln, um Sie zu zwingen, verletztes Gewebe zu schonen. Tatsächlich ist im akuten Stadium von Rückenschmerzen aller Art zunächst völlige Bettruhe angezeigt.

Weniger als fünf Prozent aller Menschen, die an Rückenschmerzen leiden, benötigen einen chirurgischen Eingriff. Falls Sie zu den wenigen zählen, die wegen chronischer Schmerzen aufgrund eines Bandscheibenvorfalls operiert werden müssen, gibt es jetzt eine ausgezeichnete Alternative zur operativen Entfernung der Bandscheibe. Ein aus der Papaya-Frucht gewonnenes Enzym namens Chymopapain wird in die Mitte der beschädigten Bandscheibe injiziert und löst deren Zentrum auf, wodurch der Nerv druckentlastet wird und die Schmerzen in fast allen Fällen verschwinden. Dieses vor mehreren Jahren erprobte neue Verfahren ist weniger kostspielig als die herkömmliche Operation und erfordert einen kürzeren Krankenhausaufenthalt, falls dieser überhaupt nötig ist. Viele Menschen sind auf diese Weise innerhalb weniger Stunden schmerzfrei geworden. Falls Sie eine solche Maßnahme in Erwägung ziehen, vergewissern Sie sich, daß der Arzt, den Sie wählen, Erfahrung in diesem neuen und sehr präzisen Verfahren hat. Sorgen Sie auch dafür, daß zunächst ein Allergietest in bezug auf das Enzym gemacht wird, da eine allergische Reaktion der Hauptrisikofaktor bei Chymopapain ist.

Rückenschmerzen aller Art sind eine Botschaft unseres Körpers, daß unser Rücken eine Schwachstelle hat und daß es an der Zeit ist, die nötigen Schritte zur Kompensation zu unternehmen. Fast alle Rückenschmerzen lassen sich verhüten, indem wir das Hohlkreuz, den gekrümmten Nacken und die Tendenz zum Hängebauch bekämpfen, indem wir verkrampfte Muskeln entspannen und geschwächte kräftigen; und indem wir ein paar Grundregeln über die Funktionsweise des Rückens lernen. Nachstehend mein Rezept für einen gesunden Rücken.

1. Ihre Haltung sei hochgereckt, gerade und entspannt

Schlechte Körperhaltung ist wahrscheinlich die Hauptursache der Rückenbeschwerden. Durch die Tendenz, die Schultern hängen zu lassen, werden Kopf und Hals nach vorn gezogen, was eine Belastung für das Kreuz darstellt. Gestattet man den Bauchmuskeln, ihre Aufgabe zu vernachlässigen, dann hat das dieselbe Folge für ein bereits zur Krümmung neigendes Kreuz. Eine zu starke Krümmung der Wirbelsäule stellt eine enorme Belastung für die konkaven Bögen des Nackens und des Kreuzes dar und ist die Ursache fast aller chronischer Schmerzen in diesen Bereichen. Die Wirbel und die Bandscheiben dazwischen haben unter diesem starken Druck am stärksten zu leiden. Die Statik des Körpers gerät aus dem Gleichgewicht. Muskeln müssen Mehrarbeit leisten, um die Abweichungen zu korrigieren.

Bei gerader Haltung ist der Körper ausbalanciert. Belastungen sind gleichmäßig über den Rücken und entlang der Wirbelsäule verteilt. Bewegungen sind effizienter und müheloser. Muskelenergie bleibt erhalten, deshalb ermüden wir weniger rasch. Die sehr leichte natürliche Krümmung des Rückens bleibt gewahrt.

Sich seine Haltung bewußt zu machen ist der erste Schritt – im Lauf der Zeit wird es einem zur zweiten Natur. Es stärkt die Muskeln, wenn wir nur noch so sitzen oder stehen, daß der Rücken richtig gestützt wird. Dieselbe Wirkung erzielen wir, indem wir den Nacken und das Kreuz gerade durchstrecken.

Dies sind die Prinzipien einer guten Haltung, die Biomechanik der korrekten Ausrichtung des Körpers, die wir in jeder Übungsstunde in unserem Fitness-Center anwenden:

- Richten Sie sich hoch auf, strecken Sie sich von der Taille aufwärts, wobei Sie die Wirbelsäule so gerade wie möglich aufrichten (drehen Sie das Schambein in Richtung zum Nabel hoch).
- Halten Sie den Kopf hoch.
- Heben Sie die Brust.
- Pressen Sie die Schultern nach unten und hinten.
- Ziehen Sie den Bauch ein.
- Verlagern Sie das Gewicht von den Fersen etwas nach vorn.

2. Machen Sie ein regelmäßiges Körpertraining

Für eine gute Haltung ist es nötig, die Muskeln, die uns aufrecht halten, zu kräftigen und zu trainieren. Zunächst müssen wir die Rücken-, Bauch- und Hüftmuskeln stärken, die den Rücken stützen. Die Bauchmuskeln sind in der Regel die schwächsten dieser drei Muskelgruppen. Wenn Sie ihre Aufgabe, die Wirbelsäule an ihrem Platz zu halten, vernachlässigen, werden die anderen stärker belastet. Die Rückenmuskeln ermüden rascher, wenn sie gegen den unnatürlichen Zug ankämpfen müssen, den ein hängender Bauch auf das Kreuz ausübt. Kräftige Bauchmuskeln drücken dagegen die Eingeweide nach hinten und sind eine Stütze für das Rückgrat. Wenn alle Muskeln im Gleichgewicht und voll funktionsfähig sind, kann der Rücken viel leichter plötzlichen Belastungen oder einer ungeschickten Bewegung standhalten.

Regelmäßiges Bewegungstraining wirkt zusammen mit guter Haltung *entsprechend auf verkrampfte Muskeln* – der Teufelskreis chronischer Verkrampfung und Anspannung wird durchbrochen, der sich auf bereits steife oder geschwächte Muskeln so verheerend auswirken kann. Anspannung kann das Gleichgewicht des Körpers ebenso leicht stören wie

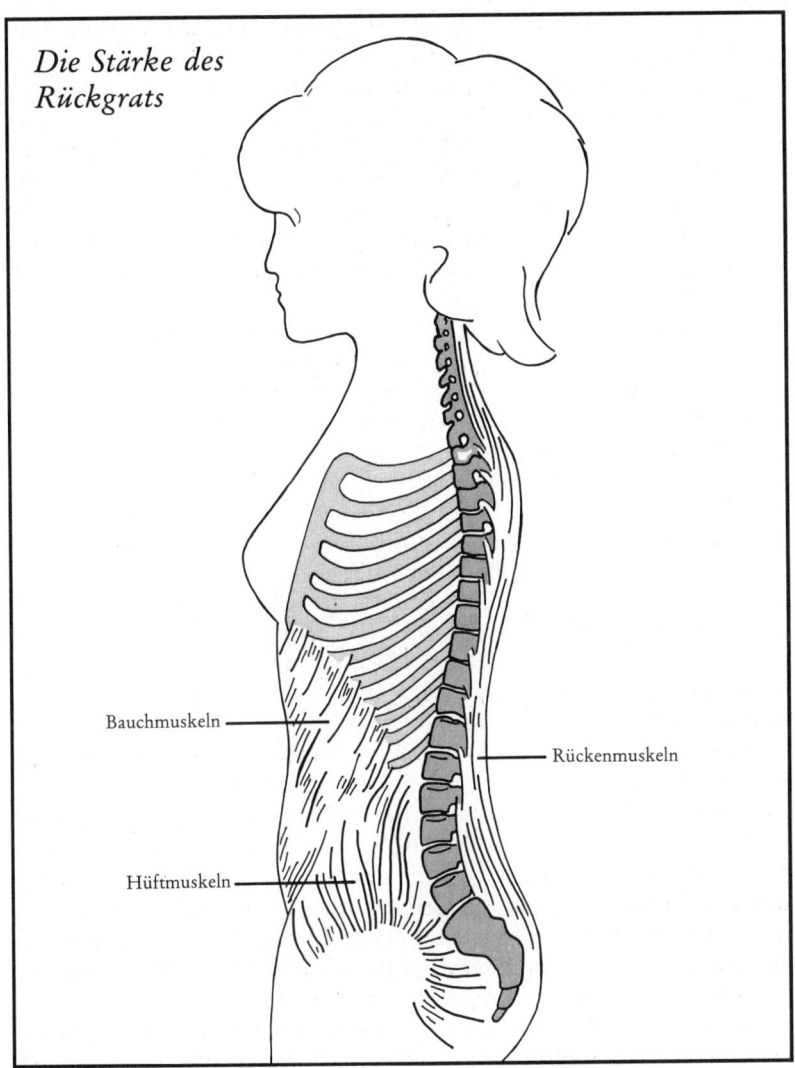

Die Stärke des Rückgrats

Bauchmuskeln

Rückenmuskeln

Hüftmuskeln

Starke Stützmuskeln halten die Wirbelsäule aufrecht und in idealer Stellung. Ein gesundes Rückgrat hat, wie auf dieser Abbildung, eine leichte natürliche Krümmung.

ein ungleiches Kräfteverhältnis der Muskeln – tatsächlich treten diese beiden gewöhnlich zusammen auf. Häufige Anzeichen innerer Anspannung sind beispielsweise verkrampfte und hochgezogene Schultern, ein steifer Nacken, eine starre Wirbelsäule, ein vorgestreckter Kopf, zusammengebissene Kiefer und geballte Fäuste. Andererseits kann auch eine nachlässige oder gebeugte Haltung einen Versuch des Körpers darstellen, die durch innere Anspannung erzeugten Schmerzen zu lindern. Das Ziel ist, feste und doch flexible Muskeln aufzubauen, Kraft und Geschmeidigkeit, die Voraussetzung einer guten Haltung.

Das Fitnessprogramm für die Besten Jahre zielt darauf ab, alle Skelettmuskeln, insbesondere im Nacken und Kreuz, zu strecken und auch zu kräftigen. Diese ebenso vorbeugenden wie heilenden Übungen helfen Ihnen auch, Spannungen abzubauen, die Sie tief innen in den Muskeln gespeichert haben mögen. Schwimmen ist ebenfalls ausgezeichnet für den Rücken, ebenso Radfahren und rasches Gehen – ideal in hügeligem Gelände. (Bergabgehen beansprucht die Rückenmuskeln stärker, steigern Sie sich deshalb langsam.) Falls Sie bereits unter Rückenbeschwerden leiden, steigern Sie Ihre Leistungen in diesen Sportarten ganz allmählich; sitzen Sie beim Radfahren möglichst aufrecht, vermeiden Sie Brustschwimmen, und seien Sie beim Laufen besonders vorsichtig.

Viele der Empfehlungen zum Schutz der Gelenke beim Training gelten auch für den Rücken. Immer aufwärmen und abkühlen. Achten Sie auf die Ausführung der Übungen. Benutzen Sie die nötige schützende Ausrüstung. Und achten Sie auf die Warnsignale Ihres Körpers. Versuchen Sie *nicht* zu trainieren, wenn Sie Rückenschmerzen haben. Verordnen Sie sich statt dessen Ruhe und einen Eisbeutel. Erst wenn die Schmerzen vollständig vergangen sind, sollten Sie anfangen, den Rücken sachte durch Übungen zu kräftigen.

3. Reduzieren Sie die Belastungen des Rückens im Alltag

Stehen und Gehen: Wenn Sie lange Zeit stehen müssen, stellen Sie einen Fuß auf einen niedrigen Schemel oder eine ähnliche Stütze, damit sich das Kreuz ausruhen und geradebiegen kann. Tragen Sie mittlere oder niedrige Absätze, die einen geraderen Rücken begünstigen. Verlagern Sie das Gewicht beim Gehen leicht nach vorn, wobei Sie sich mit den hinteren Zehen abdrücken.

Sitzen: Sitzen belastet den Rücken stärker als Stehen, deshalb beachten Sie die erste Faustregel, sitzen Sie nicht lange. Ein fester Stuhl ist ungleich besser als ein weicher Fauteuil, in dem man versinkt. Lehnen Sie sich mit dem Kreuz an die Rückenlehne des Stuhls, und stellen Sie die Füße flach auf den Boden. Wenn Sie den idealen Stuhl suchen, dann sollte er kipp- und drehbar sein, die Rückenlehne sollte der Krümmung Ihres Kreuzes entsprechen, er sollte Armlehnen haben und seine Höhe sollte so verstellbar sein, daß Ihre Knie etwas höher als die Hüften sind, wenn die Füße auf dem Boden ruhen. Beachten Sie beim Autofahren dasselbe Prinzip: Halten Sie die Knie auf Hüfthöhe oder höher, indem Sie sich nahe genug an das Steuerrad setzen. Steigen Sie in ein Auto ein, indem Sie sich zuerst hinsetzen und dann die Füße nach innen schwenken. Es gibt Kissen zu kaufen, die dem speziellen Zweck dienen, das Kreuz in einem Sessel oder im Fahrersitz zu stützen.

Heben: Benutzen Sie immer die längsten, stärksten Muskeln der Arme und Beine, um mehr Kraft für anstrengende Tätigkeiten wie Heben, Schieben und Ziehen zu haben. Machen Sie es sich zur Gewohnheit, erst zu *überlegen*, bevor Sie etwas hochheben, sei es ein Kind, einen großen Karton oder ein verklemmtes Schiebefenster. Wenn das Objekt vom Boden hochzuheben ist, dann beugen Sie, gleichgültig wie leicht oder schwer es sein mag, immer die Knie, nicht den Rücken oder die Taille. Halten Sie den Rücken gerade und das Objekt so nahe am Körper wie möglich. Beugen Sie sich oder heben Sie nie etwas aus einer verdrehten Stellung. Stellen Sie sich immer gerade vor dem Objekt auf. Je mehr Arbeit Sie den Beinen überlassen können, desto besser. Lassen Sie Ihre kräftigen Schenkelmuskeln soviel von der Hebearbeit übernehmen wie möglich. Vermeiden Sie auch, extrem schwere Objekte über Ellbogenhöhe zu heben.

Wenn ein Objekt zu schwer zum Heben ist, dann schieben, rollen oder ziehen Sie es zuerst. Verbreitern Sie Ihre unterstützende Basis, indem Sie die Füße weit auseinanderstellen und die Knie dabei leicht gebeugt halten. Dadurch verlagert sich ihr Schwerpunkt nach unten, was Ihnen größere Stabilität verleiht und es Ihnen gestattet, die Kraft Ihrer starken Beinmuskeln ins Spiel zu bringen. Sie übertragen praktisch die Kraft Ihrer Beine durch die Muskeln des Oberkörpers auf das Objekt, das Sie transportieren wollen.

Tragen Sie Einkaufstüten und ähnliche Dinge eng am Körper, und verteilen Sie die Lasten wenn möglich gleichmäßig auf beide Seiten. Achten Sie auf das Gewicht von Schultertaschen und Gepäckstücken, die nur eine Schulter beanspruchen, und wechseln Sie die Seiten ab.

Schlafen: Schlafen Sie auf einer festen Matratze, entweder mit einem dünnen Kopfkissen oder ganz ohne. Ist Ihr Bett sehr weich, dann legen Sie eine zwei Zentimeter dicke Sperrholzplatte unter die Matratze. Ein dünneres Brett ist nicht massiv genug. Die Wirbelsäule kann sich besser erholen, wenn Sie auf dem Rücken oder auf der Seite mit einem oder beiden Knien angezogen schlafen. Es wird davon abgeraten, auf dem Bauch liegend zu schlafen, weil dadurch die Krümmung der Wirbelsäule im Kreuz verstärkt und der Nacken nach oben und zur Seite gebogen wird. Falls Sie Nackenprobleme haben, kann es sich empfehlen, ein speziell dafür gedachtes Nackenkissen zu verwenden oder es mit einem zusammengerollten Handtuch zu versuchen, das unter den Nacken gelegt wird. Falls Sie ein Problem mit dem Kreuz haben, kann es ratsam sein, mit einem Kissen unter den Knien auf dem Rücken zu schlafen, eine Stellung, die der Krümmung des Rückgrats im Kreuz entgegenwirkt.

Rückenspezialisten

Fünf Gruppen von Ärzten sind auf Probleme des Rückens spezialisiert. Ihre verschiedenen Bezeichnungen und Spezialgebiete werden leicht verwechselt, deshalb nachstehend eine kurze Beschreibung.

Ein *Orthopäde* ist ein Facharzt für die Behandlung des gesamten Skelett- und Muskelsystems, der auch berechtigt ist, chirurgische Eingriffe einschließlich Rückenoperationen durchzuführen.

Ein *Facharzt für rheumatische Erkrankungen* ist auf Störungen des Skelett- und Muskelsystems spezialisiert, und ein *Physiater* ist ein Arzt, der physikalische und naturheilkundliche Heilmethoden anwendet. Beide sind Doktoren der Medizin und behandeln Rückenleiden, aber keiner der beiden führt Operationen durch.

Heilpraktiker sind keine promovierten Ärzte, sondern haben eine spezielle Ausbildung. Sie behandeln den Rücken gewöhnlich durch manuelle Manipulation der Wirbelsäule aufgrund der Theorie, daß viele Rückenprobleme sowie andere Beschwerden auf dislozierte Wirbel zurückzuführen sind. Die heilpraktische Behandlung kann auch andere Therapieformen wie Ultraschall, Akupunktur, Bewegungstherapie und elektrische bzw. Nervenreizung einschließen.

In den USA stellen die Heilpraktiker eine florierende, aber relativ kleine Fachschaft von 22 000 Mitgliedern dar, die gegenwärtig an sechzehn Hochschulen vierjährige Ausbildungsgänge anbieten.

Ein *Facharzt für Knochenchirurgie* (»Knochendoktor«) arbeitet ähnlich wie der Heilpraktiker, rangiert aber etwas höher in der Behandlungshierarchie, und die ältere Disziplin der Knochenchirurgie ist umfassender und steht der Schulmedizin näher. Ihre Ausbildungsstätten unterscheiden sich kaum von den medizinischen Fakultäten, außer daß von Studenten der Knochenchirurgie in der Regel erwartet wird, daß sie sich als praktische Ärzte niederlassen. In den USA sind 20 000 Knochenchirurgen in allen 50 Staaten auf derselben Basis wie Doktoren der Medizin zur medizinischen Praxis zugelassen. Sie können Medikamente verschreiben und Operationen durchführen. Kürzlich hat die American Medical Association (AMA) die Knochenchirurgen eingeladen, ihrer Organisation beizutreten und den akademischen Titel von M. D. (Doktoren der Medizin) anzunehmen, aber die American Osteopathic Association hat dieses Angebot abgelehnt.

Die Knochen

Die meisterhafte Krimiautorin Agatha Christie erteilt uns in dem Roman *The Mirror Crack'd* eine kleine Knochenlektion, als die Superspürnase Miß Jane Marple bei einem Gartenfest plötzlich das Gleichgewicht verliert und hinfällt. Miß Marples langjähriger Arzt und Freund kommt ihr zu Hilfe.

»Ich versichere Ihnen, Dr. Haydock, mir fehlt gar nichts«, erklärte die unverwüstliche, grauhaarige Miß Marple.

»Das war aber ein böser Sturz«, meint der besorgte Arzt.

»Unsinn, ich bin nicht einmal erschrocken.«

»Ja, ich staune, daß Sie sich nichts gebrochen haben und mit einer Verstauchung davongekommen sind. Ich bin nie hinter das Geheimnis Ihres Knochenbaus gekommen!«

»Hm«, überlegte sie. »Wahrscheinlich die langen, raschen Spaziergänge, die ich in meiner Jugend machte.« Und sie wendet sich der Lösung eines weiteren Mordfalls zu.

Die beiden farbigen Figuren Christies personifizieren die gute und die schlechte Nachricht über die Gesundheit unserer Knochen in zunehmendem Alter. Miß Marple ist ein Beispiel dafür, daß auch eine ältere Frau noch starke und elastische Knochen haben kann – falls sie sich genügend Bewegung verschafft hat. Der Doktor vertritt dagegen die bekannte, aber nicht unbedingt richtige Meinung, eine ältere Frau müsse automatisch spröde, brüchige Knochen haben.

Knochen, die bis zum Zerbrechen dünner werden, zählen nach wie vor zu den *häufigsten* und *größten* gesundheitlichen Gefahren im höheren Alter. Der gefährliche Substanzverlust, der einst als unvermeidlich für Frauen angesehen wurde, kann jedoch heute vermieden und potentiell behandelt werden.

Wir stellen uns die Knochen oft nicht als etwas Lebendiges vor, aber sie sind ebenso dynamisch wie jedes andere lebende Gewebe des Körpers. Ihr Netzwerk von Blutgefäßen dient sogar der Ernährung der Gelenkknorpel. Das faserige Kollagen verleiht dem Knochen die Elastizität von Holz; Kalzium, Phosphor und andere Mineralstoffe geben ihm seine erstaunliche Härte. Die Knochenzellen werden ständig abgebaut und repariert. Im durchschnittlichen, aktiven Körper wird jeder Knochen im Laufe eines Zeitraums von sieben Jahren vollständig durch neue Zellen ersetzt. Tatsächlich verfügt mit Ausnahme unserer Haut kein anderes Gewebe unseres Körpers über eine so ausgezeichnete Regenerationsfähigkeit. Wie in allen Geweben nimmt das Tempo der Zellerneuerung jedoch im Lauf der Zeit ab. Die Knochen beginnen dünner zu werden, sobald die Bildung neuer Substanz nicht mehr mit dem Knochenschwund Schritt halten kann. Eine allmähliche Abnahme der Knochensubstanz ist deshalb zu erwarten. Wie wir in bezug auf viele altersbedingte Veränderungen gesehen haben, kann dieser normale Verlauf jedoch eine gefährliche Beschleunigung erfahren.

Osteoporose

Osteoporose ist das Endresultat eines schweren, langanhaltenden Knochenschwunds. Falls Ihnen dieser medizinische Begriff neu ist, werden Sie sich wahrscheinlich ebenso wie ich noch nach Monaten die Zunge daran verstauchen. Sie werden das Wort vergessen und es, wenn Sie sich daran erinnern wollen, zunächst mit anderen verwechseln. Aber »Osteoporose« findet allmählich Eingang in die Alltagssprache. Durch die wachsende Zahl von Frauen in mittlerem und höherem Alter, von denen die meisten anfällig für Osteoporose sind, wird diese zu einem gesellschaftlichen Problem ersten Ranges.

Jede vierte Frau ist heute nach dem Klimakterium von Osteoporose

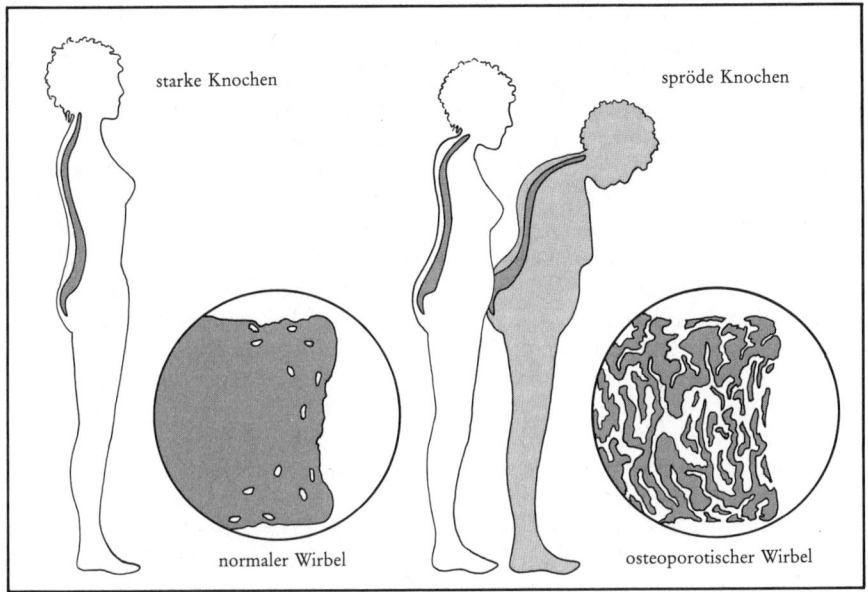

starke Knochen

spröde Knochen

normaler Wirbel

osteoporotischer Wirbel

Ebenso wie die Handgelenke und die Hüftknochen werden auch die Wirbel des Rückgrats schneller dünn als andere Knochen des Körpers und sind daher anfälliger für Osteoporose. Wenn Wirbel zu porös werden, brechen und kollabieren sie schließlich. Bei Frauen in den Siebzigern können die äußeren Anzeichen davon – wie auf der Abbildung zu sehen – in einer starken Verkürzung des Oberkörpers, einem Hohlkreuz, einem nach außen gewölbten Nacken und einem deutlich vorstehenden Bauch sichtbar werden.

betroffen, jede zehnte in gravierender Weise. Mehr Frauen über 55 haben Osteoporose als Diabetes. Die Knochen werden nicht kleiner, vielmehr so dünn und porös, daß sie anfällig für Brüche sind, was zu einem Verlust an Körpergröße oder, noch schlimmer, zu Arbeitsunfähigkeit führen kann. In den USA wird jährlich *eine Milliarde Dollar* allein für Hüftfrakturen aufgewandt, eine der häufigsten indirekten Todesursachen älterer Frauen.

Unsere Knochenmasse erreicht im Alter von 35 ihren Höhepunkt. Danach büßen Frauen im *Schnitt* jährlich etwa ein halbes Prozent an Knochensubstanz ein. Dieser Schwund kann sich in den fünf Jahren nach dem Klimakterium auf jährlich ein Prozent verdoppeln. Die Wahrscheinlichkeit, an Osteoporose zu erkranken, ist bei Frauen achtmal höher als bei Männern, die, da sie größere Muskeln und Knochen und (aufgrund ihres höheren Lebensmittelkonsums) eine höhere Kalziumzufuhr haben, erst zehn Jahre später und in etwas langsamerem Tempo Knochen abzubauen beginnen. Im Alter von 75 Jahren kann eine Frau 30 bis 40 Prozent der Knochensubstanz ihrer Wirbelsäule und 20 bis 30 Prozent der langen Knochen ihrer Gliedmaßen eingebüßt haben.

Drei Partien sind besonders anfällig für Knochenschwund und schließlich für Brüche, die häufig in den Jahren zwischen 50 und 70 auftreten: die Wirbelsäule, die Hüften und die Handgelenke. Die Knochen in diesen Bereichen können so schwach werden, daß sie schließlich von selbst, allein aufgrund des Körpergewichts, zerbrechen. Häufiger tritt der Bruch infolge eines Sturzes oder einer außergewöhnlichen Belastung ein. Der Bruch eines Wirbels löst gewöhnlich plötzlich auftretende starke Rückenschmerzen und eine Abnahme der Körperlänge aus und kann in fortgeschrittenen Stadien bewirken, daß sich der obere Teil des Rückens zu dem klassischen »Altersbuckel« rundet. Hüftfrakturen haben die stärksten Behinderungen zur Folge und sind am gefährlichsten – die Lebenserwartung einer Frau verringert sich nach einer Hüftfraktur um 12 Prozent. Jährlich sterben mehr Frauen infolge osteoporotischer Frakturen als an Brustkrebs, deshalb ist es so wichtig, darüber Bescheid zu wissen. Der Tod tritt nicht unmittelbar durch den Bruch ein, sondern durch sekundäre Komplikationen wie eine Lungenentzündung, die während der Rekonvaleszenz eintreten kann.

Alle Wirbeltiere sind vom Knochenschwund betroffen. Aber unser Wissen darüber und warum er zu Osteoporose eskalieren kann, ist begrenzt. Vielleicht gibt es keine bestimmte Ursache, sondern vielmehr eine Konstellation zusammenwirkender Faktoren.

Wir wissen, daß sich die Knochenbildung im Alter verlangsamt. Knochenschwund ist auch die Folge einer Abnahme der großen Kalziumreserven im Skelett. Man nimmt an, daß ein Grund dafür die altersbedingten Veränderungen in den speziellen Hormonen sind, die unmittelbar unseren Kalziumspiegel regulieren, sowie im Östrogen, das während unserer fruchtbaren Jahre eine indirekte, aber schützende Rolle für die Erhaltung der Knochen zu spielen scheint. Sowohl nach der natürlichen als auch nach der operativ herbeigeführten Menopause (Entfernung der

Eierstöcke), wenn der Östrogenspiegel sinkt, scheint das Risiko, Osteoporose zu bekommen, drastisch anzusteigen.

Aber der wichtigste Grund des Verlusts an Knochenkalzium könnte die Ernährung sein. Der größte Teil des Kalziumvorrats unseres Körpers – 98 Prozent – wird in unseren Knochen gespeichert; ein Prozent in unseren Zähnen; und das restliche Prozent zirkuliert durch den übrigen Körper und assistiert bei vielen lebenswichtigen Funktionen wie der Übermittlung von Nervenbotschaften und der Kontraktion und Entspannung der Muskeln. Wenn dieser letzte kleine Prozentsatz an Kalzium zu stark absinkt, deckt der Körper automatisch seinen Bedarf aus den Reserven in den Knochen – selbst wenn dies auf Kosten der Gesundheit des Knochens geschieht. Eine kalziumarme Ernährung kann zu einem solchen Kalziumdefizit führen.

Es ist eine gesicherte Tatsache, daß die *meisten Frauen einen chronisch unzureichenden Kalziumkonsum aufweisen*. Die empfohlene Tagesdosis (ETD) für Kalzium ist 800 mg, aber im Schnitt konsumieren Frauen jeden Alters weniger als 500 mg – ein Quantum, das zu einem Knochenschwund von 1,5 Prozent jährlich führt. Und inzwischen gibt es Belege dafür, daß die ETD selbst beträchtlich unter der optimalen Dosis an Kalzium liegt, die Frauen benötigen, um ihr Skelett kräftig zu erhalten. Gewohnheitsmäßiges Fasten bedeutet ebenfalls eine verringerte Kalziumzufuhr. Auch rascher Gewichtsverlust hat einen Knochenschwund zur Folge. Der Kalziumbedarf während der Schwangerschaft und der Stillperiode kann unsere Kalziumreserven weiter abbauen, wenn die Mütter nicht darauf achten, ihre Kalziumzufuhr so zu erhöhen, daß sowohl ihr eigener Bedarf als auch der ihres Kindes gedeckt wird.

Wie gut der Körper Kalzium absorbiert und verwertet, ist ein weiterer entscheidender Faktor. Normalerweise absorbieren wir nur etwa zehn bis dreißig Prozent des Kalziums, das wir zu uns nehmen. In zunehmendem Alter *nimmt diese Absorptionsfähigkeit noch weiter ab*. Auch *starker Alkoholkonsum* und *zuviel Faserstoffe* können die Kalziumabsorption hemmen – wobei wir uns aber über die Faserstoffe keine großen Sorgen zu machen brauchen, da die amerikanische Durchschnittskost nur einen geringen Anteil an Faserstoffen enthält. Eine *eiweißreiche Diät* kann den Kalziumschwund verstärken, obwohl die Proteinzufuhr ziemlich hoch sein muß, bevor man Kalzium zu verlieren beginnt – über 95 Gramm pro Tag. Es hat sich gezeigt, daß vegetarisch lebende Frauen nach den Wechseljahren stärkere und massivere Knochen haben als

Frauen, deren Ernährung eine beträchtliche Menge an eiweißreichem rotem Fleisch einschließt. Rotes Fleisch enthält auch viel *Phosphor*, der sich, wenn er die Kalziumdosis übersteigt, negativ auf den Kalziumspiegel des Körpers auswirken kann. Zu den potentiellen »Knochenräubern« zählen, wie man annimmt, auch *Koffein, Salz, Rauchen* und *Streß*.

Neben den Ernährungsfaktoren kann *Bewegungsmangel* eine der gravierendsten Ursachen beschleunigten Knochenschwunds sein. Die Knochenmasse nimmt ab, sobald sich die körperliche Aktivität verringert. Regelmäßiges Fitness-Training baut dagegen die Knochen ebenso auf wie die Muskeln. Wenn die Knochen von den Muskeln zur Arbeit gezwungen werden, reagieren sie auf diese Belastung, indem sie größer und stärker werden. Die verstärkte Zirkulation führt den Skelettzellen auch mehr Sauerstoff und knochenaufbauende Nährstoffe zu. Und die hormonelle Balance verlagert sich zugunsten neuer Knochenbildung. Chronischer Bewegungsmangel verursacht dagegen einen ebenso bedenklichen Kalziumentzug, wie er bei Astronauten nach relativ kurzen Zeitspannen erzwungener Inaktivität und Schwerelosigkeit während ihrer Raumflüge nachgewiesen wurde.

Bestimmte *genetische Faktoren*, die den Knochenschwund beeinflussen, scheinen außerhalb unserer Kontrolle zu liegen. Zierlich gebaute, hellhäutige, blonde oder rothaarige, sehr schlanke Frauen, insbesondere nordwesteuropäischer Abstammung, sowie Asiatinnen sind stärker osteoporose-gefährdet als andere Frauen. (Schwarze Frauen werden von dieser Krankheit in der Regel verschont.) Osteoporose in der Familie, Kinderlosigkeit oder eine frühe Menopause stellen zusätzliche Risikofaktoren dar. Zu all dem kommt erschwerend hinzu, wenn eine Frau nie ein Bewegungstraining betrieben und durchgehend wenig Kalzium zu sich genommen hat.

Ein großes Problem bei der Osteoporose ist, daß sie absolut keine Symptome hervorbringt, bis es zu einem Knochenbruch kommt. Es ist eine schleichende Krankheit, die schwer rechtzeitig zu diagnostizieren ist. Rückenschmerzen, ein allmählicher Längenschwund und Wurzelhautentzündung oder Paradontose können Warnsignale sein. Aber ein Drittel der Knochensubstanz kann bereits geschwunden sein, bevor sich diese Entwicklung auf einem herkömmlichen Röntgenbild abzeichnet – und wenn die Substanz erst einmal verlorengegangen ist, ist sie kaum wiederherstellbar. Der Bruch eines Wirbels gar ist nicht wiedergutzumachen. Die Parole heißt deshalb *Vorbeugen* – zum Reifezeitpunkt des

Skeletts (im Alter von 35) ein Maximum an Knochensubstanz zu haben, das Tempo zu verlangsamen, in dem wir danach Substanz verlieren, und einen positiven Kalziumspiegel aufrechtzuerhalten. Je länger wir leben, desto länger müssen uns unsere Knochen gute Dienste leisten.

Was wir für unsere Knochen tun können

Es gibt keine anerkannte Behandlung zur *Wiederherstellung* geschwundener Knochensubstanz nach Ausbruch einer Osteoporose. Aber es gibt ganz bestimmte Maßnahmen, die man zur Stärkung des eigenen Skeletts ergreifen kann, ob man nun Anzeichen beschleunigten Knochenschwunds aufweist oder nicht. Falls Sie unter 35 sind, dann tun Sie alles, um Ihre Knochenmasse zu erhöhen. Sind Sie über 35, dann tragen Sie zur Verlangsamung ihrer Abnahme bei.

1. Erhalten Sie einen positiven Kalziumspiegel aufrecht

Eine ausreichende Kalziumzufuhr bewirkt keine Bildung neuer Knochensubstanz, aber sie kann deren Verlust verlangsamen und die Entstehung von Osteoporose hemmen. Das Zentrum für Ernährungsforschung an der Tufts Universität und viele andere empfehlen heute, daß Frauen in den Jahren vor der Menopause 1000 mg Kalzium und danach 1500 mg täglich konsumieren – als Vorbeugung wie als Behandlung.

Alle Milchprodukte sind reich an Kalzium – Joghurt, Käse (harter enthält mehr als weicher) und natürlich Milch. Entrahmte und fettarme Milch enthält dieselbe Menge an Kalzium wie Vollmilch, geben Sie deshalb den ersteren den Vorzug, ebenso fettarmem Käse. Sardinen, die verschiedenen Kohlarten, Rüben- und Senfblätter, Broccoli und Tofu sind gute Kalziumlieferanten. Wenn Sie Suppen oder Eintopf mit Fleischknochen machen, fügen Sie dem Wasser einen Schuß Essig für die Brühe hinzu; dieser zieht das Kalzium aus den Suppenknochen. (Der Essig wird neutralisiert, so daß kein saurer Geschmack bleibt.) Wenn Sie Saucen machen, geben Sie etwas entrahmte Trockenmilch hinzu.

Die besten Kalziumlieferanten
Viel Kalzium, wenig Fett, wenig Kalorien

Reiner fettloser Joghurt, eine Tasse: 125 Kalorien, 452 mg Kalzium
Reiner fettarmer Joghurt, eine Tasse: 145 Kalorien, 415 mg Kalzium

Sardinen* samt Gräten, eine Dose: 175 Kalorien, 372 mg
Kohl, gekocht, eine Tasse: 65 Kalorien, 357 mg
Fettlose Milch, eine Tasse: 85 Kalorien, 302 mg
Fettarme Milch, einprozentig, eine Tasse: 100 Kalorien, 300 mg
Fettarme Milch, zweiprozentig, eine Tasse: 120 Kalorien, 297 mg
Buttermilch, eine Tasse: 100 Kalorien, 285 mg
Rübenblätter, gekocht, eine Tasse: 30 Kalorien, 252 mg
Fettlose Trockenmilch, ¼ Tasse: 62 Kalorien, 209 mg
Mozarellakäse, teilentrahmt, ca. 30 Gramm: 80 Kalorien, 207 mg
Grünkohl, gekocht, eine Tasse: 45 Kalorien, 206 mg
Senfblätter, gekocht, eine Tasse: 30 Kalorien, 193 mg
Broccoli, gekocht, ein Stengel: 45 Kalorien, 158 mg
Fettarmer Quark, zweiprozentig, eine Tasse: 205 Kalorien, 155 mg
Fettarmer Quark, einprozentig, eine Tasse: 165 Kalorien, 138 mg
Schwarze Melasse, ein Eßlöffel: 50 Kalorien, 137 mg
Tofu, 100 Gramm: 72 Kalorien, 128 mg
Maistortillas, zwei: 126 Kalorien, 120 mg

Vielen wird es schwerfallen, allein mit der Nahrung genügend Kalzium aufzunehmen. Wir müssen in zunehmendem Alter stärker auf die Kalorienmenge achten; manche Frauen leiden in höherem Alter an Laktasemangel, wodurch es ihnen schwerfällt, Milch oder Milchprodukte zu verdauen; und genau zu wissen, wie nährstoffhaltig unsere Lebensmittel sind, kann heutzutage ein Problem sein. Es kann auch schwierig sein, die optimale Kalziumzufuhr durch ein Multivitamin- und Mineralpräparat zu erhalten. Ein spezielles Kalziumpräparat empfiehlt sich, um sicher zu sein, täglich die 1000 bis 1500 mg Kalzium zu bekommen, die wir brauchen.

Es gibt eine Vielzahl von Kalziumpräparaten mit verschiedenen Vor- und Nachteilen, *lesen Sie* deshalb immer sorgfältig das *Etikett*, bevor Sie eines kaufen, um sowohl die Herkunft des Kalziums als auch den Gehalt jeder Tablette zu überprüfen. Das amerikanische Gesundheitsamt warnt

---

* Sardinen haben einen relativ hohen Cholesteringehalt und sind auch gewöhnlich in Öl eingelegt, es empfiehlt sich daher ein mäßiger Konsum. Lachs mit den Gräten und Austern sind ebenfalls ausgezeichnete, kalorienarme Lieferanten an Kalzium, wenn auch von mittlerem Fettgehalt.

vor der Verwendung von Knochenmehl und Dolomit. Diese enthalten hohe, möglicherweise toxische Mengen an Blei, das sich in den Knochen ablagert. Kalziumlaktat und -glukonat werden gut absorbiert, enthalten jedoch wenig Kalzium pro Tablette, so daß man viele einnehmen muß. Kalziumkarbonat wird oft empfohlen, weil es die konzentrierteste Form darstellt, obwohl es nicht so leicht absorbiert wird wie die anderen. Zur Verbesserung der Absorption empfiehlt es sich, die Tagesration in mehrere Dosen aufzuteilen, die wenn möglich auf leeren Magen oder mit etwas Joghurt oder Milch zu nehmen sind. Nehmen Sie Ihr Kalzium nicht zusammen mit einem Faserprodukt wie Kleie ein, da sich dadurch die Menge an Kalzium und anderen Mineralstoffen verringern kann, die durch den Darm absorbiert wird. Es ist ratsam, die Hälfte oder ein Drittel der Tagesmenge vor dem Schlafengehen einzunehmen, weil wir nachts aufgrund der Inaktivität des Schlafs mehr Kalzium abbauen (aber auch, weil Kalzium ein gutes natürliches Beruhigungsmittel ist).

Falls Sie zu Nierensteinen neigen, sollten Sie die Dosierung Ihres Kalziumspräparats mit Ihrem Arzt besprechen. (Ihre Dosis sollte sich dann wahrscheinlich unter 250 mg pro Tag halten.) Für die meisten Frauen gilt eine Tagesdosis bis zu 2500 mg als ungefährlich, obwohl es nicht nötig ist, 1500 mg zu überschreiten. Es empfiehlt sich immer bei körperlichen Routineuntersuchungen, den Kalziumgehalt im Urin oder Blut feststellen zu lassen. Man denke jedoch daran, daß ein Kalziumdefizit immer gefährlicher ist als ein Überschuß.

Es gibt zwei Mineralstoffe, deren Zufuhr auf die Kalziummenge abgestimmt sein sollte. Ernährungsfachleute sind der Ansicht, daß die Zufuhr an *Magnesium* halb so hoch sein sollte wie die an Kalzium (Kalziumpräparate wie das meine enthalten häufig bereits diesen Anteil an Magnesium). Die Aufnahme an *Phosphor* sollte nie höher und vorzugsweise geringer sein als Ihre Kalziumdosis.

Vitamin D begünstigt die Aufnahme von Kalzium, ja es ist sogar unerläßlich dafür. Wir decken gewöhnlich unseren gesamten Bedarf an Vitamin D durch die kumulative Sonneneinwirkung im Laufe des Tages. Aber falls Sie nicht täglich zwischen 15 und 60 Minuten in der Sonne sind, sorgen Sie dafür, daß Sie durch die Nahrung oder ein Präparat 400 I. E. (Internationale Einheiten) an Vitamin D zu sich nehmen. Dieses ist in Lebertran, Butter und Fisch reichlich vorhanden; besonders empfehlenswert ist Milch, der Vitamin D zugesetzt wurde und die Sie gleichzeitig mit Kalzium versorgt. Falls Sie ein Ergänzungspräparat nehmen, vergewissern Sie sich, daß Sie nicht 1000 I. E. pro Tag überschreiten, weil sich zuviel Vitamin D negativ auf die Kalziumabsorption auswirken kann. Außerdem wird Vitamin D im Körper gespeichert, weil es fettlöslich ist, und daher kann es eine toxische Wirkung haben, wenn Sie über einen längeren Zeitraum hinweg Dosen von 25 000 I. E. täglich oder darüber einnehmen. Es gibt Präparate wie »Os-Cal«, die eine praktische Kombination von Kalzium und Vitamin D darstellen, obwohl diese in der Regel teurer sind als andere Kalziumpräparate.

Vitamin K ist ein weiteres fettlösliches Vitamin, von dem man jetzt annimmt, daß es wichtig für die Kalziumaufnahme in den Knochen ist. Sehr geringe Mengen sind notwendig, und ergänzende Präparate sind selten angezeigt. Vitamin K ist in Joghurt, grünem Blattgemüse, Luzerne, Kohl, Blumenkohl und Kartoffeln enthalten.

Vermeiden Sie sehr eiweißreiche Kost, phosphorreiche Limonaden und rotes Fleisch sowie übermäßigen Konsum von Alkohol, Koffein, Salz und Nikotin.

»Wenn die Ärzte Frauen über dreißig Kalzium verschreiben würden, könnten wir die Zahl der Osteoporose-Patientinnen um mindestens 60 Prozent verringern. (...) Frauen, die regelmäßig laufen, erhöhen ihre Knochenmasse um 30 Prozent gegenüber Frauen, die keinerlei Sport betreiben.«

Dr. med. Joseph Lane
Leiter der Abteilung für
Stoffwechselbedingte Knochenleiden
Hospital for Special Surgery, New York

---

2. Betreiben Sie ein regelmäßiges Bewegungstraining

Fitness-Training ist die einzige bekannte und gegenwärtig empfohlene Methode zur *Steigerung der Knochenbildung*. In Verbindung mit kalziumreicher Kost kann ein Bewegungstraining der entscheidende Faktor für den Aufbau bzw. die Erhaltung kräftiger Knochen sein. Kalzium wird in den Knochen entsprechend den Lasten, die sie zu tragen haben, oder den Anforderungen, denen sie ausgesetzt sind, abgelagert. Den Beweis dafür sehen wir bei den langlebigsten Bevölkerungsgruppen dieser Erde. Keine Anzeichen von Osteoporose waren bei gewissen Volksgruppen zu finden, die in abgeschiedenen Teilen von Rußland, Pakistan und Ecuador leben, wo die Mehrzahl der Menschen ein Alter von 80 und 90, manche von über 100 Jahren erreichen. Woher das kommt? Sie sind bis in ihr hohes Alter körperlich aktiv und halten sich viel im Freien auf.

Bewegungstraining wird bereits in Knochenbehandlungszentren wie dem Hospital for Special Surgery in New York als unerläßlich betrachtet, wo es Patienten gelungen ist, ihre Knochenmasse um drei Prozent im Jahr zu steigern. Eine Untersuchung, die an der Universität von Wisconsin durchgeführt wurde, ergab ein ähnliches Knochenwachstum. Frauen in den Achtzigern erzielten einen fast zweiprozentigen Zuwachs ihrer Knochensubstanz, nachdem sie drei Jahre lang dreimal wöchentlich ein halbstündiges Bewegungstraining absolviert hatten. In einer anderen Studie über Frauen in den Fünfzigern wird eine fast dreiprozentige Zunahme innerhalb eines einzigen Jahres nach einem einstündigen, dreimal wöchentlich durchgeführten Bewegungstraining gemeldet; die Kontrollgruppe von Frauen, die nicht trainierten, verloren im gleichen Jahr nahezu dieselbe Menge an Knochensubstanz. »Alter scheint kein bedeutender einschränkender Faktor für die Reaktion der Knochen auf Belastungen zu sein«, bemerkt Dr. Everett Smith, der Leiter des Biogerontologie-Labors der in Wisconsin durchgeführten Studie.

Körperliche Bewegung ist der Schlüssel, den uns die Natur in die Hand gibt, um unser ganzes Leben lang einen aufrechten, starken und geschmeidigen Körper zu erhalten. Wie Miß Marple wußte, ist Aktivität gut für die Knochen. Wir sind immer noch dabei zu lernen, welche Art von Bewegung und wieviel *am besten* ist, insbesondere für den *Aufbau* von Knochen. Richtig durchgeführte Aerobics in der Halle, Gehen, Laufen, Radfahren und andere aerobische Sportarten sowie Gewichttraining werden als besonders günstig angesehen. Falls Sie bereits Osteoporose haben, müssen Sie besondere Sicherheitsmaßnahmen beachten, wenn Sie Sport treiben – Sie müssen Aktivitäten finden, die das Knochengerüst in günstiger Weise belasten, und Sportarten meiden, die zu einem Bruch führen könnten. In Ihrem Fall wird Schwimmen besonders empfohlen, ergänzt durch lange Spaziergänge zweimal täglich.

3. Informieren Sie sich über andere Möglichkeiten

Östrogentherapie wird häufig für Frauen empfohlen, die aufgrund ihrer genetischen Veranlagung besonders osteoporosegefährdet sind oder die aufgrund einer vorzeitig operativ herbeigeführten Menopause viele Jahre ohne die knochenschützende Wirkung eines hohen Östrogenspiegels vor sich haben. Falls Sie daran denken, Östrogen zu nehmen, lesen Sie bitte sorgfältig die Seiten 191 ff. in dem Kapitel »Hormontherapie – ja oder nein«. Diese Form der Behandlung sollte nicht leichtfertig angewandt werden. Eine Östrogentherapie gegen Osteoporose muß immer langfristig angelegt sein – Frauen, bei denen der Wechsel auf natürliche Weise eingesetzt hat, müssen sie bis zum Alter von etwa 65 fortsetzen (danach verlangsamt sich der altersbedingte Knochenschwund in der Regel von selbst), und dasselbe gilt wahrscheinlich auch für Frauen, bei denen das Klimakterium auf operativem Wege eingeleitet wurde.

Östrogentherapie bewirkt *nicht* die Bildung neuer Knochensubstanz, verlangsamt jedoch deren Schwund – falls sie mit den empfohlenen Mengen an Kalzium und Vitamin D kombiniert wird. Niemand weiß, wie lange die Östrogentherapie vor Knochenschwund schützen kann. Manche sagen sechs Jahre, andere acht. Aber es besteht im allgemeinen Einigkeit darüber, daß die Wirksamkeit, mit der sie die Knochensubstanz schützt, nach zehn Jahren nachläßt.

Da eine so lange Behandlungsdauer nötig ist, sollten Sie die Vorteile der Östrogentherapie sorgfältig gegen die Risiken abwägen, deren gravierendstes die erhöhte Gefahr ist, an Gebärmutterkrebs zu erkranken. Es gibt Frauen, die wesentlich stärker durch Osteoporose gefährdet sind als durch Gebärmutterkrebs; in diesen Fällen ist die Östrogentherapie ratsam.

Frühe Entdeckung von Osteoporose könnte von entscheidender Bedeutung sein. Gegenwärtig ist die entsprechende Technologie jedoch entweder noch zu teuer, oder sie steht nur den wenigen zur Verfügung, die in der Nähe von Forschungszentren wohnen, welche über die hochspezialisierte und empfindliche Röntgenausrüstung verfügen, mit der die Knochenstärke gemessen werden kann. Es wird erwartet, daß weniger kostspielige, allgemeiner zugängliche Apparaturen in etwa fünf Jahren zur Verfügung stehen werden – zu hoffen ist, daß dies auch früher möglich wäre, wenn wir die nötige Verbrauchernachfrage schaffen. Falls Sie schon jetzt Zugang zu einer solchen Einrichtung haben, dann ist es eine gute Idee, Ihr Skelett überprüfen zu lassen, am besten, wenn Sie in den Dreißigern oder Vierzigern sind, ein weiteres Mal in den Wechseljahren und dann mehrmals in Abständen von einem Jahr, um Ihre Knochenschwundrate festzustellen. (Auf Zahnröntgenbildern ist manchmal ein Knochenschwund im Kiefer erkennbar, der einen frühzeitigen Hinweis auf Osteoporose geben kann.)

4. Klären Sie andere auf

Erzählen Sie Ihren Freundinnen und Ihren Angehörigen von dieser schleichenden Krankheit und wie wir sie verhüten können – insbesondere Frauen unter 35, die noch Maßnahmen ergreifen können, um ihre Knochenmasse zu maximieren.

Rechts Scott, links Taxi auf einem Spaziergang mit mir in Laurel Springs

DRITTER TEIL

Gibt es ein Leben nach dem Klimakterium?

Für mich ist dies die Generation von Frauen, die als erste erwachten, die sich jetzt in der Kraft ihrer mittleren Jahre fühlen, die nun nicht wissen, wie sie sich vom Sexsymbol zum Symbol der Weisheit wandeln sollen, wie sie ihre Menopause oder, wie ich es nenne, ihre »Pause ohne Männer« bewältigen sollen. Sie haben Angst vor diesem Zustand der Zerrissenheit, glauben, wir werden vielleicht weise werden, sind dann aber nicht mehr sexuell, oder, wenn wir sexuell sind, nimmt man uns nicht ab, weise zu sein, denn eines muß auf Kosten des anderen geschehen – alles Unsinn! Quatsch!

Dr. phil. Randi Gunther
Therapeutin

KAPITEL 7

Natürlicher Übergangsritus

Bei der Arbeit an diesem Buch hoffte ich manchmal geradezu, Hitzewallungen zu bekommen. Ich weiß, daß sich mein Lektor insgeheim wünscht, ich würde verfrüht in die Wechseljahre kommen, damit dieses Kapitel »persönlicher« wird. Aber da ist nichts zu machen. Ich bin auf jedem anderen Gebiet eine Spätzünderin gewesen, und ich bin sicher, daß auch dieses keine Ausnahme bilden wird. Aber folgen Sie mir dennoch. Ich bin überzeugt, daß Sie dieses Kapitel ebenso faszinierend zu lesen finden werden wie ich die Recherchen dafür.

Je mehr ich über die Menopause in Erfahrung bringe, desto mehr fühle ich mich daran erinnert, wie eng der Körper einer Frau mit der Natur verbunden ist, wie genau wir die Symmetrie der natürlichen Welt um uns herum widerspiegeln. Während der fruchtbaren Jahre entspricht unser Menstruationszyklus dem Kreislauf des Mondes – die zwölf monatlichen Zyklen des Mondes spiegeln sich in den unseren. Am Ende dieser Jahre, in der Lebensmitte, findet eine letzte Umdrehung statt, und damit beendet die Natur den Lauf des menschlichen Fortpflanzungsrades. Der Kreis von der Menarche bis zur Menopause, von der ersten bis zur letzten Menstruation, schließt sich mit der Präzision eines erlesenen Chronometers. Das Ende unserer Fruchtbarkeit ist ebenso natürlich und unvermeidlich wie ihr vorherbestimmter Anfang. Der Eintritt der Menopause ist im Grunde ein Zeichen körperlicher Gesundheit – ein Zeichen, daß die innere Uhr unseres Körpers ausgezeichnet funktioniert.

Aber was dieses Ereignis faktisch für eine Frau bedeutet, hängt von vielen Dingen ab und weitgehend davon, wie die Menopause von der jeweiligen Gesellschaft aufgefaßt wird. In der Geschichte war sie stets von Aberglauben umwoben. Mythen über die Menopause verwoben mit Klischees über das Altern insgesamt haben diesen Aspekt unseres Älterwerdens in eine Aura ängstlicher Erwartungen gehüllt – obwohl dieser Abschied von den Jahren der Fruchtbarkeit bei den meisten Frauen glatt und allmählich verläuft und sie nichts zu befürchten haben. Bis heute hat diese über der Menopause schwebende künstliche Wolke die gesamte Erfahrung verdüstert und die Frauen entmutigt, diesen natürlichen Übergangsritus voll Stolz zu erleben.

In anderen Kulturen und in vielen Religionen werden solche Zeiten des Loslassens und Voranschreitens mit Ritualen gefeiert. Bat- und Bar-Mizwa sind beispielsweise Feste, bei denen der Abschied des jüdischen Mädchens und Jungen von der Kindheit und der Eintritt in das Erwachsenenalter gefeiert wird. Rabbi Laura Geller, eine der ersten Amerikanerinnen, die das jüdische Priesteramt ausübt, sprach mit uns über das Bedürfnis nach einem Ritual zur Menopause. »Ein solches Ritual wird nicht von oben ausgehen – von den Positionen, die in der Regel von Männern besetzt sind«, sagte sie. »Es wird von den Frauen selbst kommen. Die Menopause überschreitet alle rassischen und sozioökonomischen Grenzen und vereint alle Frauen miteinander. Dem wohnt eine bestimmte kollektive Kraft inne.« Der spezielle Wert des Rituals, erklärte sie, besteht darin, uns eine Zeit der Vorbereitung auf den jeweiligen vor uns liegenden Übergang in ein neues Lebensstadium zu geben, uns die Erlaubnis zu geben, darüber zu sprechen, und schließlich, uns zu helfen, den Wandel aktiv zu akzeptieren und bewußt zu feiern.

Obwohl es vielleicht nie ein offizielles »Bat-Mizwa« für die Menopause geben wird, ja uns keine Feier der Menopause irgendwo in der Welt bekannt ist, kann unsere Generation von Frauen in der Lebensmitte vielleicht anfangen, informelle, aber ebenso bedeutsame Äquivalente dafür zu schaffen. Allein schon, uns über die Fakten der Menopause zu informieren, wird uns besser darauf vorbereiten. Miteinander über die Menopause zu sprechen wird die ungeschriebenen Tabus brechen. Und indem wir die Menopause zu einem anerkannten Bestandteil unserer Kultur machen, können wir diesen Aspekt des Schöpfungsplans in einen potentiell positiven Augenblick unseres Lebens umwandeln.

»Den Wechsel« verwandeln

Die meisten der heute lebenden Männer und Frauen haben ihr Wissen über die Menopause aus einer verschwommenen Folklore von Ammen- und Doktorenmärchen bezogen. Wie ich selbst erinnern Sie sich viel-

leicht nicht an diese zweifelhafte Aufklärung. Vielleicht wissen Sie nicht mehr, ob Ihre Mutter oder sonst jemand je direkt über die Menopause gesprochen hat. Vielmehr haben Sie vielleicht viele vage Eindrücke in sich aufgenommen, die jetzt schwer auseinanderzuhalten sind, verschwommene Konturen, die die Menopause als eine Katastrophe darstellten – physisch, psychisch oder in beiden Hinsichten. Die meisten meiner Freundinnen sagen, daß die Menopause ein tabuisiertes Thema war, eine so finstere Angelegenheit, daß ihre Mütter und Großmütter zögerten, ihren Ärzten und sogar sich selbst einzugestehen, daß sie sie durchmachten.

Der Versuch, sich über die Menopause zu informieren, bedeutete noch vor wenigen Jahren, sich durch ein Dickicht furchterregender und irreführender Informationen hindurchzukämpfen, wie eine Frau in diesem Stadium ihres Lebens angeblich zu sein hatte. Das Buch *Alles, was Sie schon immer über Sex wissen wollten* teilte seinen Leserinnen und Lesern zu Beginn der siebziger Jahre mit: »Sobald ihre Eierstöcke nicht mehr funktionieren, hat sich oft auch ihre Nützlichkeit als menschliche Individuen erschöpft. Die restlichen Jahren schlagen sie [die Frauen] oft nur noch die Zeit tot, bis sie ihren Drüsen in den Orkus folgen.« Dies war der literarische Ableger des früheren bekannten Bestsellers *Feminine Forever*, der Mitte der sechziger Jahre Abermillionen von Frauen die Vorstellung eintrichterte, die Menopause bedeute einen Verlust an Weiblichkeit, einen Verlust an Gesundheit und »die Verwandlung... einer zuvor sympathischen, energiegeladenen Frau in eine stumpfsinnige, aber scharfzüngige Karikatur ihres früheren Selbst... eines der traurigsten aller menschlichen Spektakel«. Darüber hinaus verbreiteten diese Bücher ebenso wie viele Frauenzeitschriften der damaligen Zeit die Vorstellung, daß wir ohne Östrogenbehandlung nach der Menopause dazu verdammt seien, die passiven Opfer unseres entgleisten Hormonhaushalts und geistiger Verirrungen zu werden.

»Stellen wir uns einmal vor, wir hätten eine in den Wechseljahren befindliche Präsidentin, die eine Entscheidung über die Schweinebucht zu treffen hat...«

> Dr. med. Edgar Berman
> Leibarzt von Hubert Humphrey
> Washington, D.C., 1970
> Mitglied des Ausschusses
> für Nationale Prioritäten
> der Demokratischen Partei

Heute erscheinen uns diese tragischen Extremfälle nur noch lächerlich oder komisch. Die Frauen entfernen sich mit mächtigen Schritten von den obsoleten Karikaturen der »Frau im Wechsel« und lassen diese als leere Hülsen zurück. Und es sind diese kulturellen Atavismen, nicht wir selbst, die dabei in den Orkus verweht werden. Wenn die Wechseljahre eine Krise darstellten, dann ging es vielmehr um eine Krise der Wahrnehmung als der Biologie.

Wir können zu einer Veränderung der Wahrnehmung der Wechseljahre aber nur beitragen, wenn wir deren Biologie von Grund auf verstehen. Wir müssen so viel wie möglich darüber lernen, was wir zu erwarten haben und weshalb. Indem wir diese Fragen stellen, enttabuisieren wir die Erörterung des Klimakteriums. Die Auswirkungen dieser Entwicklung zeigen sich bereits in der größeren Sichtbarkeit und Bedeutung der Klimateriumsforschung auf vielen verschiedenen Gebieten. Frauen spielen entscheidende Rollen als Wissenschaftlerinnen und Forscherinnen sowie als gesunde Probanden, wenn es darum geht, unser Verständnis der Menopause zu vertiefen. Und aufgrund all dessen hat unsere Generation Gelegenheit, viel mehr zu wissen als unsere Mütter zu diesem Zeitpunkt ihres Lebens, als sich die Erfahrung der Menopause noch weitgehend im Verschwiegenen abspielte und fälschlich als eine Krankheit angesehen wurde.

»Es gefällt mir einfach nicht, nach dem Zustand meiner Eierstockfunktionen definiert zu werden [als ›Frau im Wechsel‹]; es hätte mir auch nicht gefallen, früher als ›Frau im fortpflanzungsfähigen Alter‹ bezeichnet zu werden, so sehr ich die Fakten und Akte der Fortpflanzung zu schätzen wußte.«

Grace Paley
Schriftstellerin

KAPITEL 8

Was ist das Klimakterium?

Beginnen wir mit einer laienhaften Erkundungsfahrt durch den Fortpflanzungsapparat – jenen Teil unserer Anatomie, der uns schon so viel Lust und so viel Schmerzen bereitet hat. Seine innere Funktionsweise und seine hormonellen Gegebenheiten kennenzulernen ist wesentlich für ein Verständnis dessen, was sich vor, während und nach dem Klimakterium abspielt.

Schon bei der Geburt enthalten Frauen die Samen neuen Lebens. Wir werden mit fast einer halben Million Ova oder Eiern geboren, die sich in sackähnlichen Follikeln in unseren Ovarien (Eierstöcken) befinden – ein großzügiges Geschenk, da nur etwa 500 davon in den drei oder vier Jahrzehnten unserer reproduktiven Jahre benötigt werden. In jedem Monat reift im Laufe des Menstruationszyklus ein Ei heran und wird von den Eierstöcken freigesetzt. Im Unterschied zu den männlichen Samenzellen und anderen Zellen des Körpers werden diese ursprünglichen Eizellen niemals durch neue Zellen ersetzt. Vielmehr erfolgt ein allmählicher Abbau der weiblichen Eizellen bis zur Menopause. In den späten Dreißigern und frühen Vierzigern sind bereits weniger Eizellen vorhanden, und die Ovulation (der Eisprung) kann gelegentlich ausbleiben, so daß es in diesen Jahren schwieriger sein kann, schwanger zu werden. Schließlich sind, durchschnittlich im Alter von fünfzig, keine Eizellen mehr vorhanden, oder nur noch relativ wenige, die nicht mehr auf die chemischen Botschaften ansprechen, welche früher zur Freisetzung einer Eizelle geführt haben. Die Ovulation hört auf, die Menstruation ebenfalls, und der Kreis der Fruchtbarkeit hat sich geschlossen. Genaugenommen tritt die Menopause bei der *letzten Menstruation* ein. Es besteht jedoch im allgemeinen Einigkeit darüber, daß ein volles Kalenderjahr ohne Menstruation vergehen muß, bevor wir sicher sein kön-

Die wesentlichen Drüsen

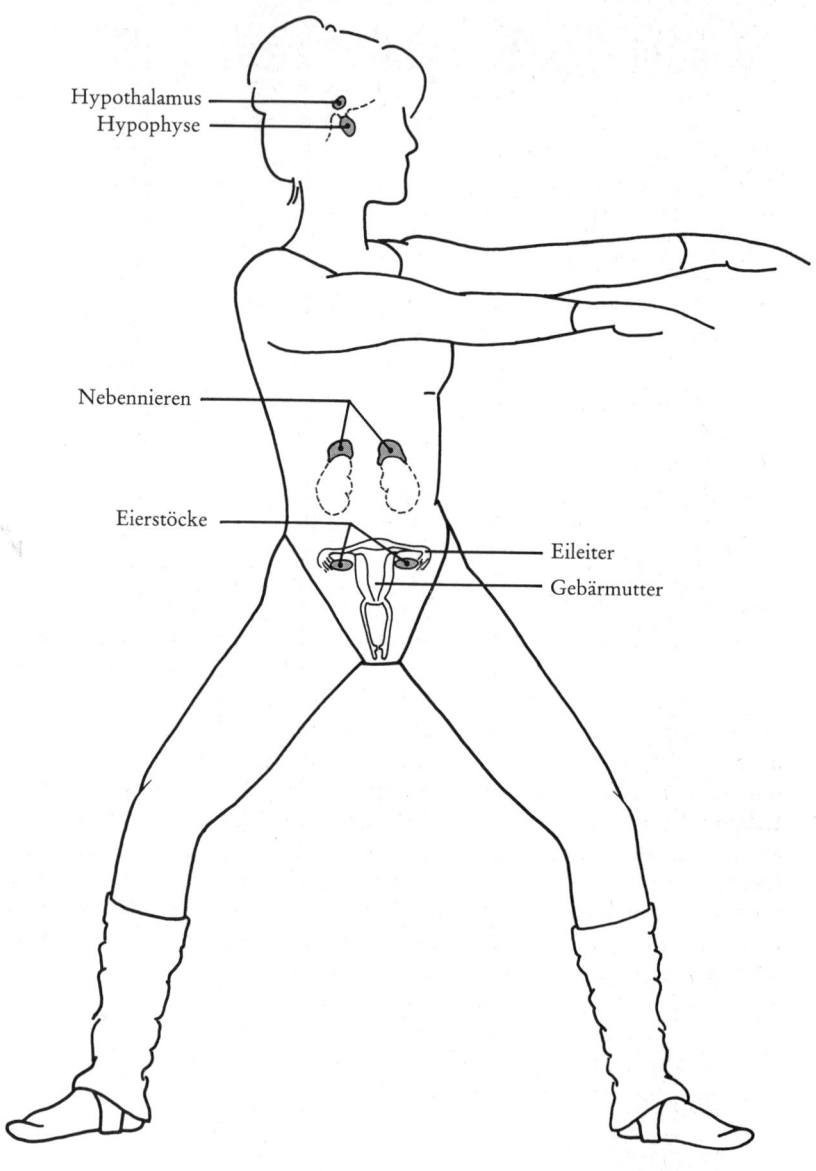

Hypothalamus

Hypophyse

Nebennieren

Eierstöcke

Eileiter

Gebärmutter

nen, daß wir nicht mehr ovulieren, das heißt, nicht mehr fortpflanzungsfähig sind.

Bei einigen Frauen endet die Menstruation abrupt, obwohl das selten vorkommt. Bei den meisten vollzieht sich der Übergang fließend, der Zyklus setzt allmählich aus *(Prämenopause)*; die Zeit der letzten Menstruation bezeichnet man als *Perimenopause* und die schließliche Anpassung des Körpers als *Postmenopause*. Diese drei Stadien, die medizinisch in dem Begriff *Klimakterium* zusammengefaßt sind, erstrecken sich über einen Zeitraum von Jahren und umschließen sämtliche Übergänge von der reproduktiven zur nichtreproduktiven Phase der Frau. Während dieser Übergangszeit vollziehen sich subtile Veränderungen in unserem differenzierten inneren Fortpflanzungsapparat, einige davon schon fünf oder zehn Jahre vor der Menopause.

Endokrine Ökologie

Wenn wir davon ausgehen, daß die Eizellen die Hauptrollen im großen Fortpflanzungsdrama spielen, dann hat das endokrine System die tragenden Nebenrollen inne und bildet den technischen Stab, der nötig ist, um allmonatlich eine reibungslose und erfolgreiche Produktion zu gewährleisten.

Die endokrinen Drüsen sind kleine Organe, die winzige, aber höchst wirksame chemische Substanzen, die sogenannten *Hormone*, absondern. Diese Hormone werden vom Blutkreislauf weiterbefördert und überbringen Botschaften an bestimmte Organe des Körpers. Die Hormone spornen buchstäblich jede Zelle des Körpers an, ihre Arbeit korrekt zu verrichten, und beeinflussen dadurch alle Vorgänge des täglichen Lebens. In östlichen Praktiken wie Yoga werden die endokrinen Drüsen als die *chakras* oder Energiezentren des Körpers betrachtet. Jede dieser Drüsen mit ihren speziellen Hormonen und differenzierten Funktionen arbeitet in einem Team mit allen übrigen zusammen. Jede Veränderung im ausgewogenen Gleichgewicht der chemischen Beziehungen, jede Veränderung eines Teils kann eine Entgleisung des ganzen Systems verursachen.

Vier Hormonproduzenten sind besonders bedeutsam für uns in der Menopause: der *Hypothalamus*, die *Hypophyse*, die *Eierstöcke* und die *Nebennieren*. Der Hypothalamus und die Hypophyse – der Produzent und die Regisseurin des gesamten endokrinen Systems – befinden sich im Kopf. Der *Hypothalamus*, der etwa die Größe einer Walnuß hat, liegt im unteren Teil des Gehirns.

Er dient als Bindeglied zwischen dem endokrinen System und dem Nervensystem und erhält beide Systeme sensibel für das Umfeld des jeweils anderen. Durch den Hypothalamus können sich beispielsweise unsere Gedanken und Emotionen auf die Funktionen der Drüsen und ihre Hormone auswirken; umgekehrt können die Drüsen unsere seelische Verfassung beeinflussen – eine Wechselbeziehung, die die Wissenschaft eben zu durchschauen beginnt und die von entscheidender Bedeutung für das Verständnis unseres Erlebens der Menopause sein könnte. Der Hypothalamus steuert alle Hormonausschüttungen in den Körper und ist unmittelbar an der Regulierung des Fortpflanzungszyklus sowie der Körpertemperatur beteiligt. Er regelt das gesamte endokrine System durch die Freisetzung spezialisierter Hormone, die die Hypophyse, die »Hauptdrüse«, zur Arbeit anregen.

Die im Großhirn gelegene *Hypophyse* steuert jede einzelne Drüse des endokrinen Systems und durch diese alle körperlichen Vorgänge. Nachdem sie vom Hypothalamus das Signal erhalten hat, den Fortpflanzungszyklus in Gang zu setzen, produziert die Hypophyse ihre eigenen spezialisierten Hormone, die ihrerseits die Eierstöcke aktivieren.

Die im Unterleib gelegenen *Eierstöcke* – die etwa die Größe von zwei Mandeln haben – liegen an den fingerartigen Enden der Eileiter, die zur Gebärmutter (Uterus) führen. Diese Drüsen sind die Hauptproduzenten der weiblichen *Geschlechtshormone* (oder Geschlechtssteroide, wie sie manchmal genannt werden), deren wichtigste *Östrogen* und *Progesteron* sind. Diese beiden Hormone spielen in der Menopause eine entscheidende Rolle. Beide Hormone waren in der Fortpflanzungsphase unseres Lebens dominant und unterliegen in der Menopause einer drastischen Veränderung.

Der veränderte Zyklus

Fassen wir nun alle diese endokrinen Informationen zusammen, und schauen wir, was in der Menopause passiert.

Während des Menstruationszyklus bilden die Drüsen des Hypothalamus, der Hypophyse und der Eierstöcke einen Regelkreis, über den sie untereinander Informationen austauschen. Mit Hilfe hormonaler Boten sorgt ein Rückmeldungssystem von Drüse zu Drüse dafür, daß ein geregelter Ablauf von Ereignissen allmonatlich die Empfängnis ermöglicht, daß der Embryo eine günstige Umgebung vorfindet, falls es zur Befruchtung kommt, und daß die vorbereiteten Uteruszellen abgestoßen werden, falls dies nicht geschieht.

In der ersten Hälfte des Zyklus bewirken Hormone aus der Hypophyse, daß in den Eierstöcken eine Eizelle heranreift. Das reifende Ei regt dann die Produktion zunehmender Östrogenmengen an, wodurch die Gebärmutter für die Aufnahme eines Embryos vorbereitet wird. In der Mitte des Zyklus erreicht das Östrogen den Spitzenwert, und das inzwischen herangereifte Ei wird in die Eileiter ausgestoßen, wo es befruchtet werden kann oder nicht. In der zweiten Hälfte des Zyklus wird Progesteron in zunehmenden Mengen abgesondert, wodurch sich die Uterusauskleidung weiter verstärkt. Falls keine Befruchtung stattfindet, wird diese Auskleidung schließlich in der Menstruation wieder ausgeschieden. An diesem Punkt sinken sowohl der Östrogen- als auch der Progesteronspiegel abrupt ab. Der Zyklus beginnt sofort wieder von vorn; der Hypothalamus fordert die Hypophyse erneut auf, die Eierstöcke zur Freisetzung eines Eis zu veranlassen. Dieser sich selbst steuernde Kreislauf wiederholt sich Monat um Monat, Jahr um Jahr bis zur Prämenopause, in der Unregelmäßigkeiten eintreten können, bzw. zur Menopause, wo er zum völligen Stillstand kommt.

Wie wird diese Veränderung herbeigeführt? Wahrscheinlich sind mehrere Faktoren im Spiel. Aber einer, eine einschneidende, programmierte Veränderung in einem Teil des Systems, läßt schließlich den Vorhang über dem gesamten Fortpflanzungszyklus fallen. Die Eierstöcke erreichen ihre Nullsumme an Eizellen. Die wenigen, die noch vorhanden sein mögen, sprechen nicht mehr auf die Signale aus Hypothalamus und Hypophyse an. Die Eierstöcke stellen ihre zyklische Produktion von Östrogen, reifen Eizellen und Progesteron ein.

Das der Fortpflanzung dienende endokrine System tritt jetzt in eine Phase des Ungleichgewichts und der Neuanpassung ein, die sich bei den einzelnen Frauen höchst unterschiedlich manifestieren kann. Niedrigere Östrogenmengen können schon vor der letzten Menstruation auftreten. Die Hypophysenhormone nehmen dagegen stark zu, sie verdoppeln quasi ihre Anstrengungen, die nur noch schwer ansprechbaren Eierstöcke anzuregen; sie bleiben auch noch zwei bis drei Jahre nach der Menopause auf hohem Niveau. Trotz dieser Schwankungen läuft das hormonelle System jedoch nicht aus dem Ruder. Es stellt sich lediglich um und führt einen neuen Gleichgewichtszustand herbei.

Das neue Gleichgewicht

Im Gegensatz zu einer verbreiteten Annahme hört unser Körper *nicht* auf, nach der Menopause Geschlechtshormone zu produzieren. Sie werden lediglich in kleineren Mengen erzeugt. Die Östrogenproduktion schwankt während des ganzen Lebens ebenso wie allmonatlich in den Jahren der Fortpflanzungsfähigkeit. Bis zur ersten Menstruation produziert unser Körper Östrogen gewöhnlich in gleichbleibender und relativ geringer Menge. In der Pubertät beginnt der Östrogenspiegel anzusteigen, weil eine seiner Hauptaufgaben die Entwicklung und Erhaltung des Gewebes unserer Geschlechtsorgane ist – der Brüste, der Gebärmutter, der Vagina und des Harnröhrenbereichs. Der Östrogenausstoß erreicht bei den meisten Frauen in den Zwanzigern und Dreißigern seinen Höhepunkt. Später, wenn die Aufgabe der Fortpflanzung abgeschlossen ist, kehren wir zu unserem ursprünglichen, niedrigeren, stabileren Niveau zurück.

Aber in dieser letzten Phase beginnen wir, Östrogen auf verschiedene neue Arten zu erzeugen. Erstens stammt nun die Hälfte aus der *Umwandlung der männlichen Hormone* Testosteron und Androstendion in Östrogen. Zweitens verlagert sich die Hauptverantwortung für die gesamte Östrogenproduktion von den Eierstöcken in die *Nebennieren*, die kleinen sichelförmigen Drüsen, die sich über den Nieren befinden. Die Eierstöcke sondern weiterhin kleine Mengen von Östrogen und Testosteron ab. Aber die Nebennieren übernehmen nun eine größere Verantwortung für alle Geschlechtshormone, eine Rolle, die viel weniger bekannt ist als der Part, den sie bei der Absonderung des Hormons Adrenalin in Zeiten von Gefahr oder Streß spielen.

Gesunde Nebennieren sowie gesunde Eierstöcke können eine relativ stabile Produktion an Östrogen noch viele Jahre nach der Menopause bedeuten, obwohl wir nie wieder so viel Östrogen benötigen wie früher zur Fortpflanzung. Dies kann eine enorme Auswirkung darauf haben, wie wir die Menopause und die Jahre danach erleben. Wie zuverlässig wir die Geschlechtshormone erzeugen, ist zum Teil durch unsere individuelle genetische Veranlagung bedingt. Aber es wird auch stark davon beeinflußt, wie fit wir sind, ein Thema, zu dem wir in Kürze zurückkehren werden.

Ein weiterer Faktor in der Östrogenproduktion ist der Besitz einer *unerläßlichen* Reserve an Körperfett – etwas, woran es den wenigsten von uns fehlt. Die Fettzellen spielen insofern eine einzigartige Rolle nach der Menopause, als sich in ihnen die Umwandlung der männlichen Hormone in Östrogen vollzieht. Deshalb sollte nicht weniger als 15 Prozent unseres Körpergewichts aus Fett bestehen – ein Richtwert, der für jedes Alter gilt. Andererseits sollten wir ein Limit von 22 bis 25 Prozent Fett nicht überschreiten. Wenige von uns haben Zugang zu Apparaturen, mit denen Körperfett gemessen werden kann, aber das ist auch gar nicht notwendig. Diese Zahlen sollen Ihnen nur eine Vorstellung von der Spanne geben, die optimal sowohl für unsere Gesundheit als auch unser Aussehen ist. Dieses Minimum zu unterschreiten ist *sehr* schwierig und im allgemeinen nur durch ein Übermaß an Training bei gleichzeitigen Hungerkuren möglich. Die überwiegende Mehrzahl von uns hat ihre Sorgen am entgegengesetzten Ende der Skala.

Was wir zu erwarten haben

Wenn unsere Zyklen abgelaufen sind, hören die Menstruationen schließlich auf. Etwa ein Drittel aller Frauen haben ihre letzte Periode im Alter von 48, die Hälfte mit 50, und mit 52 haben bereits drei Viertel aller Frauen keine Periode mehr. Die späteste Menstruation, die von einer Frau bekannt wurde, erfolgte im Alter von 58. Es gibt keine sichere Methode, um vorherzusagen, wann unsere eigene Menopause eintreten wird. Manche glauben, das Alter, in dem eine Frau zu menstruieren beginnt, enthalte einen Hinweis auf das Alter, in dem sie aufhört; bisher wurde jedoch noch kein eindeutiger Beweis eines solchen Zusammenhangs erbracht. Das Alter unserer Mutter bei der Menopause *könnte* helfen, unser eigenes vorauszusagen, obwohl auch das ungewiß ist. Rauchen scheint eine frühere Menopause zu erzeugen, wie mehrere Untersuchungen gezeigt haben, und dasselbe scheint für schlechte Ernährung zu gelten. Über diese spärlichen Informationen hinaus wissen wir mit Sicherheit nur, daß optimale Gesundheit das beste Mittel ist, um unsere reproduktive Lebenszeit zu maximieren und während der Wechseljahre und darüber hinaus gesund, vital und glücklich zu bleiben.

Große und kleine Veränderungen

Die monatliche Periode, die so lange ein selbstverständlicher Teil unseres Lebens gewesen ist, beginnt bei den meisten Frauen irgendwann in den Jahren der Prämenopause ihre Regelmäßigkeit zu verlieren. Was »normal« ist, wird für diese Zeit schwer definierbar, aber es gibt verschiedene Abläufe, mit denen eine Frau vor der letzten Menstruation rechnen kann. Der erste und seltenste Fall ist, daß sich die Perioden einer Frau in derselben Weise wie bisher ohne beobachtbare Veränderungen fortsetzen, bis sie irgendwann einfach aufhören. Häufiger ist, daß die Perioden allmählich nachlassen, das heißt, daß sich ihre Dauer jeden Monat verkürzt, bis sie schließlich ganz aufhören. Der letzte und häufigste Fall ist, daß die Periode unregelmäßig eintritt oder zwischendurch ganz ausfällt. Das geschieht zunächst nur gelegentlich, aber dann mit zunehmender Häufigkeit, bis die Perioden ganz aufhören. Es kann auch zu schwereren oder leichteren Blutungen, zu längeren oder kürzeren Intervallen zwischen den Perioden und zu stärkeren Krämpfen oder einer verstärkten Empfindlichkeit der Brust kommen.*

Während dieses Stadiums sind Schwankungen und Abweichungen ebenso die Regel für den Eisprung wie für die Menstruation. Der Eisprung kann sporadisch sein und zu ungewöhnlichen Zeiten des Monats erfolgen. Sie können Perioden ohne Eisprung haben. Viel seltener ist ein Eisprung ohne eine begleitende Periode, und dies kann sogar eine Zeitlang nach Ihrer letzten Menstruation erfolgen. All dies bedeutet, daß die Empfängnis in manchen Fällen schwieriger werden kann. In anderen kann sie eintreten, wenn Sie es am wenigsten erwarten.

Falls Sie in diesen Jahren nicht schwanger werden wollen, sollten Sie

---

* Anhaltende, starke Blutungen mit Klumpenbildung *können* abnorm sein, ebenso Schmierblutungen zwischen Perioden oder nachdem die Menses bereits ein Jahr lang ausgesetzt hatte. Wenn abnorme Blutungen auftreten, sollten Sie immer einen Arzt aufsuchen, der eine Biopsie der Gebärmutterschleimhaut oder, wahrscheinlicher, eine Dilatation und Curettage (D+C) der Gebärmutter verordnen wird, die die besten Aussichten für die Diagnose der Ursache bildet. Bei einer D+C wird die innere Schleimhaut der Gebärmutter gründlich ausgekratzt; Gewebeproben können dann auf Anomalien hin untersucht werden. Dies ist ein kleiner Eingriff, mit dem das Problem in 80 bis 90 Prozent der Fälle bereits gelöst ist. (Vor jeder Curettage sollte ein Papanicolaou-Abstrich gemacht werden, um die Möglichkeit von Gebärmutterhalskrebs auszuschließen.)

eine sichere und wirksame Methode der Schwangerschaftsverhütung anwenden, *bis mindestens ein Jahr seit Ihrer letzten Periode vergangen ist.* Nehmen Sie *keine* empfängnisverhütenden Pillen; die sind für Frauen in den mittleren Jahren ohne Zweifel gefährlich. Nach dem 40. Lebensjahr erhöht sich durch sie entschieden das Risiko, an Blutgerinnseln, Herzinfarkt und Gehirnschlag zu sterben, insbesondere, aber nicht ausschließlich, für Raucherinnen. Schon nach dem 35. Lebensjahr ist die Pille mit größeren Risiken behaftet.

Kondom und Diaphragma sind wirksame Empfängnisverhütungsmittel, wenn sie richtig angewandt werden; sie sind auch die *gefahrlosesten.* Freiwillige operative Sterilisierung ist das *wirksamste* und inzwischen (in den USA) am häufigsten praktizierte Mittel der Geburtenkontrolle, die bevorzugte Option für Frauen über 35. Die meisten entscheiden sich für ein Verfahren, das als Tubenligatur bezeichnet wird. Andere verlassen sich auf die Sterilisierung ihrer Partner durch das Verfahren der Vasektomie (Samenleiterdurchtrennung). Beide Methoden verhindern den Kontakt zwischen Sperma und reifer Eizelle. Die Tubenligatur ist ein relativ geringfügiger Eingriff, obwohl er Anästhesie erfordert und daher mit dem entsprechenden Risiko von Komplikationen verbunden ist.*

Das Intrauterinpessar (»Spirale«) ist mit mehr Risiken verbunden als Kondom oder Diaphragma und weniger wirksam als die Sterilisierung, aber es ist dennoch eine akzeptable Lösung, falls sie das Risiko einer Infektion auf sich nehmen. (Je weniger Partner eine Frau hat, desto geringer ist dieses Risiko.) Falls Sie eine Spirale tragen, dann erneuern Sie sie alle drei Jahre, um die Wahrscheinlichkeit einer Infektion zu verringern.

Obwohl dies wegen der unregelmäßigen Empfängnisbereitschaft kein zuverlässiger Weg der Geburtenkontrolle ist, führe ich als Vorbereitung

---

* Weitere Informationen über Sterilisierung erhalten Sie bei Familienberatungsstellen, deren Adressen im Anhang angeführt sind. Im Fall einer Schwangerschaft nach dem 35. Lebensjahr ist die Chance, ein Kind mit dem Downschen Syndrom zu bekommen, zwar relativ gering (nur 4 Prozent), aber der Prozentsatz erhöht sich mit zunehmendem Alter. Es empfiehlt sich daher, eine Amniozentese vornehmen zu lassen, ein Verfahren, bei dem das Fruchtwasser, das den Fötus umgibt, untersucht wird. Dieser Test ermöglicht es, das Downsche Syndrom und andere genetische Defekte zu einem frühen Zeitpunkt der Schwangerschaft zu entdecken.

Menstruationstabelle

X = Tag der Menstruation
/ = schwache Blutung
● = Selbstuntersuchung der Brust

	1	2	3	4	5	6	7	8	9	10	11	12	13	14	15	16	17	18	19	20	21	22	23	24	25	26	27	28	29	30	31
JAN		X	X	X	/									●																	
FEB			X	X	X	/									●																
MAR							X	X	X	X								●													
APR							X	X	X	X	/								●												
MAY										X	X	X	X							●											
JUN										X	X	X	/							●											
JUL												X	X	X	X						●										
AUG												X	X	X	/						●										
SEP												X	X	X	X						●										
OCT													X	X	X	X	/						●								
NOV													X	X	X	X							●								
DEC													X	X	X	X							●								

auf die Menopause über meine Menstruationszyklen Buch. Schon vor ihren mittleren Jahren führen viele Frauen einen solchen Mensiskalender. Auf einem sehr einfachen Diagramm wie dem hier abgebildeten können Sie den Tag einzeichnen, an dem Ihre Periode beginnt, wieviele Tage sie dauert, die Stärke der Blutung und was Ihnen sonst noch wichtig erscheint. Sie werden den Rhythmus Ihres eigenen Körpers kennenlernen und wissen, wann Sie Ihre nächste Periode zu erwarten haben. Es kann beruhigend sein, den Überblick zu haben, sobald Unregelmäßigkeiten aufzutreten beginnen, und Sie werden auf jeden Besuch beim Arzt gut vorbereitet sein. Dieses Selbstbeobachtungssystem können Sie auch für die anderen Anzeichen der Menopause benutzen, insbesondere die Hitzewallungen, von denen soviele Frauen heimgesucht werden.

KAPITEL 9

Wallungen und Schweißausbrüche

Die sogenannten *Hitzewallungen* sind plötzlich auftretende, intensive Hitzeempfindungen ohne unmittelbare Ursache. Sie sind quasi der »Schnupfen« der Wechseljahre, gewöhnlich begleitet von Schweißausbrüchen und manchmal gefolgt von Frösteln. Oft, aber nicht immer, bewirken sie eine *Rötung* der Haut. Sie können auch weniger abrupt auftreten und dann eher der allgemeinen Wärmeempfindung eines Schweißausbruchs gleichen.

Soviel wir heute wissen, erleben 75 Prozent aller Frauen in den Wechseljahren diese »fliegenden Hitzen« in der einen oder anderen Form. In den meisten Fällen treten diese Empfindungen zum Glück in milder Form auf. Gewöhnlich geht dieses Hitzegefühl vom Oberkörper aus und steigt dann über den Hals zum Kopf hinauf, bis es schließlich die Kopfhaut, die Ohren, die Wangen oder vielleicht das ganze Gesicht erfaßt. Aber eine Hitzewallung kann von jedem Teil des Körpers ausgehen. Sie kann sich nach unten statt nach oben ausbreiten oder in beiden Richtungen, oder sie kann lokal bleiben.

Was genau diese Wallungen verursacht, ist noch nicht hinreichend bekannt, und ebensowenig wissen wir, warum manche Frauen dagegen immun zu sein scheinen. Bis vor kurzem wurden die Wallungen praktisch ignoriert und keiner ernsthaften Untersuchung seitens der Ärzteschaft für würdig befunden, obwohl sie seit Jahren mit oral verabreichten Östrogenen behandelt werden. Heute beschäftigen sich endlich einige Forscher/innen mit dem Phänomen der Hitzewallungen, und diese werden uns hoffentlich bald Antworten auf die verbleibenden Fragen geben können. Welcher Mechanismus löst eine Hitzewallung aus? Wie verläuft sie im Körper? Wann hören die Hitzewallungen bei den meisten Frauen ohne Medikamente von selbst auf?

Gegenwärtig wird der Hypothalamus als die innere Schaltstelle für den Wallungsmechanismus angesehen. Man erinnere sich, daß zu den vielen Funktionen dieser Schaltzentrale des Gehirns die Regulierung der Körpertemperatur zählt. Wenn der Körper zu warm ist, entsendet der Hypothalamus chemische Botschaften an das Herz, die es veranlassen, mehr Blut zu pumpen und die Blutgefäße zu erweitern, insbesondere die winzigen Kapillargefäße in den oberen Schichten der Haut. Dies vermindert die überschüssige Körperwärme und veranlaßt uns zu schwitzen, wodurch sich der Körper noch mehr abkühlt.

Um die Zeit der Menopause scheint der Hypothalamus aus bisher noch unbekannten Gründen als Reaktion auf die signifikanten hormonellen Veränderungen den Thermostat des Körpers tieferzustellen. Angesichts dieses gesenkten Sollwerts erscheinen nun Temperaturen, die zuvor als angenehm empfunden worden wären, als zu warm. Der Körper ergreift daher alle Maßnahmen, die er normalerweise unternimmt, um sich abzukühlen – die Blutgefäße erweitern sich, eine Rötung tritt auf, und die überschüssige Körperwärme wird durch einen Schweißausbruch freigesetzt. 23 Grad können einer Frau, die im Begriff ist, Wallungen zu bekommen, plötzlich wie 38 Grad erscheinen.

Diese Hitzewallungen und ihr Verlauf sind bei jeder Frau anders. In den meisten Fällen dauern sie etwa zwei oder drei Minuten – manchmal auch weniger als eine Minute. Bei manchen Frauen treten sie vor allem nachts im Schlaf auf; diese Frauen erwachen dann schweißgebadet. Andere leiden darunter überwiegend während des Tages. Sie können auch völlig unvorhersagbar sein. In manchen Fällen treten sie nur einmal wöchentlich, in anderen stündlich oder noch häufiger auf. Wie dem auch sei, nur etwa zehn Prozent der Frauen bezeichnen ihre Hitzewallungen als gravierend – außerordentlich häufig, langandauernd oder chronisch erschöpfend, wenn der Schlaf ständig gestört wird. Bei der großen Mehrzahl der Frauen treten die Wallungen in unregelmäßiger Form auf und sind kein schwerwiegendes Problem. Manche Frauen empfinden sie sogar als ein sinnliches, angenehmes Erlebnis. Tatsächlich werden Hitzewallungen in manchen Kulturen als Anzeichen der Gesundheit gewertet – je mehr, desto besser, meinen beispielsweise die Frauen im Süden von Wales, wie ich gehört habe.

Bei der Mehrzahl der Frauen beginnen die Hitzewallungen etwa ein Jahr vor der letzten Menstruation, in manchen Fällen etwas früher oder später und kehren in der Regel mindestens ein Jahr lang wieder. Bei der

Mehrzahl der Frauen treten sie über einen Zeitraum von fünf oder mehr Jahren, gewöhnlich in den Fünfzigern auf. Manche Frauen berichten über Wallungen noch im Alter von 60 und darüber.

Was ist dagegen zu tun?

Wenn die ersten Hitzewallungen auftreten, kann es sehr nützlich sein, die Zeiten zu notieren, um die für Sie typischen Intervalle festzustellen – falls es solche gibt. Am besten ist ein Kalender mit einer Rubrik für jeden Tag und genügend Raum, um *Tageszeit* und *Dauer* jeder Hitzewallung zu notieren, dann auch, wie sie sich *ausbreitete* und *was sie ausgelöst haben könnte*. Auf diese Weise verstehen Sie nicht nur in kurzer Zeit besser, was geschieht, sondern Sie erlangen auch ein Gefühl stärkerer Kontrolle über dieses Phänomen und, mit zunehmender Kenntnis Ihres Körpers, über die Erfahrung der Menopause insgesamt. Manche Frauen finden heraus, wodurch ihre Wallungen ausgelöst werden, und können daher entsprechende Maßnahmen ergreifen. Bei manchen Frauen scheinen die Wallungen schlimmer zu werden, wenn sie ihnen allzu große Aufmerksamkeit schenken. Falls das auf Sie zutrifft, sollten Sie sich vielleicht eine andere Methode zur Registrierung Ihrer Wallungen überlegen.

Bisher hat sich noch kein für alle Frauen gültiger auslösender Faktor herauskristallisiert. Aber wir haben einige Anhaltspunkte. Negativer Streß sowohl emotionaler als auch körperlicher Art scheint eine Rolle zu spielen. Normale Alltagsbelastungen unseres Körpers können in diesem Stadium, wenn der Körper ein neues hormonelles Gleichgewicht erlangen muß, noch belastender wirken. Sie sollten die folgenden möglichen Auslöser sorgfältig beobachten (diese Streßfaktoren kommen in diesem Buch immer wieder vor, prägen Sie sie sich deshalb gut ein):

Alkohol – wirkt erweiternd auf die Blutgefäße.

Rauchen und *Koffein* in Tee, Kaffee, Colas und Schokolade – beides beeinflußt das Zentralnervensystem und verengt die Blutgefäße.

Schwankungen des Blutzuckers, die durch Konsum von zuviel einfachen Kohlenhydraten und einfachen Zuckerverbindungen einschließlich Alkohol entstehen.

Scharfe, stark gewürzte Lebensmittel einschließlich *Salz* – das nicht nur zu hohem Blutdruck beiträgt, sondern auch die *Flüssigkeitsausscheidung* verlangsamt. Letzteres kann in diesem Stadium der hormonellen

Umstellung Beschwerden verursachen und möglicherweise als Katalysator für Wallungen wirken.

Der *Verlust an Kalium*, der durch starkes Schwitzen infolge häufiger Wallungen eintreten kann, wirkt zwar selbst wahrscheinlich nicht als Auslöser, sollte aber kompensiert werden, indem man Lebensmittel zu sich nimmt, die dieses wichtige Mineral reichlich enthalten, wie Bananen, Orangen, Aprikosen und Rosinen.

Wir wissen, daß Hitzewallungen bei jeder Frau auftreten können, ob sie nun eine aktive oder sitzende Lebensweise führt, ob sie eine Hausfrau oder erwerbstätig ist. Aber wir wissen auch, daß wir eine gewisse Kontrolle über die Entstehung von Wallungen haben und daß wir ihre Wirkung weitgehend mildern können. Ich bin überzeugt, daß richtige Ernährung und körperliche Bewegung für jede Frau überaus wichtig sind. Sie können viel dazu beitragen, Hitzewallungen zu mildern oder gar zu verhindern. Es steht außer Frage, daß wir besser mit ihnen fertig werden, wenn wir fit sind.

Der Ernährungsfaktor

Nehmen wir zunächst die Ernährung. Sie wissen bereits, daß Sie auf Zigaretten, Alkohol, Salz, Zucker und Koffein soweit wie möglich verzichten sollten. Nun einige der Dinge, die Sie Ihrer Kost hinzufügen können.

Vitamin E: Es wurden keine wissenschaftlichen Forschungen über Vitamin E durchgeführt, die die Behauptung seiner Wirksamkeit gegen Hitzewallungen bestätigten oder widerlegten. Aber es gibt genügend Aussagen zu seinen Gunsten sowohl von Ärzten als auch von Frauen, die Vitamin E genommen haben, um dieses Mittel hier als mögliche Abhilfe gegen Wallungen anzuführen. Wie das medizinische Fachblatt *Women's Health '82* berichtet, verringert Vitamin E bei 50 Prozent der Frauen, die an Wallungen leiden, deren Intensität. Wir wissen, daß dieses für die Lebensmitte so wichtige Vitamin wesentlich ist für die Produktion aller Geschlechtshormone und für die Gesundheit starker, flexibler Kapillarwände.

Es ist schwierig, Vitamin E auf natürlichem Wege zu finden, weil ein Großteil davon durch die Verarbeitungsprozesse der Lebensmittelindustrie verlorengeht. In der größten Konzentration ist es in ungemahlenem Getreide, in Nüssen und in *naturbelassenen* pflanzlichen Ölen wie

Mais-, Saflor- und Sojabohnenöl enthalten. Die besten natürlichen Lieferanten sind rohe Weizenkeime und Weizenkeimöl. Angaben über die Dosierung, die von Ärzten manchmal bei Wallungen empfohlen wird, finden Sie in »Mein Ernährungs- und Fitneßprogramm für die besten Jahre«. Falls Sie sich für ein Präparat entscheiden, dann steigern Sie die Dosis allmählich. Ob Sie nun Ihre Vitamin-E-Zufuhr über die Nahrung oder durch ein ergänzendes Präparat steigern, es kann einen Monat oder länger dauern, bevor Sie Resultate bemerken; machen Sie deshalb einen mindestens einige Monate dauernden Versuch.

Selen und *Vitamin C:* Manche Frauen nehmen ein kombiniertes Präparat, das sowohl Vitamin E als auch das lebenswichtige Spurenelement *Selen* enthält, das die Wirksamkeit von Vitamin E steigert. Selen ist ebenfalls zusammen mit Vitamin E in Weizenkeimen und Weizenkeimöl enthalten. Sie können Vitamin E auch mit einem *Vitamin-C*-Präparat nehmen, denn C schützt E vor dem Abbau und steigert seine Wirksamkeit.

Heilkräuter: Heilkräuter und Kräutertee sind unsere ältesten Arzneien, und manche davon werden auch gegen Hitzewallungen angewandt. Wie jede andere Medizin sollten sie jedoch mit Vorsicht benutzt werden. Die beste Faustregel ist immer ein mäßiger Gebrauch.

Die seit Jahrtausenden im Fernen Osten als Tonikum für das allgemeine Wohlbefinden benutzte traditionelle Frauenwurzel *Dong Quai* und ihr männliches Gegenstück *Ginseng* können ebenfalls mildernd auf Hitzewallungen wirken. Diese Heilpflanzen enthalten wahrscheinlich östrogenähnliche Substanzen und sollen besonders wirksam sein, wenn sie zusätzlich zu Vitamin E genommen werden.

Andere Heilkräuter, die sich bewährt haben, sind das Wanzenkraut, die Himbeere, das goldgelbe Kreuzkraut, die Krebswurzel, die Sarsaparillwurzel, das blaue Eisenkraut und Fo-Ti-Tieng. Sie können diese als Tee, allein oder kombiniert, probieren.

Körperliche Bewegung

Als eine Art von »hausgemachtem Östrogen« und Streß-Minderer kann regelmäßig durchgeführtes körperliches Training einen entscheidenden Einfluß auf die Empfindung von Hitzewallungen sowie die anderen Anzeichen der Menopause haben. Fitness-Training regt das gesamte endokrine System an und ruft positive hormonelle Veränderungen hervor.

Im Stadium der Menopause und den Jahren danach sind zwei hormonelle Elemente besonders wichtig. Erstens, wieviel Östrogen wir weiterhin produzieren. Zweitens, wie gut dieses Östrogen vom Gewebe aufgenommen und verwertet wird. Es wird angenommen, daß körperliche Bewegung auf *beide* Prozesse förderlich wirkt – vor, während und nach der Menopause.

Durch regelmäßig betriebene, gründlich körperliche Durcharbeitung erhöht sich der Spiegel des im Blut zirkulierenden Östrogens sowie von Adrenalin, Testosteron und anderen Hormonen. Der genaue Grund dafür ist noch unklar. Es kann sein, daß sich durch Bewegungstraining die Produktion der Hormone erhöht. Es kann aber auch sein, daß die Hormone durch Bewegung anders in die Zellen des Körpers eindringen. Mit anderen Worten: Der höhere Hormonspiegel kann die Folge einer gesteigerten Produktion, einer verminderten Aufnahme durch das Gewebe oder sogar einer reduzierten Ausscheidung der Hormone durch den Urin sein. Aber aus welchem Grund auch immer, jedenfalls zirkuliert nach einem körperlichen Training mehr Östrogen im Blut. Wir fangen eben erst an, die Auswirkungen eines gründlichen Körpertrainings auf das endokrine System verstehen zu lernen. Aber die gute Nachricht ist jedenfalls bisher, daß ein regelmäßiges Training die Geschlechtshormondrüsen – die Eierstöcke und die erstaunlich robusten Nebennieren – topfit erhält.

Unsere Systeme müssen auch imstande sein, die Hormone, nachdem sie produziert wurden, im Körper wirksam werden zu lassen. »Um ihre Wirksamkeit zu entfalten, müssen die Hormone, die der Körper erzeugt, ihre entsprechenden ›Schlüssellöcher‹ finden«, erklärte uns Dr. Estelle Ramey, Endokrinologin an der Medizinischen Fakultät der Georgetown Universität. Hormone müssen wie ein »Schlüssel« zu spezifischen Rezeptoren oder Schlössern passen, die sich an den Zellwänden befinden, um in das Gewebe einzudringen, das sie beeinflussen sollen. Wenn das Gewebe selbst durch sportliche Betätigung gesund erhalten wird, ist es besser imstande, das Östrogen und andere Hormone, die unser Körper erzeugt, aufzunehmen und zu verwerten. All dies kann zur Linderung und in manchen Fällen sogar zur Verhütung der Hitzewallungen und anderer Folgen der Menopause beitragen.

Wenn es kräftig betrieben wird, kann das Bewegungstraining einen *zusätzlichen* Nutzen gerade in bezug auf die Hitzewallungen haben. Man weiß inzwischen, daß körperlich aktive Frauen eine viel größere

Fitness-Training mit Femmy DeLyser, der Leiterin des Fitness-Programms für Schwangerschaft, Geburt und Genesung in meinem Fitness-Center

Toleranz für Hitzestreß haben. Die Physiologin Dr. Barbara Drinkwater von der Universität Washington steht an vorderster Front der Sportforschung, die Frauen in mittlerem und höherem Alter einschließt. Ihren gut dokumentierten Studien zufolge beginnen »aktive Frauen früher zu schwitzen und haben eine stärkere Schweißabsonderung als inaktive. Der Körper ist imstande, sich schneller und wirksamer abzukühlen. Körperliche Aktivität regt unsere Schweißdrüsen an, und dieses Phänomen verringert sich *nicht* mit dem Alter, wie man festgestellt hat.«

Als wir die Menopause-Clinic in San Diego besuchten, eine der ersten einer wachsenden Zahl solcher Kliniken in allen Teilen des Landes, stellten wir fest, daß die Frauen dort dem Schwitzen eine ähnliche Bedeutung beimessen. Sie hatten beobachtet, daß den Frauen, die keine »großen Schwitzerinnen« waren, leicht froren und eine schlechte Zirkulation hatten, die Hitzewallungen die stärksten Beschwerden bereiteten. Wer regelmäßig trainiert, weiß, daß man dank der verbesserten Zirkulation seltener friert, insbesondere an den Händen und Füßen. Man erträgt auch extreme Temperaturen, insbesondere Hitze, leichter, da die Fähigkeit zu schwitzen durch das Bewegungstraining zunimmt. Es kann auch sein, daß uns Hitzewallungen einfach weniger stören, je mehr wir es gewöhnt sind, bei unserer sportlichen Betätigung ordentlich zu schwitzen – was überaus angenehm sein kann und reinigend auf den Körper wirkt.

Vernünftige Methoden der Abkühlung

1. **Kämpfen Sie nicht dagegen an.** Schweiß kann man sich nicht ausreden. Hitzewallungen sind natürlich und ungefährlich. Sie sind ein Zeichen dafür, daß Ihr Körper seine Aufgaben erfüllt und sich an neue innere Bedingungen anpaßt. Geraten Sie nicht in Panik, sondern lassen Sie die Wallungen einfach vorübergehen. Je früher Sie sich damit abfinden, desto eher schaffen Sie das Problem aus der Welt.

2. **Planen Sie Ihre Garderobe neu.** Eine Zeitlang können die Veränderungen Ihres Körpers eine veränderte Garderobe erfordern. Tragen Sie Stoffe wie Baumwolle, die Ihre Haut atmen lassen, und vermeiden Sie nichtatmende Kunstfasern und kuschelige, aber schweißtreibende Wolle. Tragen Sie keine langen Ärmel und hochgeschlossenen Ober-

teile. Faustregel für die Garderobe in den Wechseljahren: leichte, lose und mehrere Kleidungsstücke übereinander.

3. Planen Sie für die Nacht. Falls Sie während des Schlafs Hitzewallungen haben, sollten Sie mehrere Decken übereinander verwenden, die Sie warmhalten, die aber nötigenfalls eine nach der anderen zurückgeschlagen werden können, um die Temperatur zu senken. Vielleicht empfiehlt es sich, auf einem Badetuch zu schlafen. Falls Sie einen Partner haben, probieren Sie es in den Herbst- und Wintermonaten mit einer elektrischen Heizdecke mit getrennten Schaltungen. Falls Sie gut zugedeckt sind, können Sie sich das ganze Jahr mit einem Minimum an Nachtwäsche begnügen. Sorgen Sie dafür, immer ein frisches, warmes Nachthemd oder einen Pyjama griffbereit zu haben, für den Fall, daß Sie nachts schwitzen und danach wie üblich frösteln.

4. Trinken Sie Wasser. Ein Glas kaltes Wasser kann helfen und ist immer gut für Sie. Vielleicht machen Sie es sich zur Gewohnheit, stets eine Thermosflasche mit eisgekühltem Wasser zur Hand zu haben. Falls verfügbar, sind kühle Duschen und Schwimmen die beste Abkühlung für fliegende Hitzen.

5. Reden Sie darüber. Sich heimlich mit den Hitzen abzuquälen, könnte falsch sein. Spontan oder in einem passenden Moment darüber zu reden, kann erleichternd wirken.

6. Entspannen Sie sich, und behalten Sie einen kühlen Kopf. Suchen Sie sich ein Plätzchen, wo Sie ruhig sitzen oder liegen können. Konzentrieren Sie sich auf tiefe Atmung, atmen Sie langsam ein und aus, und entspannen Sie dabei Ihren ganzen Körper. Spüren Sie, wie alle Spannungen von Ihnen weichen. Sobald Sie gelöst sind, denken Sie an eine kalte, schneebedeckte Landschaft, einen schattigen Waldweg oder was auch immer Ihre Lieblingsvorstellung von kühler Frische sein mag.

7. Achten Sie auf die Zimmertemperatur. Wenn Sie dadurch nicht mit anderen Mitgliedern Ihres Haushalts in Konflikt geraten, versuchen Sie die Zimmertemperaturen zu Hause niedrigzuhalten, etwa bei 18 Grad. Gönnen Sie sich frische Luft, so oft Sie können. Nutzen Sie

Fenster, Ventilatoren und Klimaanlagen. Meiden Sie Hitze, wenn es irgendwie geht. (Achten Sie andererseits darauf, sich nicht zu erkälten.)

8. Ignorieren Sie sie.

9. ... und denken Sie daran: Das mit den Wallungen verbundene Erröten, bei dem Sie das Gefühl haben, wie eine Tomate auszusehen, ist für andere kaum sichtbar.

KAPITEL 10

Sexuelle Veränderungen

Nach der Menopause vollzieht sich in unseren Geschlechtsorganen eine Reihe physischer Veränderungen infolge der neuen hormonellen Bedingungen sowie des Alterungsprozesses im allgemeinen. Keine dieser Veränderungen braucht jedoch an unserem Status als Geschlechtswesen etwas zu ändern. Wir überqueren keinen natürlichen Rubicon in der Lebensmitte, der Männer und Frauen in irgendeiner Weise von ihrer eigenen Sexualität oder voneinander trennt. Sexuelle Probleme, die in diesen Jahren auftreten, sind weniger häufig körperlichen Ursprungs als das Resultat einschränkender sozialer Haltungen, des Fehlens eines Sexualpartners oder mangelnden Wissens über unseren Körper.

In den Jahren der Menopause hat unsere verringerte Produktion an Östrogen subtile Veränderungen in den Fortpflanzungsorganen zur Folge – wie subtil, hängt weitgehend von der genetischen Veranlagung, guter Gesundheit und dem allgemeinen Zustand unserer körperlichen und sexuellen Fitneß ab. Die Veränderungen vollziehen sich allmählich und bei jeder Frau anders. Insgesamt nimmt die Größe sowohl der inneren als auch der äußeren Geschlechtsorgane – Scheide, Gebärmutter und Eierstöcke sowie innere und äußere Schamlippen und Klitoris – geringfügig ab, obwohl sich die Reizempfindlichkeit der Klitoris nicht vermindert. Die Farbe des äußeren Scheidengewebes wird in den späteren Jahren allmählich heller, von Himbeerrot bis Rosa, und das Schamhaar kann schütterer werden. Es kann länger dauern, bis die Vagina bei sexueller Betätigung gleitfähig wird, und die Scheidenmembran kann insgesamt glatter, dünner, weniger feucht und weniger elastisch werden.

Diese vaginalen Veränderungen bleiben manchmal unbemerkt, wenn kein Jucken oder Brennen auftritt oder der Koitus unangenehm oder sogar schmerzhaft wird, insbesondere, wenn sich beide Partner nicht die nötige Zeit genommen haben, um eine vollständige Gleitfähigkeit herzustellen. Es kann auch zu leichten Blutungen kommen, wenn die Scheidenwände zu dünn geworden sind. Bevor sich solche äußeren Anzeichen zeigen, ist es jedoch möglich, interne vaginale Veränderungen optisch und durch Betasten festzustellen, wenn Sie sich selbst regelmäßig gynäkologisch untersuchen oder von einem Arzt untersuchen lassen.

Nach der Menopause besteht auch eine größere Neigung zu Scheiden- und Harnröhreninfektionen. Die veränderten äußeren Schamlippen bieten weniger Schutz für die Vagina sowie für die Harnröhre, die zur Blase führt. Außerdem kann der Säurespiegel der Vagina gestört sein. Ein leicht säurehaltiges Umfeld verhindert die Ausbreitung störender Bakterien und anderer Mikroorganismen. Ein zuckerhaltiges, basisches Substrat ist dagegen der ideale Nährboden für Infektionen. Die Zellen der Scheidenwand speichern normalerweise Zucker in Form von Glykogen, aber die an Zucker und verfeinerten Kohlenhydraten reiche Durchschnittskost kann uns ein basisches Übergewicht bescheren.

Schließlich können auch die Bauchmuskeln, die die Vagina und die sie umgebenden Organe halten und stützen, schlaff werden. Diese Muskeln sind sowohl hormonempfindlich als auch inaktivitätsempfindlich. Dieser Spannungsverlust der Muskeln ist auch eine Folge von Schwangerschaften. Eines der häufigsten Resultate des Verlusts an Bauchmuskeltonus ist der gelegentliche unkontrollierte Abgang von etwas Urin. Diese sogenannte Blasen- oder Druckinkontinenz wird durch die Entspannung der Muskeln um den Blasenausgang verursacht. Manche Frauen haben dies vielleicht schon während oder nach der Schwangerschaft erlebt. Bereits die Hälfte aller Frauen in mittlerem oder höherem Alter leidet heute an Blaseninkontinenz, am häufigsten beim Husten, Niesen, Heben oder Lachen, und diese ist bei Frauen doppelt so häufig wie bei Männern. Aber eine solche Inkontinenz ist nicht unvermeidlich, obwohl die Harnröhre mit zunehmendem Alter ebenso wie die Vagina dünner wird. Richtiges Konditionstraining, von dem später in diesem Abschnitt die Rede sein wird, ist eine wirksame Vorbeugung. Ein anderes, weniger häufiges, aber auch weit weniger korrigierbares Problem tritt ein, wenn die Bauchmuskeln so schwach werden, daß die Harnröhre, die Blase oder der Mastdarm vorfallen, das heißt, in den Scheidenraum verrutschen. Auch die Gebärmutter kann absinken. Starke, guttrainierte Muskeln können das verhindern helfen.

All diese Veränderungen liegen im Bereich des Möglichen. Wie wahrscheinlich sie sind und wann sie eintreten, ist weniger genau bekannt als die Fakten über Hitzewallungen. Frauen zögern, über diese körperlichen Veränderungen zu sprechen und sind sich vielleicht auch des Zusammenhangs mit der Menopause nicht bewußt. Wir wissen nur, daß diese Veränderungen des Unterleibs irgendwann in den zehn Jahren nach der letzten Menstruation und frühestens im ersten Jahr danach beginnen können. Etwa 25 bis 30 Prozent der Frauen leiden an Beschwerden, bedingt durch die dünner werdenden Scheidenwände. Wir sollten noch mehr darüber in Erfahrung bringen, welche Unterschiede zwischen sexuell aktiven und sexuell inaktiven Frauen bestehen. Die Fachleute neigen heute zu der Annahme, daß sexuelle Aktivität im weitesten Sinne dazu beitragen kann, den normalen, aber modifizierbaren sexuellen Alterungsprozeß bedeutend zu verlangsamen oder sogar hinauszuschieben.

Haben Männer eine Menopause?

Und was ist mit den Männern? Finden in ihrem Körper entsprechende Veränderungen statt? Gibt es eine »männliche Menopause«?

Bei Männern von »Menopause« zu sprechen ist insofern Unsinn, als sie nichts haben, was unserem Menstruationszyklus vergleichbar wäre und in ihren mittleren Jahren keine abrupte hormonelle Umstellung erfolgt. Aber im übertragenen Sinn ist es durchaus berechtigt. Ebenso wie Frauen haben auch Männer in der Lebensmitte ein neues Gefühl von Stärke, aber auch von Verwundbarkeit, in vielen Bereichen ihres Lebens, einschließlich des physischen. Sie machen einen sexuellen Alterungsprozeß durch, der ähnlich wie der unsere verläuft und manchmal als »Andropause« bezeichnet wird.

In den mittleren und späteren Jahren können die Bauchmuskeln des Mannes ihre Spannkraft verlieren. Ebenso wie die Eierstöcke verringern auch die Hoden ihre Größe und werden schlaffer, und die Samenleiter, die das Sperma aus den Hoden transportieren, verengen sich. Bis vor kurzem wurde angenommen, daß bei Männern nach den Zwanzigern die Produktion von Testosteron in den Hoden langsam und sehr allmählich abzunehmen beginnt. Männer haben über Harnunregelmäßigkeiten, Flüssigkeitsretention und (wenn auch recht selten) sogar Hitzewallungen berichtet – lauter Dinge, die die Folge einer solchen hormonellen Veränderung sein könnten. Aber das von der NIA durchgeführte größte

165

Altersforschungsprojekt in den USA hat keine Veränderungen des Geschlechtshormonspiegels der Männer ergeben, die seit fast drei Jahrzehnten studiert wurden – auch nicht in ihren späteren Jahren. Das könnte bedeuten, daß eine Testosteronabnahme bei Männern nicht unvermeidlich ist. Es werden daher weitere Forschungen nötig sein, um diese neu aufgetauchte Frage zu beantworten. Männer weisen allerdings ebenso wie wir einen steigenden Anteil an den Hypophysenhormonen auf, obwohl diese ihren Höhepunkt ein Jahrzehnt später – in ihren Sechzigern – erreichen.

Was die sexuelle Aktivität betrifft, so vollzieht sich bei den Männern eine allmähliche Verlangsamung des Erregungsprozesses. Sie brauchen länger, um zum Orgasmus zu kommen, und die Intervalle zwischen den Orgasmen vergrößern sich im Gegensatz zu den Frauen, deren Fähigkeit, wiederholt zum Orgasmus zu kommen, mit dem Alter zuzunehmen scheint (!). Wenn Männer diese Veränderungen im Rhythmus nicht verstehen oder erwarten, kann sich eine enorme Angst hinsichtlich ihrer sexuellen »Leistungsfähigkeit« und eine Furcht vor Impotenz einstellen. Aber in Wirklichkeit birgt diese Verlangsamung die wundervolle Möglichkeit einer erfüllteren, weil besser übereinstimmenden sexuellen Beziehung zu Frauen. Sowohl Männer als auch Frauen brauchen gewöhnlich mehr Zeit für Sex in allen seinen Phasen, und das bedeutet mehr Zeit für ein zärtliches und einfallsreiches Liebesspiel. So wie die Frau länger brauchen kann, um feucht und gleitfähig zu werden, kann es beim Mann länger dauern, bis er eine Erektion bekommt. Es kann größerer Reize und abwechslungsreicher Berührungen bedürfen, um Erregung auszulösen. Die Erektion kann länger gehalten werden, und das Bedürfnis, bei jeder sexuellen Erfahrung einen Orgasmus zu erreichen, ist geringer. Das *Spiel* als solches kann wichtiger werden als sein *Ausgang*, und es bleibt mehr Raum für die Entstehung emotionaler Intimität. Wenn es zum Orgasmus kommt, geht die Erektion schneller zurück, die Ejakulation hat ein geringeres Volumen und erfolgt mit schwächerem Druck, und im Laufe der Zeit sind weniger Spermien vorhanden und noch weniger, die imstande sind, ein Ei zu befruchten – obwohl die meisten Männer ihr ganzes Leben lang fortpflanzungsfähig bleiben. Keine dieser Veränderungen braucht ein Nachlassen des sinnlichen Genusses oder der sexuellen Befriedigung zu bedeuten.

Männer haben in diesen Jahren zwei potentielle gesundheitliche Probleme, über die wir etwas wissen sollten. Das häufigste ist eine Vergrößerung der Prostata (Vorsteherdrüse), die die Harnröhre umgibt und etwa ein Drittel der Flüssigkeit des Ejakulats liefert. Dies kann sowohl die Leichtigkeit bzw. Kraft der Ejakulation als auch die Harnausscheidung beeinträchtigen. Davon sind 85 Prozent der Männer über dem 50. Lebensjahr betroffen, und dies gilt inzwischen als normaler Bestandteil des Alterungsprozesses. In viel späteren Jahren kann bei zehn Prozent ein operativer Eingriff nötig werden. (Prostatakrebs ist weniger häufig, aber das Risiko erhöht sich nach fünfzig. Unter der Krebssterblichkeit bei Männern rangiert er an dritter Stelle.)

Impotenz, die Unfähigkeit, eine Erektion zu bekommen oder aufrechtzuerhalten, ist die zweite potentielle Schwierigkeit, wobei es sich weit eher um eine Furcht als um eine Realität handelt. Obwohl die Hälfte aller Männer darüber klagt, gehört Impotenz nach Aussage vieler Ärzte und Sexualtherapeuten zu den sexuellen Problemen, die am leichtesten zu lösen sind. Impotenz organischen Ursprungs tritt nur bei einem kleinen Prozentsatz der Männer auf, möglicherweise aufgrund einer Erkrankung, wie z. B. Diabetes. Bei der großen Mehrzahl aller Männer in mittleren Jahren liegen psychische Ursachen vor, die mit mangelndem Verständnis oder ungenügender Vorbereitung auf die körperlichen Veränderungen zusammenhängen oder das Ergebnis bereits länger bestehender Versagensängste sind.

Eine Frau für alle Jahreszeiten

»Ich bin 60 Jahre alt, und man sagt, daß man nie zu alt ist, um Sex genießen zu können. Ich kann das bestätigen, denn ich fragte einmal meine Großmama, wann man aufhört, Spaß daran zu haben, und damals war sie achtzig. Sie antwortete: ›Kind, da mußt du jemanden fragen, der älter ist als ich.‹«

Hilda D.

Was ist das Schicksal der weiblichen Libido inmitten dieser möglichen physiologischen Veränderungen? Bedeutet die Abnahme des primären Geschlechtshormons auch ein Nachlassen des sexuellen Verlangens?

Rein physisch gesehen sollte das sexuelle Verlangen einer Frau im Klimakterium *zunehmen*. Das Hormon, das am unmittelbarsten mit dem sexuellen Verlangen zusammenhängt, ist nicht Östrogen, sondern

Testosteron. Die Produktion von Testosteron durch unsere Nebennieren wird durch das Klimakterium praktisch nicht betroffen. Nach dem Wechsel nimmt es bei der Frau neben dem nun geringeren Anteil an Östrogen eine neue, beherrschende Stellung ein. Und tatsächlich deuten immer mehr Anzeichen darauf hin, daß bei den meisten Frauen das Interesse und Vergnügen an Sex und die Orgasmusfähigkeit *zunehmen*. Tatsächlich scheint bei vielen Frauen der Appetit auf Sex und die Fähigkeit, ihn zu genießen, bis in die mittleren Jahre ständig anzusteigen und sich von da an unverändert zu erhalten. Das räumt natürlich mit der alten Auffassung auf, daß die Sexualität bei der reifen Frau irgendwie verschwindet. Menschen aller Altersstufen beginnen das Faktum anzuerkennen, daß Sexualität nicht bloß das persönliche Reservat der Jugend ist – »ein Märchen, das von unseren erwachsenen Kindern verbreitet wird, die eine unbefleckte Vorstellung von ihrer eigenen Zeugung haben«, sagt Maggie Kuhn, Begründerin der Grauen Panther.

Die ganze Konstellation der Faktoren trägt zu der erhöhten sexuellen Reaktionsfähigkeit einer reifen Frau bei. Sexuelle Konflikte können gelöst sein oder doch beinahe, und alte Hemmungen abgelegt, die unsere Sinnlichkeit einschränkten. Energien, die früher von den Kindern in Anspruch genommen wurden, stehen jetzt eher für die Eröffnung, Erneuerung oder Vertiefung einer intimen Beziehung zu einem Partner zur Verfügung. Eine reife Frau neigt eher dazu, Sex und Liebe in allen ihren Dimensionen größere Priorität einzuräumen.

Aber Begierde ist nicht statisch. Sie schwankt von Tag zu Tag. Sie kann in verschiedenen Zeiten des Lebens kommen und gehen. Viele Frauen wählen zu bestimmten Zeiten ihres Lebens die sexuelle Enthaltsamkeit. Häufiger werden wir jedoch sexuell inaktiv, weil andere Probleme dazwischengekommen sind, die gelöst werden müssen – ein Sexualleben, das zur Routine geworden ist, kann uns langweilen und unsere Erwartungen verringern, oder wir können im Zusammenhang mit dem Älterwerden Schwierigkeiten mit unserem Selbstbild haben. Die Belastungen finanzieller Sorgen, die zeitlichen Anforderungen der Arbeit, chronische Depressionen, die Furcht, in der neuen »sexuellen Olympiade« nicht zu bestehen, und zuviel Essen oder Trinken können unser sexuelles Verlangen ebenfalls beeinträchtigen. Alkohol hat ebenso wie bestimmte Psychopharmaka eine ambivalente Wirkung auf die sexuellen Reaktionen – er kann erregend oder dämpfend wirken –, aber über längere Zeit hat er eine negative Wirkung. Verbreitete dämpfende Medikamente wie Tranquilizer, Mittel gegen Bluthochdruck und Antihistamine gegen Allergien vermindern ebenfalls das sexuelle Verlangen bzw. die Reaktionsbereitschaft.

Der wichtigste Faktor für die Erhaltung des sexuellen Verlangens ist regelmäßige sexuelle Aktivität. Je sexuell aktiver eine Frau ist, desto eher wird sie ihre sexuelle Fitness behalten. Die Verfügbarkeit von Partnern ist natürlich ein wichtiges Thema für Frauen in den mittleren Jahren und noch mehr in höherem Alter, wenn es noch weniger Männer als Frauen gibt. In den mittleren Jahren werden Männer aus einer Reihe komplexer Gründe weniger ansprechbar. Masters & Johnson zufolge neigen beispielsweise Männer aufgrund der Probleme, die sie in diesem Stadium oftmals haben, insbesondere der Furcht vor dem Alter und dem Verlust der sexuellen Vitalität, häufig dazu, diese negativ auf ihre Altersgenossinnen zu projizieren. Als Ausweg wenden sie sich jüngeren Frauen zu, und die kulturellen Leitbilder um uns herum haben dieses Verhaltensmuster in der Regel noch unterstützt. Frauen, die einen Sexualpartner wollen, sollten diese Entscheidung bewußt treffen, ihre Freunde davon in Kenntnis setzen und generell ihr Bestes tun, um neue Kontakte zu knüpfen.

Das Vergnügen, das uns sexuelle Aktivität bereitet, trägt zu einem erfüllten Leben bei. Die physische Stimulierung hält uns in bestmöglichem Zustand für ein so aktives Sexualleben, wie wir es uns wünschen mögen – ebenso wie die richtige Art regelmäßiger körperlicher Bewegung.

Sexuelle Fitness

Die meisten Frauen sind sich des Muskels tief im Inneren der Bauchhöhle nicht bewußt, geschweige denn der Notwendigkeit, ihn zu trainieren.

Der Pubococcygeus (sprich Pubo-coxi-ge-us) oder PC-Muskel ist ein breiter Gewebestrang, der sich wie eine festgespannte Hängematte vom vorderen Schambein zum hinteren Steißbein erstreckt. Manchmal als »Liebesmuskel« bezeichnet, stützt er alle Organe des Bauches und schließt die Muskeln der Vagina mit ein. Und ebenso wie jede andere Muskelgruppe muß auch diese ständig gekräftigt werden.

Wenn wir diesen Muskel nicht trainieren, wird er wie jeder andere schlaff und beginnt schließlich zu atrophieren. Mangelnde PC-Muskelspannung kann Harninkontinenz zur Folge haben. Es kann auch ein

Nachlassen der Sensitivität in der Vagina bedeuten und damit eine Abnahme der sexuellen Lustempfindungen. Verminderte Empfindungen können auch die Folge sein, wenn der PC-Muskel in chronisch angespanntem Zustand gehalten wird. Sowohl schlaffe als auch verspannte Muskeln können starke aktive Beckenbewegungen hemmen und den Fluß körperlicher und sogar emotionaler Empfindungen blockieren, die eine gesunde Erotik ausmachen.

All dem können wir durch ein regelmäßiges Training des PC-Muskels entgegenwirken. Durch dieses Konditionstraining wird die gesamte Beckenregion kräftiger, geschmeidiger und weniger verspannt. Dies gestattet eine stärkere Blutzufuhr zu den Genitalien, die so wichtig für den Orgasmus ist. Die Muskeln selbst werden gesund und spannkräftig, so daß Sie eine gesunde Vagina und mehr Vergnügen an Sex haben werden, die Beckenorgane nicht verrutschen können und Sie keine Harninkontinenz zu befürchten haben. Es bedeutet auch eine verbesserte Haltung und ein kräftigeres Kreuz.

Beim Koitus wird der PC-Muskel auf natürliche Weise trainiert. Es gibt auch spezielle Übungen, um diesen Muskel in ähnlicher Weise zu kräftigen. In den vierziger Jahren entwickelte der Arzt Arnold Kegel eine Reihe von Übungen als nichtchirurgische Alternative für Harninkontinenz. Diese haben sich als Mittel gegen den unerwünschten Harnabgang bewährt – und darüber hinaus haben Frauen berichtet, daß sie nach diesem Muskeltraining zum ersten Mal einen Orgasmus erlebten!

Bei den Kegel-Übungen, wie sie heute genannt werden, geht es darum, den PC-Muskel konzentriert zusammenzuziehen und zu entspannen, was erreicht wird, indem Sie Ihre Vagina anspannen, als ob Sie einen Harnstrom stoppen wollten. Bei gutem Muskeltonus und entsprechender Muskelkontrolle wird es Ihnen möglich sein, ihren Harnfluß nach Wunsch zu starten und zu stoppen. Wenn Sie einen Finger in ihre Scheide einführen, um sich zu testen, dann werden Sie spüren, wie sich die Muskeln zusammenziehen.

Die PC-Übungen

Um die Spannkraft Ihres PC-Muskels zu verbessern, ziehen Sie den Muskel täglich 200mal in langsamen und in schnellen Bewegungen zusammen und entspannen ihn wieder.

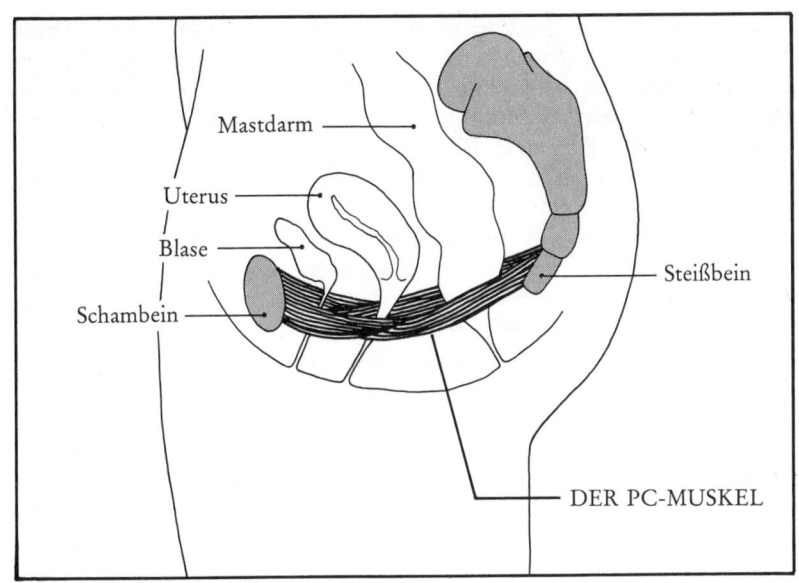

Mastdarm

Uterus

Blase

Schambein

Steißbein

DER PC-MUSKEL

1. Langsames Anspannen
Spannen Sie den Muskel zehn Sekunden lang an und entspannen Sie ihn dann ebenfalls zehn Sekunden. Machen Sie das 10mal. (Beginnen Sie, wenn Sie können, mit drei Sekunden, und steigern Sie allmählich auf 10 Sekunden. Vergewissern Sie sich, daß der Muskel gleich lang entspannt wie angespannt wird.)

2. Rasches Anspannen
Anspannung und Entspannung des PC-Muskels folgen so rasch wie möglich aufeinander. Machen Sie das zwei Minuten lang. (Beginnen Sie mit so vielen Sekunden, wie Sie können, und steigern Sie sich allmählich auf zwei Minuten.)

3. Stellen Sie sich einen Tagesplan auf
Machen Sie sich einen Tagesplan, der am günstigsten für Sie ist und der gewährleistet, daß Sie den Muskel am Ende des Tages insgesamt 200mal angespannt haben.

4. Atmen Sie während der Übungen normal weiter.

Die PC-Übungen können jederzeit spontan gemacht werden – beim Autofahren, Fernsehen, an Ihrem Schreibtisch oder wenn Sie sich im Bett entspannen. Manche Frauen machen ihre »Kegels« fünfmal täglich beim Wasserlassen (außer frühmorgens, wenn die Blase am vollsten ist). Die regelmäßigen Abstände der Blasenentleerung sind geeignet, uns an das Muskeltraining zu erinnern. Man spürt wirklich, wie der Muskel funktioniert, wenn man den Harnfluß aus eigener Kraft startet und stoppt; ob Sie diese Methode benutzen oder nicht, die Vorstellung davon hilft einem, sich mit dem Muskel zu identifizieren und damit zu arbeiten. Sie können sich auch vorstellen, daß Sie die Enden dieses Muskelstrangs beim Anspannen einander annähern, d. h. den Anus näher an die Harnröhre heranziehen, oder Sie können sich vorstellen, Luft in die Vagina einzusaugen.*

Es ist wichtig, langsam zu beginnen, aber die Übungen regelmäßig zu machen. In kurzer Zeit werden Sie spüren, um wieviel besser es Ihnen gelingt, den Muskel bei den Übungen zu identifizieren und zu kontrollieren. Insgesamt nehmen die Übungen sehr wenig Zeit in Anspruch, und Sie werden bei den raschen Kontraktionen bald schneller werden.

Das neue Trainingsprogramm für die Besten Jahre schließt die Kegel-Übungen ein. Dieses Programm bezieht auch den *gesamten übrigen Körper* mit ein, was für eine gesunde Sexualität gleichermaßen wichtig ist. Je stärker Ihre allgemeine Muskulatur, je geschmeidiger Ihre Gelenke und je mehr aerobische Spannkraft Sie haben, desto besser werden Ihre sexuellen Erfahrungen sein.

Andere Hilfen

Die isometrischen Kegel-Übungen verbessern die Blutzufuhr des Vaginalgewebes, machen die Wände dicker und feuchter und verbessern die Gleitfähigkeit. Wenn Sie beim Liebesakt die Gleitfähigkeit Ihrer Vagina erhöhen wollen, können Sie auf eine Vielzahl empfehlenswerter Produkte zurückgreifen. Pflanzen- und Fruchtöle bewähren sich am besten. Probieren Sie Kokosnuß-, Aprikosenkern-, Saflor-, ja selbst Babyöl. Die verschiedensten *Körper- und Massageöle* mit und ohne Geschmackszusätze, die sich angenehm anfühlen und mit Duftstoffen oder geruchlos

---

* Fragen Sie Ihren Arzt nach einem Widerstand leistenden Gerät, das Ihnen beim PC-Muskeltraining helfen kann.

erhältlich sind, eigenen sich ebenfalls als vaginale Gleitmittel. Meiden Sie Öle, die Alkohol enthalten, was die Schleimhäute der Vagina irritieren kann, sowie Lotionen oder Cremes, die von der Haut zu rasch absorbiert werden, und wasserunlösliche Vaseline oder Petrolat, das ebenfalls irritieren und Infektionen auslösen kann. *Vitamin-E-Öl*, das Sie einer Vitamin-E-Kapsel entnehmen können, übt eine gute, heilende Wirkung auf das empfindliche Vaginalgewebe aus, das beim Sexualakt gelitten haben kann, und schützt vor Trockenheit. Und sorgen Sie dafür, daß Sie mit Ihrer Kost genügend Vitamin A, Vitamin E und das Mineral Zink zu sich nehmen – alle drei sind wichtig für die Gesunderhaltung des Scheidengewebes.

Auch die Einnahme von Östrogen kann sich sehr günstig auf die Gesundheit der Vagina auswirken. Ich werde auf die Vor- und Nachteile der Östrogentherapie später eingehen, im Augenblick möchte ich einige Bemerkungen über *Östrogencreme* machen, die Form, die am häufigsten gegen Vaginalprobleme benutzt wird. Erstens, Östrogencreme ist kein Gleitmittel für den Koitus. Es dringt durch die Haut in den Blutkreislauf ein und sollte beim Liebesakt nicht verwendet werden, da es sowohl von Ihrem Partner als auch von Ihnen selbst absorbiert werden kann. Dies ist eine therapeutische Creme, die Sie nach den Empfehlungen Ihres Arztes verwenden sollten. Um wirksam zu werden, muß sie mehrere Stunden ungestört in der Vagina bleiben. Häufig genügen auch die winzigsten Mengen zur Behebung vaginaler Trockenheit. »Es gibt Grund zur Annahme, daß die vom Hersteller empfohlene Dosis zu groß ist«, schreibt Dr. Barbara Edelstein in *The Woman Doctor's Medical Guide for Women*. »Die Ärzte könnten ein Fünftel bis ein Zehntel der empfohlenen Menge mit ausgezeichneten Resultaten verschreiben.« Frauen, die Östrogencreme benutzen, sollten daher mit ihren Ärzten über die geringstmögliche Dosis sprechen, die Resultate zeitigt.

Bei Harnweg- und Scheideninfektionen gibt es mehrere natürliche Lösungen. Im Falle einer Harnweginfektion kann man die Bakterien aus der Blase und Harnröhre spülen, indem man große Mengen *Wasser* trinkt. Den Säuregehalt kann man wiederherstellen, indem man große Mengen *Preiselbeersaft* trinkt. Scheideninfektionen werden von vielen Frauen erfolgreich mit *Joghurt* behandelt. Gewöhnlicher Joghurt (Lactobacillus acidophilus) eignet sich am besten. Sie können ein oder zwei Eßlöffel in dem warmen Wasser einer Vaginalspülung auflösen oder mehrere Teelöffel Joghurt mit Hilfe eines Applikators für vaginale Medikation, einem Schaumapplikator oder einer Tamponhülse einführen und dann einige Minuten in der Vagina einwirken lassen. Es empfiehlt sich, danach einige Stunden lang eine Minibinde zu tragen, um Flecken auf der Wäsche zu vermeiden.

Diese Maßnahmen reichen oft aus, um mit Infektionen fertigzuwerden. Wenn nicht, sollten Sie einen Arzt zu Rate ziehen. Er kann *Antibiotika* verschreiben, die bedauerlicherweise sowohl günstige als auch ungünstige Wirkungen haben. Sie räumen nämlich nicht nur mit den Übeltätern auf, sondern töten gleichzeitig auch die nützlichen Bakterien in der Vagina, die Lactobacilli, die den Säuregehalt der Scheidenwände sichern. Oft sind Hefepilzinfektionen die Folge. Falls Sie bei der Einnahme von Antibiotika speziell zu solchen Pilzinfektionen neigen, dann behandeln Sie sich örtlich mit Joghurt, solange Sie die Medikamente nehmen. Joghurt zu essen empfiehlt sich ebenfalls.

Zur Verhütung von Harnweginfektionen ist es günstig, die Blase unmittelbar vor und nach dem Koitus zu entleeren, damit keine Bakterien in die Harnröhre eindringen. Um sich sowohl vor Harnweg- als auch vor Scheideninfektionen zu schützen, ist auch die richtige Kleidung wichtig. In einem heißen, feuchten Milieu gedeihen Infektionen, es kommt also darauf an, sich so kühl und trocken wie möglich zu halten. Tragen Sie immer saubere Baumwollunterwäsche oder Höschen mit einem Baumwollzwickel. Es gibt auch Strumpfhosen mit Baumwollzwickel. Sorgen Sie dafür, daß ihre Höschen, Strumpfhosen und langen Hosen lose genug sind, daß das Vaginal- und Harnröhrengewebe atmen kann.

Alles, was ich über die Vorzüge sexueller Aktivität und spezieller Übungen gesagt habe, sowie die eben erwähnten Empfehlungen werden Ihnen, wie ich hoffe, vor Augen führen, daß wir eine ganze Menge tun können, um uns unsere sexuelle Gesundheit und Vitalität zu erhalten.

KAPITEL 11

Depression

Irgendwann in meinen mittleren Jahren begann ich mich unerwartet anders zu fühlen – meine Stimmungen schwankten; nachdem ich mich eben noch gut gefühlt hatte, stürzte ich im nächsten Augenblick in ein tiefes Loch. Ich war gereizt, schlief schlecht und schien mein Denkvermögen einzubüßen (eines Tages fiel mir nicht mehr ein, wie ich die Fenster für neue Vorhänge zu vermessen hatte). Diese zunehmende Depression war eine neue Erfahrung für mich. Fast ein Jahr lang suchte ich sie zu verdrängen, überzeugt, damit ebenso fertigzuwerden, wie ich alle übrigen Krisenperioden meines Lebens bewältigt hatte. Mein Gynäkologe tätschelte mich wie ein kleines Mädchen und sagte: »Auch das wird vorübergehen. Das ist bloß die Menopause.« Er verschrieb mir 1,25 mg Östrogen täglich. Eines Morgens wollte ich einfach das Bett nicht verlassen. Ich konnte keinen Grund mehr sehen, weiterzuleben. Ich hatte das Gefühl, daß mein Leben keinen Sinn habe, und war überzeugt, von der Welt und meiner Familie nicht mehr gebraucht zu werden. Es gab eine Reihe sozialer Gründe für diese Depression. Ich hatte sieben Kinder (von denen drei bereits das Haus verlassen hatten), und es war abzusehen, daß sie in wenigen Jahren alle fortgehen und mich ohne klar umrissene Rolle zurücklassen würden. Mein Mann und ich waren eben aus der Kirche ausgetreten, die fast 45 Jahre lang das Fundament unseres Lebens gebildet hatte. Aber wichtiger als all diese Entwicklungen scheint mir zu sein, daß ich offenbar zu den 20 Prozent aller Frauen zähle, die einen drastischen und plötzlichen Abfall ihres Östrogenspiegels erleiden. Damals war es schwierig für mich zu verstehen, was mit mir vorging. Ich war eine moderne, emanzipierte, aktive Frau, die es sich nie hätte träumen lassen, daß die Menopause eine schwierige Zeit sein könnte. Die wenige zu diesem Thema erhältliche Literatur und mein Arzt vertraten die Auffassung, daß nur neurotische, unerfüllte Frauen Probleme mit dem Klimakterium hätten und daß meine Symptome rein psychosomatisch seien. Jetzt weiß ich, daß die meisten Belastungen dieser Periode, die die schlimmste Zeit meines Lebens war, hätten vermieden werden können, wenn ich mehr über die Menopause gewußt und Unterstützung durch andere Frauen erhalten hätte. Ich glaubte, als einzige an diesen traumatischen Symptomen zu leiden.

Claudia, 56 Jahre
»Growing Older, Getting Better«

Der wahrscheinlich am wenigsten verstandene Aspekt der Menopause ist ihre psychologische Dimension. Von den Hormonen Östrogen und Progesteron weiß man, daß sie sich auf unsere Stimmungen auswirken und indirekt auch unser Nervensystem beeinflussen. So weiß man beispielsweise vom Gehirn, daß es Zellen enthält, die auf Östrogen ansprechen. Wenn diese körpereigene Substanz im Klimakterium abrupt abnimmt, ist es nicht überraschend, daß bei manchen Frauen neben den Hitzewallungen und der Veränderung der Geschlechtsorgane bestimmte psychische Wirkungen eintreten. Man erinnere sich daran, daß unser Körper seit der Pubertät an die regelmäßige Wiederkehr *hoher* Östrogen- und Progesteronspiegel gewöhnt war.

Das soll nicht heißen, daß die Wechseljahre schließlich doch eine »Zeit des Jammers« für die Frauen seien, ein Punkt, der klarzustellen ist, bevor wir weitergehen. So viele Frauen unserer Generation sind mit der furchterregenden Erwartung aufgewachsen, daß sich mit den Wechseljahren schwere Depressionen oder eine gravierende geistige Labilität einstellen. Bis vor kurzem war dies die allgemeine Ansicht selbst in der Ärzteschaft. Emotionale Beschwerden *aller Art* bei einer Frau Ende vierzig oder Anfang fünfzig pflegten die Reaktion auszulösen: »Aha, die muß im Wechsel sein.« Subjektiver Leidensdruck wurde als neurotisch abqualifiziert. Heute gilt es als Unsinn, daß die Menopause mit emotionalen Beschwerden Hand in Hand gehe. Es gibt keine Beweise für die Ansicht, daß in diesen Jahren eine mysteriöse Zunahme psychischer Zusammenbrüche erfolgt. Diese Schaudergeschichte ist vom *realen* psychischen Aspekt der Menopause zu trennen, der weitaus weniger gravierend ist.

Die *Mehrzahl* der Frauen erlebt im Zusammenhang mit den Wechseljahren nur geringfügige oder gar keine psychischen Reaktionen. Tatsächlich berichten viele Frauen in den Fünfzigern und Sechzigern über eine *Verbesserung* ihres emotionalen Befindens – postklimakterische Lebensfreude, wie es die verstorbene Anthropologin Margaret Mead nannte. Aber manche Frauen – wie die oben zitierte Claudia – klagen über eine ganze Kollektion scheinbar unerklärlicher, aber miteinander zusammenhängender neurologischer Symptome – Depressionen, Schlaflosigkeit, Müdigkeit, Reizbarkeit, Nervosität, Neigung zum Weinen und Mangel an Konzentration sowie Harnretention, rasche und starke Herzschläge und Taubheit in den Händen und Füßen. Manche von uns, die sich immer als Herrinnen der Lage gefühlt hatten, die ihr eigenes Leben

meisterten und mit ihrer Familie gut zurechtkamen, haben plötzlich das Gefühl, daß ihre Welt zerbricht.

Nichts davon ist besonders neu für Frauen. Wir haben diese Achterbahnfahrten schon lange vor den Wechseljahren, zu anderen Zeiten extremer hormoneller Umstellung durchgemacht. Angstzustände, Weinanfälle und Migräne vor der monatlichen Menstruation haben manche von uns veranlaßt, sich in psychologische Beratung zu begeben. Und wieviele Mütter haben nicht die postnatale Niedergeschlagenheit erlebt, wie ich nach der Geburt meines ersten Kindes? Ich hatte das Gefühl, am Ende angekommen zu sein, ohne zu wissen, warum. Wochenlang weinte ich. Alltägliche Probleme nahmen eine ungeheure Bedeutung an. Ich glaubte, mein Leben sei zerbrochen, und hatte keine Idee, daß diese Depression die Folge der ungeheuren chemischen Umstellung war, die nach der Entbindung in meinem Körper stattfand. Ebenso wie Claudia denke ich jetzt, wie ganz anders diese Erfahrung verlaufen wäre, wenn ich verstanden hätte, was mit mir vorging, und wenn ich gewußt hätte, wie ich mich verhalten sollte.

Aufgrund von Erfahrungen wie diesen sind die meisten von uns wohlvertraut mit hormonell bedingten Stimmungsschwankungen, wenn die Menopause einsetzt. Aber wir wissen vielleicht nicht, welche Schritte wir unternehmen können, um solche Perioden des Ungleichgewichts leichter durchzustehen. Und zu den Veränderungen in unserem Körper kommen andere, die diese Jahre zu einer emotional besonders aufgeladenen Zeit machen. Wir sehen uns mit einer Vielzahl neuer Fragen konfrontiert, auf die wir keine fertigen Antworten haben. Was hält die Zukunft für uns bereit? Wird mein Leben besser werden? Wird mich jemand liebhaben? Jede Zeit des Übergangs bringt Momente der Furcht und der Trauer mit sich, angesichts dessen, wovon wir Abschied nehmen, selbst wenn uns eine aufregende Zukunft bevorsteht. Ich sehe das sowohl an meiner jetzt 16jährigen Tochter wie an mir – zwei Säulen am Anfang und am Ende des menstruellen Bogens. Sie tritt in das Stadium weiblicher Fruchtbarkeit ein, während ich im Begriff bin, es zu verlassen. Alle beide versuchen wir dahinterzukommen, wer wir sind und wie wir mit den Erschütterungen des Eintritts in einen neuen Lebensabschnitt fertig werden sollen. Ich hoffe, daß sie sich an ihre hormonellen Veränderungen angepaßt hat, bevor mein Klimakterium beginnt. Wenn nicht, frage ich mich, wie unser Haushalt das Tohuwabohu verkraften wird.

Depression

Es ist wichtig, soviel wie möglich darüber zu wissen, wie sich unsere körperlichen Zustände auf unsere Stimmungen auswirken, und ebenso wichtig, wie unsere Gefühlszustände unseren Körper beeinflussen. Dies ist einer der am wenigsten verstandenen Aspekte der Gesundheit. Und das Klimakterium bildet da keine Ausnahme. Aber es gibt nützliche Informationen, derer wir uns bedienen können. Sicher unterliegt nicht jeder Faktor, der uns im Klimakterium zu Depressionen oder Nervosität neigen läßt, unserer Kontrolle. Aber es gibt Maßnahmen, die wir ergreifen können, um deren Auswirkungen auf ein Minimum zu beschränken, wenn wir uns schlecht zu fühlen beginnen.

Wasserretention

Überschüssige Flüssigkeit im Körper, selbst in geringen Mengen, kann sowohl emotionale als auch physische Auswirkungen auf uns haben. Viele Frauen berichten über ein gewisses Maß an Wasserretention im Klimakterium, insbesondere während der Prä- und Perimenopause. Bei manchen kann Wasserretention tatsächlich ein ebenso deutliches Anzeichen hormoneller Veränderungen sein wie fliegende Hitzen. Die gute Nachricht ist, daß wir die Flüssigkeitsretention relativ leicht unter Kontrolle bringen können.

Zu den wenig bekannten Funktionen des Östrogens zählte die Regulierung des Wasserhaushalts im Körper. Ungewöhnliche Fluktuationen des Östrogens können einen Anstieg des Natrium- oder Salzspiegels bewirken. Dies hat seinerseits zur Folge, daß die Zellen des Körpers Wasser speichern. In den Wechseljahren können schon 100 Gramm Wasser Schmerzen in der Brust und einen aufgetriebenen Bauch verursachen, so wie dies in früheren Jahren in den zwei Wochen vor der Periode der Fall sein kann, wenn sich der Östrogenspiegel am stärksten verändert (tatsächlich zählt Wasserrentention zu den Hauptsymptomen des prämenstruellen Syndroms oder PMS, einer ungenügend verstandenen Reihe physischer und emotionaler Symptome, die am häufigsten bei Frauen Mitte bis Ende dreißig auftreten und manchmal als »Mini-Menopause« bezeichnet werden).

Die Wasserretention im Klimakterium hat noch mehrere andere Auswirkungen. Ein Wasserüberschuß im Körper kann Hitzewallungen auslösen, begleiten oder intensivieren. Und er kann auch mehr Wasser im

Gehirngewebe bedeuten, was Depressionen, Angst und Nervosität verursachen kann.

Wenn wir mehr Natrium im Körper haben, findet eine andere, verwandte Reaktion statt. Wir beginnen automatisch Kalium auszuscheiden, wenn unser Salzspiegel steigt. Das verschlimmert noch die Wirkung der Wasserretention, weil das Mineral Kalium ebenso wie das Hormon Östrogen zur Regulierung der Wasserbalance des Körpers beiträgt. Außerdem übt das Zusammenspiel von Kalium und Natrium eine profunde Wirkung auf das Nervensystem aus. Beide Mineralstoffe sind notwendig für eine glatte Übermittlung von Nervenbotschaften. Wenn ein Überschuß an Natrium einen Verlust an Kalium bewirkt, fehlt uns nicht nur der mäßigende Einfluß des Kaliums auf die Wasserretention, sondern es können auch Reizbarkeit und andere neurologische Symptome entstehen.

Natürliche Diuretika

1. **Weniger Salz.** Schränken Sie Ihren Konsum von Salz und salzhaltigen Nahrungsmitteln ein, oder, noch besser, verzichten Sie ganz darauf.

2. **Mehr Wasser.** Erhöhen Sie Ihre Wasserzufuhr (denken Sie daran, daß das auch gut gegen die Hitzewallungen ist). Dies ist ein Fall, in dem mehr weniger bedeutet. Denn die Verminderung Ihrer Flüssigkeitsaufnahme kann de facto die Wasserretention verschlimmern, während eine erhöhte Wasserzufuhr bewirkt, daß Sie mehr Flüssigkeit ausscheiden. Wasser ist ein natürliches Diuretikum, weil es Ihnen hilft, überschüssiges Natrium loszuwerden. Je mehr Sie das Natrium abbauen, desto weniger neigt Ihr Körper dazu, das Wasser zu speichern, das er für ein optimales Funktionieren nicht braucht. (Trinken Sie jedoch kein Wasser zu den Mahlzeiten. Flüssigkeiten zusammen mit dem Natrium in den meisten Lebensmitteln fördert die Wasserretention.)

3. **Vitamin B$_6$ (Pyridoxin).** Das natürliche Diuretikum Vitamin B$_6$ trägt unmittelbar zur Erhaltung der Kalium- und Natrium-Balance des Körpers bei und wirkt sich daher indirekt auf den Flüssigkeitsspiegel des Körpers aus.

4. Körperliche Bewegung. Jedes Fitness-Training trägt zur Regulierung des Wasserhaushalts unseres Körpers bei. Wenn Sie sich dabei wirklich anstrengen, kommen Sie ins Schwitzen und scheiden dabei das wasserspeichernde Natrium aus.

5. Nahrungsmittel und Kräuter. Bestimmte Nahrungsmittel und Kräuter sind ebenfalls natürliche Diuretika und helfen Ihnen, unerwünschtes Wasser auszuscheiden.

Früchte: Erdbeeren, Wassermelone, Weintrauben, Ananas, Zuckermelone

Gemüse: Petersilie, Gurke, Brunnenkresse, Artischocken, Spargel. Petersiliensaft ist besonders wirksam.

Kräutertee: Luzerneblätter, Erdbeerblätter, Hibiskus oder eine Mischung aus Petersilie, Thymian und Kamille (verwenden Sie Kräuter immer in mäßigen Mengen).

6. Schützen Sie Ihr Kalium. Natürliche Diuretika bewirken, daß Sie nicht nur das gespeicherte Wasser und überschüssiges Natrium ausscheiden, sondern auch Kalium. Dasselbe gilt für weniger gesunde Diuretika wie Koffein und Alkohol. Und zuviel Zucker in der Kost bewirkt ebenfalls einen Verlust an Kalium. Sorgen Sie für eine ausreichende Zufuhr von Kalium durch das Obst und das Gemüse in Ihrer Nahrung. (Hohe Kaliumzufuhr kann die Natriumausscheidung fördern.)

Schlaflosigkeit

Das innere Chaos der Depression, Hitzewallungen im Wachzustand und das bei manchen etwas verminderte Schlafbedürfnis kann Schlaflosigkeit im Klimakterium zu einem Problem werden lassen. Der Mangel an gesundem Schlaf kann seinerseits zweifellos die Depressionen verschärfen. Eine gute Nachtruhe ist wesentlich für unsere körperliche und emotionale Gesundheit.

Wieviel Schlaf wir brauchen, ist individuell verschieden. Den Schlafforschern zufolge brauchen die meisten Menschen in den Sechzigern im *Durchschnitt* pro Nacht eine Stunde weniger Schlaf als 40 Jahre zuvor in den Zwanzigern. Manche erleben diese relativ geringfügige Veränderung als einen positiven Zeitgewinn, andere als beunruhigende Schlaflosigkeit. Wir erwarten weiterhin »wie ein Baby zu schlafen«, obwohl es mit zunehmendem Alter vielen schwerzufallen scheint, einzuschlafen, und unser Schlaf auch leichter sein kann. Falls Sie gewöhnt sind, rasch einzuschlafen und die ganze Nacht durchzuschlafen, kann Ihnen eine Viertelstunde Verspätung wie eine Stunde erscheinen und ein paarmaliges Aufwachen den Eindruck erwecken, Sie hätten sich die ganze Nacht schlaflos im Bett gewälzt.

Die große Mehrzahl aller Fälle, die als Schlaflosigkeit erscheinen, sind nicht weiter ernst und sprechen auf einfache Hausmittel wie die folgenden an. Sie werden bemerken, daß an erster Stelle das älteste aller Heilmittel steht, Milch, und daß daneben der allzu unbekannte Bestandteil Tryptophan angeführt ist. Tryptophan ist eine Aminosäure, die in der Milch und anderen eiweißreichen Nahrungsmitteln enthalten ist. Es ist eine Vorstufe der Hirnsubstanz Serotonin, die für ihre beruhigende, schmerzlösende und schlaferzeugende Wirkung bekannt ist. Schlafex-

---

Mittel gegen Schlaflosigkeit

- Milch vor dem Zubettgehen, warm, falls Sie es mögen. (Milch enthält die beruhigenden Bestandteile Kalzium, Magnesium und Tryptophan.)
- Ein warmes, entspannendes Bad – danach den ganzen Körper mit einer Feuchtigkeitslotion einreiben.
- Eine beruhigende Tasse Kamillentee – mit etwas Honig.
- Kein Koffein nach 12 Uhr mittags.
- Eine gute Matratze.
- Gehen Sie nicht zu früh zu Bett. Falls Sie zu den vielen Menschen zählen, die mit zunehmendem Alter weniger Schlaf brauchen, genießen Sie die hinzugewonnene Zeit.
- Regelmäßiges und anstrengendes Fitness-Training, aber nicht kurz vor dem Schlafengehen.
- Gehen Sie nicht verärgert zu Bett.
- Lernen Sie einzuschlafen, ohne daß das Radio oder der Fernseher läuft. Untersuchungen haben ergeben, daß das dem Schlaf nicht förderlich ist.

---

perten empfehlen jetzt häufig die Einnahme von ein bis zwei Gramm Tryptophan in Tabletten oder Kapseln vor dem Schlafengehen als Einschlafhilfe. Wenn ich an Schlafstörungen leide, nehme ich vor dem Zubettgehen zwei Tabletten zu nur je 100 mg. (Häufiger findet man Tryptophan in Dosen von 500 mg.) Wenn ich innerhalb von 30 Minuten nicht einschlafe, nehme ich noch eine. Obwohl diese relativ teuer sind, wurden bisher noch keine Nebenwirkungen entdeckt, so daß Tryptophan eine natürliche und gefahrlose Alternative zu den suchterzeugenden Schlaftabletten darstellt, die heute zu den meistverwendeten Medikamenten gehören.

Tägliche Streß-Quellen

In schwierigen Zeiten kann es sein, daß wir eine Depression verschlimmern, indem wir automatisch nach bestimmten Nahrungsmitteln oder Drogen greifen, die uns anfangs das Gefühl erhöhten Wohlbefindens geben, worauf aber gleich danach Müdigkeit, Angst oder ähnlich unangenehme Empfindungen folgen. Es überrascht nicht, daß dies dieselben Energieräuber sind, die auch Hitzewallungen verschlimmern können.

Eine *zuckerreiche Nahrung* bringt den Körper auf Touren. Die Bauchspeicheldrüse produziert mehr Insulin als nötig, mit der Folge, daß der Blutzucker zu rasch absinkt und man sich zuletzt niedergeschlagen fühlt – der »Zucker-Blues«. *Alkohol* kann die Nebennieren zu einer Überproduktion von Adrenalin veranlassen, was sowohl die produzierenden Drüsen als auch das Gesamtsystem belastet. Alkohol in *jeder Menge* kann Depressionen verschlimmern, zur Schlaflosigkeit beitragen und unseren tiefsten Traumschlaf beeinträchtigen. *Koffein* regt das ganze Zentralnervensystem an und kann ebenfalls Schlaflosigkeit, Nervosität, Reizbarkeit, Herzklopfen, Angst und sogar erhöhte Körpertemperatur bewirken. Und *Überessen* strapaziert unser gesamtes System, verlangsamt gleichzeitig seine Funktionen und verursacht Wasserretention. Es belastet ein ohnehin bedrücktes Gemüt mit dem zusätzlichen Gewicht von Schuldgefühlen und Pfunden.

Jeder chronische, negative Streß wie Depressionen, die Belastung durch zuviel Zucker, Alkohol, Koffein, Nahrung oder irgendeine Kombination dieser Faktoren kann den Verlust wichtiger Nährstoffe bedeuten. Es kann uns an bestimmten Substanzen mangeln, gerade, wenn wir sie am dringendsten brauchen. So wird angenommen, daß etwa Vitamin

C, das in den Nebennieren am stärksten konzentriert ist, in Streßperioden besonders beansprucht wird, ebenso die B-Komplex-Vitamine – was bedeutet, daß es zu Mangelerscheinungen dieser Nährstoffe kommen kann. Emotionaler Streß hat auch einen Verlust an Protein und leichte Einbußen an bestimmten Mineralstoffen zur Folge wie Kalzium, Magnesium, Kalium, Zink und Kupfer.

Wir müssen die Dinge vermeiden, die harte Zeiten noch schlimmer machen, und gleichzeitig für eine gute, ausgewogene Ernährung sorgen. Wenn das Belastungsniveau hoch ist, haben wir um so mehr Grund, gut zu essen. Wir brauchen alle wesentlichen Nährstoffe täglich, nicht nur weil sie durch Streß abgebaut werden, sondern ebenso, weil die Nahrung unsere Stimmungen auch in anderer Weise beeinflußt. Von bestimmten Nährstoffen weiß man jetzt, daß sie sich sowohl direkt als auch indirekt auf chemische Substanzen im Gehirn auswirken, die das Verhalten beeinflussen. Die Nahrung, die wir zu uns nehmen, liefert uns die chemischen Bausteine für diese »Stimmungssäfte«, hormonähnliche Substanzen, die Botschaften zwischen den Nervenzellen im Gehirn übermitteln. So sind die Vitamine B_6, C und Nikotinsäure sowie die Aminosäure Tryptophan zum Beispiel alle für die Produktion der Gehirnsubstanz Serotonin wichtig, die ich soeben bei der Erörterung der Schlaflosigkeit erwähnt habe. Serotonin, nur eine von mehreren Gehirnsubstanzen, die als wesentlich für geistige und psychische Gesundheit gelten, ist die Voraussetzung dafür, daß wir uns gut entspannen und einschlafen können. Man nimmt an, daß neben anderen Faktoren ein Mangel an dieser wichtigen Substanz Reizbarkeit, Schlaflosigkeit und Depressionen hervorruft. Es kann sein, daß unser Körper, bedingt durch den normalen Alterungsprozeß, weniger von diesen wichtigen Hirnsubstanzen erzeugt, aber es wird angenommen, daß Ernährung und Bewegung wesentlich zur Erhaltung ausreichender Reserven beitragen.

Die Beruhigungsmittel der Natur

Körperliche Bewegung ist wahrscheinlich das stärkste Mittel, das uns gegen Depressionen zur Verfügung steht – ob die psychischen Symptome nun durch sich ändernde hormonelle Bedingungen, veränderte Lebensumstände oder beides bedingt sind. Niemand, der regelmäßig Sport oder Gymnastik betreibt, kennt nicht ihre belebende Wirkung. Praktische Ärzte und Streßforscher im Labor preisen körperliche Bewegung

Entweder . . .

Oder . . .

zunehmend als eines der besten Mittel gegen psychische und emotionale Schwierigkeiten aller Art. Viele Psychiater verschreiben regelmäßige Bewegung als höchst wirksame medikamentfreie Therapie für ihre depressiven Patienten.

Wenn unser Gehirn eine belastende Situation registriert, wird eine Flut von Reaktionen in den Nebennieren ausgelöst, die aufgrund ihrer indirekten Rolle, nach dem Klimakterium Östrogen zu produzieren, so wichtig sind. Die Nebennieren können durch Depression chronisch aktiviert werden und als Reaktion darauf abnorm große Quantitäten der Hormone Adrenalin, Noradrenalin und Hydrocortison absondern. Diese erhöhen unsere Herzfrequenz und den Blutdruck und versetzen uns, falls sie anhalten, in einen Zustand ständiger Überwachheit. Der Hydrocortisonspiegel erreicht einen Höhepunkt um 4 Uhr morgens und verursacht die frühmorgendliche Wachheit, über die depressive Menschen so oft berichten. Er bleibt während des ganzen Tages erhöht. Der Körper läuft auf Hochtouren, extra Blutzucker wird freigesetzt und der Natrium-Wasser-Haushalt ist ebenso gestört wie unsere gesamte biologische Ordnung. Das Nervensystem ist in einem Zustand der Übererregung. Aber weil seine Schaltkreise überlastet sind, funktioniert das System de facto weniger effizient. Das Denken ist gehemmt und verworren. Alles scheint langsamer zu gehen. Das sexuelle Verlangen kann erlöschen. Die Nebennieren produzieren auch größere Mengen des Hormons Aldosteron, das die Speicherung von Wasser und Natrium im Körper fördert – und über die psychischen Auswirkungen der Wasserretention habe ich bereits gesprochen.

Wenn die Nebennieren so angestrengt arbeiten (was sie auch in Zeiten von positivem Streß tun können), dann muß die erzeugte innere Spannung irgendwie freigesetzt werden. Wenn nicht, schädigt der anhaltend überhöhte Adrenalinspiegel das Zentralnervensystem und seinen Partner, das endokrine System. »Jeder Streß hinterläßt eine unauslöschliche chemische Narbe«, erklärt Dr. Hans Selye, der vor vierzig Jahren als erster das Streßkonzept erforschte.

Körperliche Bewegung bietet den aufgestauten Energien ein Ventil und baut die chronischen Streßzustände ab. Sie ist ein harmloses Mittel sowohl zur Produktion als auch zur Kanalisierung von überschüssigem Adrenalin. Als idealer Ausgleich wirkt Bewegung gleichzeitig beruhigend, während sie uns mit Energie versorgt. Energiereserven werden in Aktion umgesetzt und zur selben Zeit wird Energie gespart, weil der

Körper eine höhere Effizienz entwickelt. Wir schlafen besser. Wir sind weniger müde. Wir bauen sowohl physische als auch psychische Reserven auf, die uns helfen, mit Streß insgesamt besser fertig zu werden. Die erhöhte Blutzufuhr versorgt jede Zelle von den Muskeln bis zum Gehirn mit mehr Sauerstoff und mehr energiereichen Nährstoffen.

Es kann einen direkten Zusammenhang zwischen Bewegung und der Produktion bestimmter Gehirn- und Hypophysensubstanzen geben, die eine Art natürliche Euphorie auslösen. Diese natürlichen schmerzstillenden Mittel, die sogenannten *Endorphine* und *Enkephaline*, scheinen bei rhythmischen, aerobischen Übungen wie Gehen, Laufen, Schwimmen und Radfahren zuzunehmen. Obwohl die Forscher hervorheben, daß es sich um vorläufige Befunde handle, scheinen beide Körpersubstanzen zusammen mit den Nebennierenhormonen als Reaktion auf diese Bewegungsarten freigesetzt zu werden. Diese Substanzen haben nicht nur eine beruhigende Wirkung, sie üben auch einen mäßigenden Einfluß auf die Hypophysenhormone aus, die im Klimakterium in außergewöhnlich großen Mengen vorhanden sind und mit Hitzewallungen zusammenhängen können.

Körperliche Bewegung hat jedoch tiefreichende emotionale Auswirkungen, die weit über diese physiologischen Erklärungen hinausgehen. Schwere Depressionen, eine labile Identität, ein lädiertes oder verschlissenes Selbstbewußtsein – sogar ein Mangel an Humor – können behoben werden, einfach weil sich eine Frau zu einem regelmäßigen Fitneß-Training entschlossen hat. So wie uns das Training in Bewegung versetzt, so beginnen auch andere Dinge in unserem Leben in Bewegung zu geraten. Ein Körpertraining kann uns helfen, ein Gefühl von Unabhängigkeit, Macht und Kontrolle zu entwickeln, das auch auf andere Bereiche unseres Lebens übergreifen kann. Wir können so viele Dinge über uns selbst lernen und darüber, wann es heißt, vorwärts zu gehen, und wann zu ruhen. Sie können das Vergnügen entdecken, sich selbst ein Ziel zu setzen, auszuknobeln, wie man es erreicht, und es dann in die Tat umzusetzen. Aber die Beziehung zum Körpertraining ist eine sehr persönliche Erfahrung, die wir alle auf andere Weise machen. Jede Frau wird schließlich für sich selbst und in ihrer eigenen Weise entdecken, wie befriedigend es ist, sich über den Körper auszuleben, und welche Erfüllung uns regelmäßige körperliche Betätigung bescheren kann.

KAPITEL 12

Hormontherapie – ja oder nein

Wir müssen zugeben, daß wir über keine simple Gleichung verfügen, die es uns gestatten würde, eine positive oder negative Bilanz über die Östrogentherapie zu ziehen. Der Grund dafür sind die Lücken in unserer Erkenntnis über die vollen Auswirkungen exogener, d. h. von außen zugeführter Östrogene, Unsicherheit in bezug auf die Maßstäbe, nach denen die Risiken und Vorteile zu bewerten sind, und ein höchst unterschiedliches Niveau der medizinischen Versorgung, das sich auf die Risiken und Vorteile auswirken könnte.

> Dres. med. P. A. Van Keep,
> W. H. Utian, A. Vermeulen
> »The Controversial Climacteric«

Es ist möglich, die körpereigene Produktion an Östrogen im Klimakterium durch die Einnahme von Östrogenpräparaten zu ergänzen. Diese Entscheidung fällt einem jedoch nicht leicht, wenn sogar die Ärzteschaft unterschiedlicher Meinung über die Ratsamkeit einer Östrogentherapie ist. Nach übertriebenen Behauptungen Mitte der sechziger Jahre, daß uns Östrogene »für alle Zeiten weiblich« machen können, hat sich ihr Konsum vervierfacht. Aber Mitte der siebziger Jahre ergaben Forschungen einen signifikanten Anstieg an Gebärmutterkrebs unter den Frauen, die Östrogen einnahmen. Dem Jahrzehnt anfänglicher Begeisterung folgten weitere zehn Jahre der Besorgnis über den Zusammenhang mit Krebs und ein starkes Nachlassen der Östrogentherapie. Eine emotionsgeladene Debatte über ihre Vorzüge, Risiken und Fragezeichen hält bis heute an.

Obwohl widersprüchliche Forschungsresultate und Perspektiven weiterhin die Kontroverse anheizen, gibt es mehrere Punkte, über die inzwischen Einigkeit besteht:

- Das Versprechen der verlängerten Jugend hat sich als *falsch* erwiesen.
- Östrogene sollten nicht automatisch an Frauen im Klimakterium verschrieben werden.
- Wenn Östrogene verordnet werden, sollten sie von der separaten Verordnung eines *Gestagens*, d. h. eines Progesteronpräparats begleitet sein, das allmonatlich zu einem bestimmten Zeitpunkt eingenommen wird und die potentiell schädlichen Auswirkungen des Östrogens weitgehend abschwächt.

Eine definitive Empfehlung für die gefahrlose Verordnung von Östrogenen für alle Frauen ist jedoch bisher von keiner Seite ausgesprochen worden. Ohne ein solches endgültiges Rot- oder Grünlicht sollten sich Frauen, die die Anwendung von Östrogenen erwägen, über deren Beschaffenheit und echte Vorzüge auf der einen und die realen Risiken auf der anderen Seite sowie die vielen Schattierungen dazwischen informieren, bevor sie ihre persönliche Entscheidung treffen.

Die Medikamente

Östrogene sind gegenwärtig in Form von Pillen, Injektionen, Cremes und Zäpfchen verfügbar. Am häufigsten werden die oral eingenommenen Pillen und die Vaginalcreme verwendet. Bei all diesen Präparaten handelt es sich entweder um synthetische Östrogene, die aus chemischen Substanzen hergestellt werden, oder um sogenannte »konjugierte« Östrogene, die aus natürlichen Quellen, gewöhnlich dem Urin trächtiger Stuten stammen. Manche Östrogenpräparate können Tranquilizer enthalten, und Frauen, die Östrogen nehmen, sollten sich vergewissern, ob das auf ihr Präparat zutrifft. (Gelegentlich wird Bellergal als Alternative oder Ergänzung verschrieben. Dieses Medikament enthält auch Phenobarbital, das eine beruhigende und suchterzeugende Wirkung hat, sowie Belladonna-Bestandteile, die andere Nebenwirkungen hervorrufen.) Wenn ein separates Gestagen mit der Östrogentherapie kombiniert wird, dann meist ein bestimmtes Gestagenderivat in Pillenform.

Die Suche nach den sichersten Methoden der Verordnung und nach neuen Wegen und Formen der Behandlung geht weiter. Medikamente in Depotform, die unter die Haut implantiert werden, und Cremes, die direkt auf die Haut aufzutragen sind, werden getestet und sind in Frankreich bereits erfolgreich verwendet worden. Mit diesen Mitteln gelangt

Östrogen durch die Haut in den Körper, wo es vom Blutkreislauf absorbiert wird. Ein Produkt wurde auch schon bei halber oraler Dosis in Pillenform durch die Vagina verabreicht, von wo es ebenfalls in den Kreislauf gelangt und zu den Zielgeweben transportiert wird. Durch diese nichtoralen Wege bleibt fast die gesamte Wirkung des Medikaments erhalten, aber sein Einfluß auf einen Teil des Körpers verringert sich, da die Östrogene den Magen-Darm-Kanal umgehen, den sie sonst passieren würden.

Nutzen

Östrogentherapie ist nachweislich geeignet, die Hitzewallungen und die vaginal-urethralen Veränderungen der Wechseljahre zu vermindern oder zu verhindern. Außerdem besteht zunehmende Übereinstimmung darüber, daß die Östrogentherapie auch dazu beitragen kann, den Knochenschwund zu verzögern, der sich bei Frauen nach der Menopause (oder nach der operativen Entfernung der Eierstöcke) in der Regel beschleunigt, ein Knochenschwund, der schließlich zu den brüchigen Knochen der Osteoporose führen kann. (Vgl. das Kapitel »Körpermechanik«, wo Osteoporose und die Rolle der Ernährung und körperlichen Bewegung für die Erhaltung und sogar Wiedergewinnung eines gesunden Knochengerüsts eingehend besprochen wird.)

Ob die Östrogentherapie auch in anderer Hinsicht nützt, ist weniger klar. So gibt es bisher keine überzeugenden Beweise, daß sich Östrogene günstig auf die *psychischen Symptome* der Wechseljahre auswirken. »Die emotionalen Probleme, die in den Wechseljahren auftreten können, sollten nicht mit Östrogen behandelt werden«, meint der *Harvard Medical School Health Letter*. Die Hersteller von Östrogen sprechen eine ähnliche Warnung aus, obwohl einige Untersuchungen über eine günstige Reaktion bei manchen Frauen berichtet haben – die Forschungsarbeiten werden daher fortgesetzt.

Es gibt auch keinen echten Beweis, daß Östrogene bestimmte Aspekte des *Alterungsprozesses* verlangsamen können, obwohl beispielsweise die Haut eines der Zielgewebe des Östrogens ist. »Östrogene scheinen die altersbedingten Veränderungen der Haut, des Haars und der Brüste nicht zu verhindern«, heißt es im Bericht über einen Kongreß zum Thema Östrogen, der 1979 vom National Institute on Aging veranstaltet wurde. Diese Alterungsvorgänge auf einen verringerten Östrogenspiegel zurückzuführen sei »völliger Unsinn«, meint Dr. Johanna F. Perlmutter von Harvard. Die Haut ist das exponierteste Organ des Körpers und altert bei Männern, die nicht denselben hormonellen Veränderungen ausgesetzt sind wie die Frauen, in ähnlicher Weise. Aber die Forschungen gehen auch in diesem Bereich weiter, da die Östrogene doch gewisse Wirkungen auf diese Gewebe zu haben scheinen.

Ebenfalls fortgesetzt wird die Erforschung der Rolle des Östrogens für die Gesundheit von Herz und Gefäßen. Das Risiko einer Herzerkrankung scheint bei Frauen nach dem Klimakterium anzusteigen. Da sich dieses Risiko auch nach der operativen Menopause erhöht, wenn sowohl die Eierstöcke als auch die Gebärmutter entfernt wurden, haben Wissenschaftler die Hypothese vertreten, daß das natürliche Östrogen die Frauen normalerweise vor Kreislauferkrankungen schützen müsse. Tatsächlich wurde darin oft der Grund vermutet, warum wir länger leben als Männer. Das körpereigene Östrogen könnte den Blutspiegel der HDL (Lipoproteine hoher Dichte) erhöhen, des sogenannten »guten Cholesterins«, von dem angenommen wird, daß es das Risiko einer Herzerkrankung vermindert. Ob künstliche Östrogene eine ähnliche schützende Rolle spielen können, ist noch nicht definitiv bewiesen. Die Forschungsergebnisse waren widersprüchlich und haben gezeigt, daß von außen zugeführte Östrogene sogar schädlich sein können. Die NIA-Konferenz über Östrogen kam zu dem Schluß: »Obwohl früher gehofft wurde, daß Östrogen alternde Frauen gegen Herzerkrankungen schützen könne, ist diese Wirkung noch nicht demonstriert worden.« Diese widersprüchlichen Informationen zu verfolgen ist höchst wichtig, da Kreislauferkrankungen als Todesursache bei Frauen in höherem Alter immer noch an erster Stelle rangieren.

Risiken

Das ernsteste Risiko einer Östrogentherapie ist Krebs der Gebärmutterschleimhaut. Wie Sie wissen, regt Östrogen die Bildung dieser Schleimhaut an. Ohne ausreichendes Progesteron, das die regelmäßige Abstoßung der Gebärmutterschleimhaut bewirkt, wie dies während des Menstruationszyklus der Fall war, bildet eine Frau, die Östrogen nimmt, überschüssige Schleimhautzellen und wird dadurch sehr anfällig für Krebs. Normalerweise wird eine von tausend Frauen, die keine Östrogentherapie machen, nach dem Wechsel von Gebärmutterkrebs befallen. Dieses Risiko erhöht sich um das Vier- bis Achtfache bei Frauen, die zwei bis vier Jahre lang Östrogene ohne gleichzeitige Anwendung eines Gestagens nahmen, und um das Vierzehnfache, wenn dies über sieben Jahre lang geschah.

Dies sind alarmierende Statistiken, aber wir sollten die Relationen im Blick behalten. Die meisten Frauen bekommen durch Einnahme von Östrogenen keinen Gebärmutterkrebs. Außerdem ist die Heilungsrate bei Frauen, die Östrogene genommen haben, höher (90 Prozent), als wenn der Gebärmutterkrebs nicht medikamentbedingt (60 Prozent) ist. Dennoch ist das Risiko *signifikant erhöht* und steigt mit der Dosis und Dauer der Östrogenbehandlung. Die Forschungen beschränkten sich bisher in erster Linie auf Frauen, die Präparate oral einnehmen, aber wir müssen davon ausgehen, daß die gleichen Risiken für Östrogencremes gelten, die ebenfalls vom ganzen System absorbiert werden, obwohl sie einige Organe des Körpers umgehen. (Zum Glück sind allerdings noch keine Fälle von Gebärmutterkrebs durch die ausschließliche Benutzung der Cremeform berichtet worden.)

So ist das Bild, wenn Östrogen allein angewandt wird. Wird das Östrogen durch ein Gestagenpräparat ergänzt, dann sinkt das Risiko von Gebärmutterkrebs Berichten zufolge auf ein Niveau *unter* demjenigen von Frauen, die kein Östrogen nehmen. Tatsächlich ist die kombinierte Verabreichung von Gestagenen und Östrogenen inzwischen die verbreitetste Behandlungsmethode. Progesteron hat die Funktion, die Wirkungsweise des Östrogens im ganzen Körper auszugleichen. Der allmonatliche Aufbau der Gebärmutterschleimhaut wurde beispielsweise in den Jahren des Zyklus stets wieder durch den Zerfall gestoppt, den das Progesteron bewirkte. Das Resultat war unsere Mestruationsperiode. Synthetisches Progesteron, das diesen natürlichen Verlauf nachahmt, kann dieselbe Abstoßung der Schleimhautzellen bewirken, die bei der Östrogentherapie so reichlich produziert werden. Tatsächlich treten bei Frauen, die Östrogen und Gestagen nehmen, gewöhnlich wieder leichte Monatsblutungen auf.

Nun kennen wir zwar die Schutzfunktionen einer Ergänzung der Östrogentherapie durch Gestagen, leider wissen wir aber nicht, welche langfristigen Risiken diese birgt. »Wir verfügen gegenwärtig nicht über ausreichende Informationen über das Risiko, das mit einer gleichzeitigen Verabreichung von Östrogen und Gestagen verbunden ist«, berichtet

Dr. Howard L. Judd von der Universität von Kalifornien. Bei Tieren hat sich im Zusammenhang mit Gestagen eine erhöhte Krebsrate gezeigt. Um die Risiken für den Menschen wirklich beurteilen zu können, brauchen wir langfristige Untersuchungen. Die Verwendung von Gestagen mit Östrogen in den Wechseljahren ist noch ganz neu. Bekanntlich kann es viele Jahre dauern, bis sich Krebs zeigt; er ist eine Zeitbombe, die unter Umständen erst in zwanzig Jahren losgeht. Die ursprüngliche frohe Botschaft über die Gestagene kann sich als bloß eine Seite der Medaille herausstellen.

Wenn Östrogen allein verabreicht wird, sind andere mögliche Risiken vorhanden, obwohl diese auf höheren Dosen basieren, als eine Frau normalerweise nach der Menopause nehmen würde:

- Die Gefahr einer Gallenblasenerkrankung verdoppelt sich.
- Die Wahrscheinlichkeit von Blutgerinnseln, hohem Blutdruck, Schlaganfall und Herzinfarkt kann sich erhöhen. Kreislaufkomplikationen können auch bei Verwendung von Gestagenen auftreten.
- Eine Verschlechterung des Kohlenhydratstoffwechsels, die Probleme mit dem Blutzuckerspiegel verursacht, kann bei bis zu vierzig Prozent der Östrogenbehandelten auftreten. Diese Wirkung und eine Beeinträchtigung des Fettstoffwechsels kann auch durch Gestagene entstehen.
- Das Wachstum von Lebertumoren kann angeregt werden. Diese sind gewöhnlich gutartig, können aber innere Blutungen verursachen.

Es sind noch andere möglichen Risiken vorhanden, die Anlaß zur Sorge geben:

- Bei Tieren gibt es zunehmende Anzeichen eines Zusammenhangs zwischen Östrogenen und Brustkrebs, wenn auch für den Menschen bisher entsprechende Befunde fehlen.
- Wir wissen im Grunde nicht, wie sich der kumulative Einfluß von außen zugeführter Geschlechtshormone auf Frauen auswirken wird, die nach der Menopause Östrogen und Gestagen nehmen und die zuvor empfängnisverhütende Pillen genommen haben, die beträchtlich höhere Dosen beider Hormone enthalten.

Andere Erwägungen

Die Östrogentherapie hat auch noch andere Probleme mit sich gebracht. Ausschläge, Gewichtszunahme, Wasserretention, die ihrerseits Schmerzen in den Brüsten und Depressionen hervorrufen kann, eine Größenzunahme bereits vorhandener gutartiger Tumore in der Gebärmutter und, die häufigste Nebenwirkung, »Durchbruchsblutungen«. Da Blutungen oft Anzeichen von Gebärmutterkrebs sind, müssen sie *immer* sofort von Ihrem Arzt diagnostiziert werden, der gewöhnlich eine Curettage und/oder eine Schleimhautbiopsie vornimmt, um die Zellen der Gebärmutterauskleidung zu untersuchen. Mit Hilfe eines zusätzlichen Gestagens kann diese Durchbruchsblutung gewöhnlich unter Kontrolle gebracht werden, aber wie ich bereits sagte, bedeutet dies wahrscheinlich das Wiederauftreten einer leichten monatlichen Periode, da dies die Abstoßung der Schleimhaut fördert. Gestagene können auch Wasserretentionen verursachen. Berichten des Tufts Nutrition Research Center on Aging zufolge können Östrogenbehandelte unter ähnlichen Ernährungsdefiziten leiden, wie sie bei Frauen auftreten, die die Pille nehmen: Mangel an Vitamin C und den B-Vitaminen, insbesondere B_6 und Folsäure.

Zu den Risiken und Nebenwirkungen der Östrogentherapie kommen noch andere allgemeinere Bedenken hinzu. Die Einnahme von Östrogen kann die natürliche Menopause verdecken und die allmähliche Anpassung des Körpers an die sich verändernden inneren hormonellen Bedingungen lediglich hinausschieben. Die fliegenden Hitzen scheinen beispielsweise sofort wiederzukehren, sobald eine Frau die Medikamente absetzt. Die Östrogentherapie kann auch unsere Fähigkeit beeinträchtigen, uns aus eigener Kraft anzupassen. Wir wissen nicht genau, wie sich die Östrogenpräparate auf unsere körpereigene Hormonproduktion auswirken. So gibt es beispielsweise Anzeichen, daß die Eierstöcke und Nebennieren durch die Östrogenzufuhr von außen indifferent bzw. zur Inaktivität verleitet werden. Die Östrogentherapie kann auch andere, umfassendere Auswirkungen auf das endokrine System haben, Auswirkungen, von denen wir noch nichts wissen. Schließlich noch ein praktischer Einwand. Die Östrogentherapie erfordert, daß eine Frau pünktlich ihre Medikamente nimmt, daß sie häufig und regelmäßig zum Arzt geht und sich zahlreichen Tests wegen möglicher Nebenwirkungen unterzieht – all dies verursacht auch Kosten.

Wer sollte Östrogen oder Progesteron NICHT nehmen?

Falls Sie eine der folgenden Fragen bejahen können, dann sollten Sie keine Östrogene oder Gestagene nehmen:

- Waren Sie oder ein Mitglied Ihrer Familie an Brust- oder Gebärmutterkrebs erkrankt?
- Hatten Sie Blutgerinnsel, einen Herzinfarkt oder Schlaganfall?
- Hatten Sie Lebererkrankungen?
- Hatten Sie gutartige Brust- oder Gebärmuttertumore?
- Hatten Sie undiagnostizierte vaginale Blutungen?

Starke Raucherinnen und Frauen mit Diabetes, Gallenleiden, Migräne, hohem Blutdruck und Krampfadern sollten besonders vorsichtig sein.

Soll ich, oder soll ich nicht . . . ?

Einige Ärzte, denen wir dieses Kapitel gezeigt haben, meinten, daß wir die Hormontherapie nicht genügend unterstützen. Andere Ärzte stimmen mit unserer Einschätzung völlig überein. Ich bin von Natur aus extrem konservativ in bezug auf die Verabreichung von Medikamenten oder Hormonen aller Art.

Jedes Medikament ist mit gewissen Risiken verbunden, und im Falle des Östrogens fallen diese stark ins Gewicht. Die Ergänzung der Östrogentherapie durch Gestagene hat das Risiko von Gebärmutterkrebs bisher erheblich reduziert, aber Berichte über deren langfristige Wirkungen stehen noch aus. Dementsprechend müssen wir bei der Entscheidung, ob wir Hormone nehmen sollen oder nicht, mit äußerster Vorsicht und Überlegung verfahren. Die endgültige Entscheidung muß jede Frau für sich treffen. Dabei sollte ihr ein gut informierter Arzt zur Seite stehen, der ihr hilft, die bekannten Vorzüge und Risiken der Hormontherapie in Anbetracht ihrer persönlichen Situation abzuwägen.

Vergessen wir nicht, daß die Menopause ein *natürliches* Ereignis ist. Da wir das Stadium der Fortpflanzung hinter uns haben, brauchen wir nicht mehr dieselbe Menge an Östrogen wie früher. Wir haben kein Östrogendefizit. Wir haben bloß weniger. Tatsächlich halten manche die Bezeichnung »Östrogen-Substitutionstherapie« für falsch; der Begriff impliziert, daß etwas ersetzt wird, was vorhanden sein sollte.

Dies trifft für den Fall der operativ herbeigeführten Menopause zu, wenn durch die Entfernung sowohl der Gebärmutter als auch der Eierstöcke in unnatürlicher Weise eine vorzeitige Menopause, ein »Menostop« der Östrogenproduktion herbeigeführt wird. Die Umwandlung von Androgenen in Östrogene, die sich bei einer älteren Frau von selbst vollzieht, geschieht bei einer jüngeren Frau, die plötzlich keine Eierstöcke mehr hat, nicht so zuverlässig. Sie macht wahrscheinlich alle Anzeichen des Klimakteriums durch. Eine Östrogen-Substitutionstherapie kann für sie tatsächlich angezeigt sein, zumindest bis zum Alter von 45 oder 50, wenn die Menopause normalerweise eintreten würde.

Für die natürliche Menopause gilt dies jedoch nicht. Die Vorstellung, daß fehlendes Östrogen ersetzt werden müsse, hat in der Vergangenheit zu einer übertriebenen Anwendung der Östrogentherapie und überhaupt zu unnötiger Behandlung von Frauen im Klimakterium geführt. Da die Menopause faktisch ein Zeichen ist, daß der Körper seiner vorgezeichneten Entwicklung folgt, und angesichts der noch unvollkommen verstandenen Wirkung der Einnahme von Geschlechtshormonen könnte die Hormontherapie überflüssig und sogar unklug sein.

Bei manchen Frauen, die sehr stark unter den physischen oder psychischen Auswirkungen der Menopause leiden, kann jedoch mehr für eine Hormontherapie sprechen als dagegen. Aus verschiedensten individuellen Gründen können die Vorteile einen so riesigen Unterschied im Leben einer Frau machen, daß sie die Risiken überwiegen. Vielleicht haben Sie es schon mit einer Umstellung Ihrer Ernährung, Sport und den anderen hier empfohlenen Alternativen versucht, aber leiden immer noch an starken und lange anhaltenden Hitzewallungen, die Sie in Ihrem täglichen Leben behindern, oder an starker vaginaler Trockenheit und einem Dünnerwerden der Haut, die den Koitus schmerzhaft machen. Vielleicht machen Sie auch gerade eine besonders belastende Zeit durch – ein Todesfall in der Familie, eine Scheidung, Verlust eines Arbeitsplatzes –, so daß es Ihnen noch schwerer fällt, gleichzeitig mit den Symptomen der Wechseljahre fertigzuwerden. Vielleicht hatten Sie vor dem vierzigsten Lebensjahr eine operativ bedingte Menopause oder ein Versagen der Eierstöcke. Vielleicht sind Sie zu der Überzeugung gekommen, daß Sie in bezug auf Osteoporose besonders gefährdet sind. Aus einem der genannten Gründe kann es sich empfehlen, die Vorzüge und Nachteile einer Hormontherapie mit einem Arzt zu besprechen, der darüber gut informiert ist und der Ihre gesundheitliche Situation gut kennt. Falls Sie sich zu einer Hormontherapie entschließen, sei diese kurz- oder langfristig, werden Ihnen die folgenden Empfehlungen helfen, dies mit einem Maximum an Sicherheit zu tun.

Empfehlungen für eine Hormontherapie

1. **Sprechen Sie mit einem vertrauenswürdigen Arzt.** Dies ist der erste und vielleicht wichtigste Schritt. Erörtern Sie mit ihm die Vorteile und Risiken einer Hormontherapie für Ihren speziellen Fall und im Lichte Ihrer Krankengeschichte und Ihres gegenwärtigen Gesundheitszustandes.
2. **Machen Sie die nötigen Tests, falls man Ihnen dazu rät.** Zwei Tests können angezeigt sein, bevor Sie anfangen, Hormonpräparate zu nehmen, um sicherzustellen, daß keine Gegenindikationen vorhanden sind, die Ihnen vielleicht nicht bekannt waren: eine Schleimhautbiopsie zur Feststellung von Gebärmutterkrebs und ein Mammogramm, um Brustkrebs auszuschließen.
3. **Nehmen Sie die niedrigste Dosis, die Resultate zeitigt, für die kürzestmögliche Zeit.** Die Risiken erhöhen sich signifikant, wenn höhere Dosen von Östrogen über längere Zeiträume genommen werden. Sprechen Sie eingehend mit Ihrem Arzt über die Dosis und Anwendungsdauer. Wenn es sich in Ihrem Fall nicht um eine operativ herbeigeführte Menopause oder um Osteoporose handelt, wird Ihnen Ihr Arzt vielleicht empfehlen, Östrogene nicht länger als sechs Monate lang zu nehmen.
4. **Nehmen Sie Östrogen zyklisch.** Die Faustregel lautet, eine Woche pro Monat mit der Hormontherapie auszusetzen. Das heißt, daß Ihr Arzt in der Regel Östrogen für etwa drei Wochen (oder 21 Tage) gefolgt von einer therapiefreien Woche (sieben Tage oder etwas weniger) verordnen wird.

   Falls Sie die Menopause noch vor sich haben, wird man Ihnen wahrscheinlich raten, mit der Einnahme von Östrogen am fünften Tag nach Beginn Ihrer Periode anzufangen (am fünften Tag des Menstruationszyklus). Falls Sie die Menopause hinter sich haben, ist es leichter, am ersten Tag jedes Kalendermonats mit der Einnahme zu beginnen.
5. **Nehmen Sie gleichzeitig ein Gestagen.** Ein Gestagen sollte während der letzten zehn Tage der monatlichen Östrogenanwendung verordnet

werden. Setzen Sie das Gestagen gleichzeitig mit dem Östrogen während der medikamentenfreien Woche ab.

Gestagene sollten auch dann genommen werden, wenn Ihre Gebärmutter durch eine Hysterektomie entfernt wurde und keine Gefahr eines Schleimhautkrebses mehr besteht. Gestagene dienen als Puffer für *alle* Östrogen-Zielgewebe und können vor anderen Karzinomen der Fortpflanzungsorgane sowie vor Brustkrebs schützen.

Manche Ärzte verschreiben Gestagene in größeren Intervallen, vielleicht viermal jährlich statt jeden Monat, um das Wiederaufleben der monatlichen Perioden zu verhindern. Das kann jedoch ihre schützende Wirkung abschwächen.

6. **Bleiben Sie unter stetiger Aufsicht Ihres Arztes.** Eine gründliche Untersuchung sollte nach sechs bis zwölf Monaten durchgeführt werden und möglicherweise eine erneute Gebärmutterschleimhautbiopsie einschließen. Falls Ihre Östrogentherapie länger dauert, sollten regelmäßige Besuche bei Ihrem Arzt vereinbart werden, und alljährlich oder alle zwei Jahre sind Tests einschließlich einer Schleimhautbiopsie durchzuführen. Bei diesen regelmäßigen Tests sollten auch Ihr Blutdruck, der Blutfettspiegel und der Blutzuckergehalt überprüft werden.

7. **Bleiben Sie wachsam.** Beobachten Sie ihren Körper im Hinblick auf mögliche Nebenwirkungen, und melden Sie anomale Blutungen sofort Ihrem Arzt. Warten Sie *nicht* bis zu Ihrem nächsten vorgesehenen Besuch.

8. **Informieren Sie sich.** Wählen Sie einen Arzt, der Wert darauf legt, über den neuesten Stand der Hormontherapieforschung informiert zu sein. Es empfiehlt sich auch, sich selbst mit Hilfe der Quellen zu informieren, auf die ich im Anhang unter Bezugsquellen hinweise.

9. **Leben Sie gesundheitsbewußter.** Probieren Sie Diät- und Trainingsalternativen aus, falls Sie das noch nicht getan haben, insbesondere als Vorbereitung auf die Zeit, da Sie die Hormone absetzen. Sorgen Sie für eine ausreichende Zufuhr von Vitamin C und den B-Komplex-Vitaminen, insbesondere B_6 und Folsäure.

Informiertsein ist unerläßlich

Um mit oder ohne Hormontherapie die günstigsten Entscheidungen in bezug auf den Umgang mit unserer Menopause treffen zu können, müssen wir mehr wissen. Forschungen sind nötig, um die Fragen zu beantworten, die bisher erst teilweise gelöst sind. Die führenden Köpfe der Klimakteriums- und Hormonforschung sind die ersten, die darauf hinweisen, daß wir noch einen langen Weg vor uns haben, bis wir die Auswirkungen unserer hormonellen Umstellung im Klimakterium restlos verstehen werden. Dr. Ramey von der Georgetown-Universität bemerkte dazu: »Weniger als zwei Prozent der amerikanischen Aufwendungen für die Volksgesundheit werden für die Erforschung des Fortpflanzungsapparates der Frau ausgegeben, und das wird sich ändern müssen.« Der Bedarf an besseren Informationen ist höher denn je, da sich jetzt mehr und mehr Frauen dem Klimakterium nähern und da wir alle erwarten, drei Jahrzehnte voll Vitalität vor uns zu haben.

Begrüßenswerterweise hat das Forschungsinteresse am Klimakterium sowie an den mittleren Jahren insgesamt erheblich zugenommen. Und es eröffnen sich auch – zumindest in den USA – neue Kommunikationskanäle, die den Frauen wertvolle Hilfestellung leisten können: bundesweite Informationsblätter und Zeitschriften sowie örtliche Menopause- und Midlife-Kliniken, an denen Ärzte und Nichtmediziner mitarbeiten. Diese werden rasch zu einem integrierenden Bestandteil der Gesundheitsvorsorge für Frauen in den Wechseljahren. Sie tragen viel dazu bei, mit den alten Ammenmärchen über die Wechseljahre aufzuräumen und ein

Sonja Hamburger und Evelyn Anderson (links) als Diskussionsleiterinnen in einer Frauengruppe, die sich in der Menopause-Klinik der Universität von Kalifornien, San Diego, gebildet hat.

echtes Verständnis der Menopause an ihre Stelle zu setzen. (Im Anhang finden Sie eine Liste einschlägiger Therapiezentren und Publikationen im deutschen Sprachraum.) Unser Wissen nimmt vor allem deshalb zu, weil heute mehr Frauen mit einem starken Informationsbedürfnis in die Wechseljahre eintreten, weil sie offen und unverklemmt darüber sprechen und sich der Bedeutung dieses einzigartigen natürlichen Übergangsritus in der Lebensmitte viel stärker bewußt sind. Die Angehörigen der Heilberufe tragen dem Rechnung. Im Vorwort zu einem neuen international anerkannten Lehrbuch über das Klimakterium werden Medizinstudenten und praktizierende Ärzte daran erinnert: »Es gibt heute mehr Frauen, die einen größeren Teil ihres Lebens in den postklimakterischen Jahren verbringen werden ... Sie werden uns Fragen stellen und Antworten von uns erwarten.« Das eine stimmt ebenso wie das andere.

Ein letztes Anliegen: Die wachsende Macht unserer Wahlstimme

Sooft ich das Büro meines Mannes in seinem Wahlkreis hier in Santa Monica betrete, sticht mir ein großes Poster ins Auge, das schwarz auf weiß die folgenden simplen Worte enthält: »Zwei von drei in Armut lebenden Erwachsenen sind Frauen. Was wäre, wenn wir alle zur Wahl gingen?«

Diese Botschaft drückt eine harsche Realität aus. Sie weist uns auch auf den grundlegendsten Schritt hin, den wir für die ökonomische Gleichstellung von Frauen unternehmen können – die Ausübung unseres Wahlrechts! Der Stimmzettel ist ein Weg, über den jede Frau – vom 18. Lebensjahr an – am politischen Prozeß teilnehmen kann und muß. Bei der Präsidentschaftswahl von 1980 übten mehr Frauen ihr Stimmrecht aus als je zuvor, und zum ersten Mal in der amerikanischen Geschichte in einer etwas höheren Zahl als die Männer. Und nicht überraschenderweise scheinen wir als Gruppe sowohl hinsichtlich der Kandidaten als auch der Sachfragen anders abzustimmen als die Männer.

Unsere Wahlstimme als Frauen mittleren Alters kann eine spezielle Rolle in der Gestaltung der Politik spielen und dazu beitragen, den Frauen den ihnen zustehenden Platz in den Arenen der politischen Macht zu sichern. Da der Druck der Ungleichheit in zunehmendem Alter für die Frauen in dieser Gesellschaft immer härter wird, sind wir in der besten Position, für Änderungen zu kämpfen. Wir sind die Avantgarde des Alterns. Wir werden als erste mit seinen Gefahren konfrontiert. Die Folge ist, daß niemand so gut weiß wie wir, was getan werden muß. Und wie die Begründerin der Grauen Panther, Maggie Kuhn, sagt: »Zum Glück werden wir einen Großteil unserer Opposition überleben.« Historisch gesehen ist dies das erste Mal in der Geschichte, daß wir so zahlreich sind, daß sich die Politik, wenn auch langsam, in unsere Richtung bewegen müssen. Da wir diese politische Macht besitzen, wollen wir sie auch gebrauchen und keine Wahl auf nationaler oder lokaler Ebene vorübergehen lassen, ohne unsere Stimme zu Gehör zu bringen!

Danksagungen

Mein Dank all jenen, die mich so großzügig unterstützten, indem sie mir ihre Zeit und Energie zur Verfügung stellten:

Evelyn Anderson, R. N., Ph. D., Ko-Koordinatorin der Menopause Clinic, Medizinische Fakultät der Universität von Kalifornien, San Diego, und Professorin für Säuglingspflege, Universität von San Diego; Jeffrey Bland, Ph. D., Professor für Ernährungsbiochemie, Universität von Puget Sound; das Boston Women's Health Collective; Femmy De-Lyser, R. N., Geburtserzieherin und Direktorin des Trainingsprogramms für Schwangerschaft, Geburt und Rekonvaleszenz am Jane Fonda Workout Studio; Jay Fliegelman, Professor, Fachbereich Englisch, Stanford University; James F. Fries, M. D., Associate Professor für Medizin an der Stanford Universität und Direktor der Stanford Arthritis Clinic; James G. Garrick, M. D., Direktor des Center for Sports Medicine, Saint Francis Memorial Hospital, San Francisco; Sadja Greenwood, M. D., M. P. H., Min An Health Center, San Francisco; Sonia Hamburger, Ko-Koordinatorin der Menopause Clinic, Universität von Kalifornien, San Diego; Henry G. Harter, D. C.; Michael F. Jacobson, Ph. D., Executive Director, Center for Science in the Public Interest; Gayle Kamer; Michael D. Lockshin, M. D., Professor der Medizin, Fachbereich Rheumatologie, Medical College der Cornell Universität und Attending Physician, Hospital for Special Surgery, New York; Judy Mahle Lutter, Präsidentin, Melpomene Institute of Women's Health Research; Maryann Napoli, Center for Medical Consumers and Health Care Information, New York; das National Institute on Aging; das National Women's Health Network; Morris Notelovitz, M. D., Ph. D., Direktor, Center for Climacteric Studies und Professor für Geburtshilfe und Gynäkologie, Universität von Florida; Maxine Ostrum, M. D.; Jane Porcino, Ph. D., Direktorin, Fachbereich Gerontologie, State University von New York in Stony Brook und Ko-Direktorin, National Action Forum for Older Women; Aviva Rahmani, Malerin; Robert W. Rebar, M. D., Professor und Leiter der Abteilung für Fortpflanzungsendokrinologie und Unfruchtbarkeit, Prentice Women's Hospital, Northwestern University; Tish Sommers, Präsidentin, Older Women's League; und die Women's Equity Action League.

Mein Dank und meine Anerkennung gelten Carol Garabedian, Choreographin des Fitness-Programms für die Besten Jahre.

Meine Liebe und Dankbarkeit gilt meiner wunderbaren Stiefmutter, Shirlee Fonda.

Mein besonderer Dank gilt Georges Borchardt, unserem literarischen Agenten, seiner Frau und Kollegin Anne, Fred Hills, unserem Lektor bei Simon and Schuster, und den im Verborgenen wirkenden Mitarbeiterinnen Leslie Ellen, Debi Karolewski, Denise Kurtzman und Jennifer Robertson.

Mignon möchte ihren persönlichen Dank an Camille Wenzel, Kim McCarthy, Leslie McCarthy, Suzanne McCarthy, Colleen Di Pilla, Laura Seitel, Joyce Sachs, Danielle Pellegrin, Mary Kushner, Mary Humboldt, Scott Altmann und Bob Mulholland für ihre Unterstützung und Ermutigung während der Arbeit an diesem Buch abstatten; und ein spezielles Dankeschön an Tootsie.

Anhang

Für den deutschsprachigen Raum bearbeitet von Esther Schmid

1. Vorsorge für die Zukunft

Gesundheit ist mehr als eine medizinische Frage. Sie ist auch ein ökonomisches und soziales Problem. Unsere finanziellen Umstände wirken sich sowohl auf unser körperliches wie auf unser seelisches Wohlbefinden aus. Sie entscheiden darüber, wo wir leben, wie wir leben, ob wir in einem Gefühl der Sicherheit und Ausgeglichenheit oder einem Gefühl von Angst und Streß leben und natürlich ob wir uns medizinische Versorgung überhaupt leisten können, wenn wir sie brauchen. Doch allzu häufig ist der ökonomische Aspekt unserer Gesundheit derjenige, für den wir die geringste Vorsorge treffen. Dies ist auch das Gebiet, auf dem Frauen mit den härtesten Realitäten konfrontiert sind.

Die meisten verheirateten Frauen werden ihre Ehe um viele Jahre überleben. Doch ob verheiratet oder nicht, jede Frau sollte imstande sein, sich in den mittleren Jahren und darüber hinaus selbst zu erhalten. Wir müssen die zweite Hälfte unseres Lebens so bewußt und so enthusiastisch wie möglich vorausplanen und dabei ebenso großen Wert auf unsere finanzielle Sicherung legen wie auf unsere körperliche Fitness. Darüber hinaus müssen wir uns ein dauerhaftes soziales Netz von Freunden, Verwandten und Bekannten schaffen, das uns Rückhalt gibt. Je solider das finanzielle und soziale Fundament ist, das wir uns in der Lebensmitte schaffen, desto mehr Sicherheit werden wir haben, wenn wir älter sind.

Die folgenden Organisationen und Publikationen stellen ausgezeichnete Hilfen dar, von denen wir weitere Informationen und Unterstützung in für die mittleren Jahre so wichtigen Bereichen erhalten können wie Arbeitsvermittlung, Renten- und Pensionsangelegenheiten, Krankenversicherung sowie hinsichtlich der politischen und gesetzgeberischen Veränderungen, die nötig sind, um die Ungerechtigkeiten zu beseitigen, die für Frauen auf jedem Gebiet noch bestehen.

Bundesrepublik Deutschland

Kontaktadressen

Bundesministerium für Jugend, Familie und Gesundheit
Arbeitsstab Frauenpolitik
Postfach 200490, 5300 Bonn 2

Deutscher Gewerkschaftsbund DGB
Bundesvorstand Abt. Frauen
Postfach 2601, 4000 Düsseldorf 1
Tel. 0211/43011

Kommunikationszentrum für Frauen zur Arbeitssituation
KOFRA
Baldestr. 8, 8000 München 5
Tel. 089/2010450 (ab 16 Uhr)

Lebensabendbewegung LAB
Burgfeldstr. 60, 3500 Kassel-Wilhelmshöhe
Tel. 0561/35081

Deutscher Paritätischer Wohlfahrtsverband DPWV
Heinrich-Hoffmann-Str. 3, 6000 Frankfurt a. M.
Tel. 069/5970191 oder 550897

Weitere nützliche Adressen finden sich auch in den Frauenkalendern (EMMA)
oder über Frauenbuchläden.

Empfohlene Lektüre

Frauen: Informationen, Tips und Ideen zum Nachschlagen und Weitersagen, hg.
  vom Presse- und Informationsamt der Bundesregierung, 6. Auflage, Bonn 2.

»Der rote Faden«, Ratgeber für ältere Mitbürger, kostenlos erhältlich beim Bun-
  desamt für Jugend, Familie und Gesundheit, Postfach 200490, 5300 Bonn 2.

Beckmann-Kirchner, Gudrun: Der Deutsche Frauenrat, Ämter und Organisationen der Bundesrepublik Deutschland, Droste-Verlag, Düsseldorf 1984.

Schweiz

Schweizerischer Gewerkschaftsbund SGB
Frauenkommission
Monbijoustr. 61, 3007 Bern
Tel. 031/455666

INFRA Information und Beratung für Frauen
Mattengasse 27, 8005 Zürich
Tel. 01/448844
(Filialen in verschiedenen Schweizer Städten)

OFRA Organisation für die Sache der Frau
Limmatstr. 195, 8005 Zürich
Tel. 01/449566

Zürcher Frauenzentrale
Am Schanzengraben 29, 8002 Zürich
Tel. 01/2026930
Die politisch und konfessionell neutralen Frauenzentralen gibt es in jedem Kanton
der Schweiz; ihnen angegliedert ist auch ein eigener Seniorinnenclub.

Verein Neuanfang im Beruf
Hegarstr. 16, 8032 Zürich
Tel. 01/691310

Informations- und Beratungsstelle für wiedereinsteigende Frauen
Neuengasse 21, 3011 Bern
Tel. 031/224182

Österreich

Österreichischer Gewerkschaftsbund ÖGB
Frauenausschuß
Postfach 155, 1011 Wien

Verein zur Durchsetzung der Interessen berufstätiger Frauen
Postfach, 1014 Wien

2. Themenspezifische Publikationen und Kontaktadressen

Frauen in der Lebensmitte

Reitz, Rosetta: Wechseljahre, Ermutigung zu einem neuen Verständnis, rororo Sachbuch 7356, Reinbek 1981. [sehr gut]

Sheehy, Gail: In der Mitte des Lebens, Die Bewältigung vorhersehbarer Krisen, Fischer tb, Frankfurt a. M. 1978.

Fischer, Erica: Jenseits der Träume, Frauen um Vierzig, dtv, München 1985.
Die Autorin sprach mit Frauen um Vierzig. Ihre Gespräche geben authentischen Einblick in das Leben dieser Frauen und aktivieren durch ihre Offenheit die Suche nach Lösungsmöglichkeiten der vielfältigen Probleme.

Der Alterungsprozeß

Bleuel, Hans-Peter u. a.: Lebensaufgabe – Alter, DVA, Stuttgart 1976.

Curtig, Sharon R.: Niemand stirbt am Alter, Trikont Verlag, München 1976.

Legatis, Gerd: Älterwerden – Schicksal oder Lebensaufgabe, Furche-Verlag, Hamburg 1972.

Montet, Elisabeth: Risse – Über das Älterwerden von Frauen, Verlag Frauenpolitik, Münster 1978.

Rosenmayr, Leopold: Die späte Freiheit, Das Alter – ein Stück bewußt gelebten Lebens, Severin und Siedler, Berlin 1983.
Ein umfassendes Buch über alle Aspekte des Alterns. Prämiert von der Deutschen Gerontologischen Gesellschaft.

Die Haut

Adreßlisten von Ärzten, die auf kosmetische Operationen spezialisiert sind, werden vermittelt durch

BRD: Prof. Dr. W. Mühlbauer
Engelschalkingerstr. 77, 8000 München 81

Schweiz: Dr. K. Wintsch
Kantonsspital Aarau, Plastische Chirurgie
5001 Aarau

Österreich: Prof. Dr. Anderlin
Universitätsklinik, Plastische Chirurgie
6002 Innsbruck

Der Speck der mittleren Jahre

Ahlheim, Karl-Heinz (Hrsg.): Wie funktioniert das? Schlank, fit, gesund; Bibliogr. Institut, Mannheim/Zürich 1980.
Das umfangreiche Buch erklärt die Zusammenhänge zwischen Ernährung, Bewegung und Gesundheit. Gut verständlicher Text und viele Illustrationen. Sehr gute Kapitel über Alterungsprozeß und Menopause.

Körpermechanik

Deutsche Rheumaliga Bundesverband e. V.
Am Büchel 51 c, 5300 Bonn
Tel. 02 28/35 54 25
Informationen und Beratung, Vermittlung von Selbsthilfegruppen, Adressen, Broschüren über Pflege, Bewegungsübungen, Hilfsgeräte etc.

Schweizerische Rheumaliga
Renggerstr. 71, 8038 Zürich
Tel. 01/4 82 56 00
Forum R, Die Zeitschrift der Schweizerischen Rheumaliga, erscheint vierteljährlich.

Barnard, Christiaan Neethling: Mit Arthritis leben, Ein Handbuch für alle Arthritis-Kranken, Scherz-Verlag, Bern 1984.
Bircher, Ralph: Handbuch für Rheuma- und Arthritiskranke: Diätanleitungen für gesunde und kranke Tage, mit Rezeptteil, eingehenden Ratschlägen und ausgearbeitetem Kurplan aus einem ärztlichen Zentrum modernster Heilkunst, Bircher-Benner, Bad Homburg/Zürich 1977.
Hast, Frank Dudley: Arthritis und Rheumatismus, Alltagsbewältigung trotz schmerzender Glieder und steifer Gelenke, Hippokrates, Stuttgart 1983.

Notelovitz, Morris: Aufrecht bis ins hohe Alter! Knochenschwund ist vermeidbar. Osteoporose – erkennen, vorbeugen, mildern, Goldmann Ratgeber 10945, München 1984.

Gibt es ein Leben nach dem Klimakterium?

Pro Familia
Bundesgeschäftsstelle
Cronstettenstr. 30, 6000 Frankfurt a. M.
Tel. 069/550901
Vermittlung lokaler Adressen, Selbsthilfegruppen etc.

Information und Beratung für Frauen INFRA
Mattengasse 27, 8005 Zürich
Tel. 01/448844

Cadura-Saf, Doritt: Das unsichtbare Geschlecht. Frauen, Wechseljahre, Älterwerden, Verlagsgesellschaft Gesundheit mbH, Berlin 1983.
Gasper-Deck, Ursula (Hrsg.): Mehr als ein schönes Leben, Frauen über Vierzig, Hoffmann & Campe, Hamburg 1982.
Sieben Frauen schreiben über Frauen. Sie erzählen von ihren Konflikten: mit Männern und Kindern, am Arbeitsplatz, in der Familie, mit dem Älterwerden, von Sehnsüchten, Träumen und ihrem Alltag.
Oehler, Ilva, Dr. med.: Des Lebens bessere Hälfte, Frauen nach Vierzig, Herderbücherei 754, Freiburg i. Br. 1979.
Prollius, Helga: Späte Jahre – gute Jahre? Gespräche mit Frauen, Herderbücherei 1139, Freiburg i. Br. 1985.
Utian, Wulf: Wechseljahre: Ein Ratgeber für die Frau in der Menopause, Gustav Fischer Verlag, Stuttgart 1981.

Rauchen

Ärztlicher Arbeitskreis Rauchen und Gesundheit
Maybachstr. 14–16, 6800 Mannheim 1

Arbeitsgemeinschaft Tabakmissbrauch
Laupenstr. 5, 3008 Bern

Österreichische Arbeitsgemeinschaft für Volksgesundheit
Stubenring 1, 1010 Wien

Allgemeine Gesundheitsfragen

BRD:

Deutscher Patienten-Schutzbund e. V.
Adenauerallee 94, 5300 Bonn
Tel. 02 28/21 88 01

Anonyme Alkoholiker AA
Deutsche Kontaktstelle
Postfach 422, 8000 München 1

Deutsche Arbeitsgemeinschaft Selbsthilfegruppen e. V. (BRD)
Nationale Kontakt- und Informationsstelle zur Anregung und Unterstützung von
Selbsthilfegruppen
Albrecht-Achilles-Str. 65, 1000 Berlin 31
Tel. 030/8 91 40 19

Selbsthilfegruppen bei Depressionen:
Emotions Anonymous EA
Kontaktstelle Deutschland
Hohenheimerstr. 75, 7000 Stuttgart 1
Tel. 07 11/24 35 33

Selbsthilfegruppen bei Eßproblemen, Eß- oder Magersucht:
Overeaters Anonymous
Kontaktstelle Nord
Nr. 081870A, Hauptpostlagernd, 5000 Köln 1
Kontaktstelle Süd
Tullastr. 15, 7800 Freiburg

Schweiz:

Schweizerische Patientenorganisation
Florastr. 12, 8008 Zürich
Tel. 01/2 52 54 22

Anonyme Alkoholiker AA
Kontaktstelle Schweiz
Cramerstr. 7, 8004 Zürich
Tel. 01/2 41 30 30

Vermittlungsstellen von Selbsthilfegruppen:
Team Selbsthilfe
Freiestr. 16, 8032 Zürich
Tel. 01/55 86 78

Emotions Anonymous EA
Kontaktstelle Schweiz
Postfach 228, 4016 Basel

Unser Körper, unser Leben. Ein Handbuch von Frauen für Frauen. (2 Bände) Rowohlt tb, Reinbek 1984. (Kapitel 16: Die Wechseljahre S. 228–252)
Frau: Ein Handbuch über Sexualität, Verhütung, Abtreibung, Schwangerschaft und Geburt, Körper und Krankheit, Klimakterium und Alter. Frauenbuchverlag, München 1978.

Von JANE FONDA sind folgende Publikationen in deutscher Sprache erhältlich:

»Ich fühl' mich gut«, Jane Fondas Fitness-Buch, Krüger Verlag, Frankfurt a. M. 1983.
Jane Fondas erstes Buch über Gesundheit und Fitness. Neben den Grundlagen der guten Ernährung und des Körpertrainings wird hier das vollständige Fitness-Programm für Anfänger und Fortgeschrittene präsentiert, welches in Fondas eigenen Fitness-Studios erarbeitet wurde.
Jane Fonda's Workout (Video-Kassette, Beta und VHS)
Die Kassette basiert auf dem Fitness-Programm, das im Buch »Ich fühl' mich gut« vorgestellt wird. Sie enthält ein gründliches Trainingsprogramm für Anfänger und für Fortgeschrittene. Das Anfänger-Programm dauert 30 Minuten, das Programm für Fortgeschrittene 55 Minuten.
Jane Fondas Schwangerschaftsbuch, Krüger Verlag, Frankfurt a. M. 1984.
Dieses Buch präsentiert das von Femmy DeLyser geschaffene Spezialprogramm, das Frauen sicher durch die rapiden physischen Veränderungen geleitet, die mit der Mutterschaft verbunden sind. Es umfaßt das ganze Jahr von der Zeugung bis zur Rekonvaleszenz und dem Stillen, das Verhalten bei der Entbindung, und es präsentiert ein Spezialprogramm, das in den Fitness-Studios für werdende und junge Mütter angeboten wird.

3. Anmerkungen

S. 16 Die am längsten laufende Untersuchung über das Altern in den USA: The Baltimore Longitudinal Study of the National Institute on Aging.

S. 16 »Frauen sind bei der Untersuchung des Alterungsprozesses böse vernachlässigt worden...« Robert N. Butler, M. D., ehemaliger Direktor des National Institute on Aging.

S. 18 »Wir Älteren haben nichts zu verlieren! ...« Maggie Kuhn, Gründerin der Grauen Panther, »Advocacy in this New Age«, *Aging*, August 1979.

S. 25 Zehn-Jahres-Untersuchung von Fernsehprogrammen der Hauptsendezeit und von Kindersendungen am Wochenende: »Women and Minorities on TV, 1969–1978«, George Gerbner und Nancy Signorielli, Forschungsbericht der Annenberg School of Communications der Universität von Pennsylvania, herausgegeben in Zusammenarbeit mit der Screen Actor's Guild, 29. Oktober 1979.

S. 26 »Ein Mann ist für alle Jahreszeiten...«, Pressemitteilung der Screen Actor's Guild, »Female SAG Members Work Less, Earn Less«, 25. Januar 1980.

S. 27–33 Wichtigste demographische Quellen:
The National Institute on Aging
The U.S. Bureau of Census
»Growing Numbers, Growing Force«, ein Bericht der Mini-Konferenz des Weißen Hauses über ältere Frauen, koordiniert von Tish Sommers, Präsidentin der Older Women's League; veröffentlicht vom Older Women's League Educational Fund und der Western Gerontological Society, 1980.
»The Older Woman: Continuities and Discontinuities«, Bericht des National Institute on Aging und des National Institute of Mental Health Workshop, 14.–16. September 1978; NIH Publikation Nr. 79–1897, Oktober 1979.
»The Status of Midlife Women and Options for Their Future«, ein Bericht ergänzt durch Stellungnahmen des Unterausschusses über Ruhestandseinkommen und Beschäftigung des Select Committee on Aging, Repräsentantenhaus, 96. Kongreß, März 1980; U.S. Government Printing Office, Com. Pub. Nr. 96–215.

S. 33 »Je mehr Frauen außerhalb des Haushalts arbeiten...« Robert N. Butler, M. D., ehemaliger Direktor des National Institute on Aging, »The ›E‹ in Elderly: Exercise«, in *A Symposium of the National Conference on Fitness and Aging,* President's Council on Physical Fitness and Sports, 10.–11. September 1981, S. 40.

S. 34–36 Hauptquelle für die Erörterung der Berufstätigkeit von Frauen mittleren Alters: »Vanished Dreams: Age Discrimination and the Older Woman Worker«, Bericht von 9 to 5, National Association of Working Women, August 1980.

S. 34 Dracula-Komplex: zitiert aus »Older Women at Work«, Carol Hollenshead, *Educational Horizons,* Bd. 60, Nr. 4, Sommer 1982, S. 137–146.

S. 36 Eine der bemerkenswertesten laufenden Herzuntersuchungen in den USA: Framingham Heart Study, Framingham Massachusetts. »Women, Work, and Coronary Heart Disease: Prospective Findings for the Framingham Heart Study«, Suzanne G. Haynes, Ph. D., und Manning Feinleib, M. D., *American Journal of Public Health,* Bd. 70, Nr. 2, Februar 1980.

S. 38 Untersuchungen der psychischen Gesundheit von Frauen mittleren Alters: Erörtert in *The Second Stage* von Betty Friedan, 1981, S. 76–77.

S. 39 »Es ist nicht die Verantwortung, die einen umbringt...« Estelle Ramey, M. D., medizinische Fakultät der Georgetown Universität, zitiert in »Testosterone: The Bonding Hormone«, Dianne Hales und Robert E. Hales, M. D., *American Health,* Nov./Dez. 1982.

S. 46 »...schwimmen gegen den Strom des Alterns...«, James F. Fries, M. D., »The Compression of Morbidity«, Vortrag gehalten am Institute of Medicine, National Academy of Sciences, Washington, DC, 20. Oktober 1982.

S. 48 »So eine alte Zelle gleicht einer alten Stadt...«, Christian de Duve, »Cells Age«, in *Aging Into the 21st Century,* Lissy F. Jarvik (Hrsg.), 1982.

S. 68 Tabelle der Sonnencremes: nach »A Guide to Sunscreens«, in Jane Brody's *The New York Guide to Personal Health,* Jane Brody, 1982, S. 357.

S. 91 Sollwert-Theorie: Erörtert in *The Dieter's Dilemma,* William Bennett, M. D., und Joel Gurin, 1982.

S. 105, Fußnote Untersuchung der Regeneration von Knorpeln: Robert Salter, M. D., Professor und Leiter der Abteilung für Orthopädische Chirurgie, Universität von Toronto, erörtert in »Joints Were Meant to Move – and Move Again«, Pat Ohlendorf, *The Graduate,* Sept./Okt. 1980, S. 6–9!

S. 119 Dialog aus *The Mirror Crack'd:* nach dem Drehbuch von Jonathan Hales und Barry Sandler, 1980, das auf dem Roman von Agatha Christie basiert.

S. 125 Empfehlung für den Kalzium-Konsum: »How Diet Can Prevent Brittle Bones«, Bess Dawson-Hughes, M. D., *Tufts University Diet and Nutrition Letter,* Bd. 1, Nr. 3, Mai 1983.

S. 128 »Wenn Ärzte Kalzium verschreiben würden...«, Joseph Lane, M. D., »Postmenopausal Osteoporosis: The Orthopedic Approach. An Interview with Joseph Lane«, *The Female Patient,* Bd. 6, November 1981.

S. 129 »Alter scheint kein ins Gewicht fallender einschränkender Faktor...«, Everett L. Smith, Ph. D., »Exercise for the Prevention of Osteoporosis: A Review«, *The Physician and Sports Medicine,* Bd. 10, Nr. 3, März 1982.

S. 138 *Everything You Always Wanted to Know About Sex,* David Reuben, 1969.

S. 138 *Feminine Forever,* Robert A. Wilson, 1966.

S. 138 »Man stelle sich vor, wir hätten eine im Wechsel befindliche Präsidentin...«, Edgar Berman, M. D., zitiert in »What is Menopause?«, Louisa Rose, in *The Menopause Book,* Louisa Rose (Hrsg.), 1977, S. 3–4.

S. 139 »Ich glaube, ich will mich einfach nicht durch die Funktion meiner Eierstöcke definieren lassen...«, Grace Paley, »An Unsentimental Journey«, *Ms.,* Februar 1978, S. 33–34.

S. 152 Erörterung über die Erfahrung von Hitzewallungen in Südwales: »Symptom Reporting at the Menopause«, Pat Kaufert und John Syrotuik, *Social Science and Medicine,* Bd. 151, 1981, S. 173–184.

S. 155 Empfehlung über Vitamin-E-Dosierung: *Women's Health '82,* Bd. 1, Nr. 3, Dez. 1982.

S. 156 »Home-Brew Estrogen«: Susanne Morgan, *Coping With A Hysterectomy,* 1982.

S. 156 Untersuchung über Hormone und Fitness-Training: »Exercise and Reproductive Function in Women«, David C. Cumming, M. D., und Robert W. Rebar, M. D., *American Journal of Industrial Medicine,* Bd. 4, 1983, S. 113–125.

S. 159 Untersuchung über Schwitzen und Körpertraining: »Sweating Sensitivity and Capacity of Women in Relation to Age«, Barbara Drinkwater, J. F. Bedi, A. B. Loucks, S. Roche und S. M. Horvath, *Journal of Applied Physiology: Respirat. Environ. Exercise Physiol.,* Bd. 53, Nr. 3, 1982, S. 671–676.

S. 159 The Menopause Clinic, Department of Reproductive Medicine, University of California School of Medicine in San Diego, La Jolla, CA 92093.

S. 165–166 Größtes Altersforschungsprojekt in den USA: The Baltimore Longitudinal Study of the National Institute on Aging.

S. 167 »Ich bin sechzig Jahre alt, und man sagt, daß man nie zu alt ist, um Spaß am Sex zu haben...« Zitiert in »The Sexual Lives of Women Over 60«, Carol Tavris, *Ms.*, Juli 1977, S. 62–65.

S. 168 »...ein Mythos, der von unseren erwachsenen Kindern am Leben erhalten wird...«, Maggie Kuhn, Gründerin der Grauen Panther, zitiert in *Breaking The Age Barrier,* Elaine Partnow, 1981, S. 99.

S. 175 »Irgendwann in meinen mittleren Jahren...«, zitiert in *Growing Older, Getting Better,* Jane Porcino, 1983, S. 171.

S. 191 »Wir räumen ein, daß keine einfache Gleichung abgeleitet werden kann...« P. A. Van Keep, W. H. Utian und A. Vermeulen, *The Controversial Climacteric,* Dritter Internationaler Kongreß über Menopause, Ostende, Belgien, Juni 1981.

S. 193 »Die emotionalen Probleme, die in dem Lebensabschnitt auftreten können, der mit der Menopause in Verbindung gebracht wird...« Johanna Perlmutter, M. D., »The Estrogen Controversy«, *Harvard Medical School Health Letter,* Februar 1978.

S. 193 »Östrogen scheint altersbedingte Veränderungen der Haut, des Haars und der Brüste nicht verhindern zu können...«; National Institute on Aging, »To Be or Not to be an Estrogen User?« Zusammenfassung der Erkenntnisse der NIA-Konsensentwicklungskonferenz über Östrogen-Behandlung und postmenopausale Frauen, 13.–14. September 1979.

S. 194 »Völliger Unsinn...« Johanna Perlmutter, M. D., zitiert in *Unfinished Business: Pressure Points in the Lives of Women,* Maggie Scarf, 1980, S. 442.

S. 194 »Obwohl man einst hoffte, daß Östrogen vor Herzerkrankungen schützen werde...« National Institute on Aging, »To Be or Not to Be an Estrogen User?« A. a. O.

S. 195–196 »Gegenwärtig stehen noch keine ausreichenden Informationen zur Verfügung...« Howard L. Judd, M. D., »Estrogen Replacement Therapy: Indications and Complications«, Konferenz der Universität von Kalifornien in Los Angeles, 1983, American College of Physicians, *Annals of Internal Medicine,* Bd. 98, 1983, S. 195–205.

S. 199 »Menostop«: Susanne Morgan, *Coping with a Hysterectomy,* 1982.

S. 203 »Es gibt mehr Frauen...«, Wulf H. Utian, M. D., Ph. D.,*Menopause in Modern Perspective: A Guide to Clinical Practice,* 1980, S. 8–9.

4. Register

5. Bildnachweis

Fotos

Fotos, die hier nicht angeführt werden, stammen von Harry Langdon.
Peter G. Aitkin/Photo Researchers, 179 unten
John Bryson, 10 unten
Adger Cowans/Universal City Studios, 21
Henri Dauman, 71
Detroit Free Press, 15
Burt Glinn/Magnum, 65
Arthur Grace/Stock Boston, 53
Kelvin Jones, 82, 86, 88, 93, 131, 158, 187
Bettye Lane/Photo Researchers, 137
George Magenta, 22
Menopause-Klinik, San Diego, 202
Barbara Pfeffer, 23
Privatbesitz der Autorin, 10 oben, 19, 30–33, 67
Matthew Rolston/Interview, 63
Steve Shapiro/Sygma, 8, 11, 35
Jean Shapiro/Runner's World, 55
Ellen Shub, 33
Suzanne Szasz/Photo Researchers, 37
Suzanne Tenner, 18
Arthur Tress/Photo Researchers, 179 oben
Alex Webb/Magnum, 186
Jim Zenk/ABC Circle Films, 27

Zeichnungen

Zeichnungen, die hier nicht angeführt werden, stammen von Barbara Shock.
Die Struktur der Haut: Barbara Shock und Aviva Rahmani, 62
Die Gesichtsmuskeln: Original von Helen Roberts in The 15-Minute-a-Day Natural Face Lift
(M. J. Saffon, 1981), adaptiert von Barbara Shock, mit Genehmigung von Warner Books, 75
Die Ernährung des Knorpels: Barbara Shock und Aviva Rahmani, 102

Cartoon

Sally Forth: Greg Howard, © 1983 Field Enterprises, Inc. Mit Genehmigung des News American Syndicate, 25

Besondere Erwähnung verdienen auch folgende Mitarbeiter:
Choreographie: Carol Garabedian; Frisuren: Barron; Make-up: Jeff Jones.